国粹文丛

古 耜 \ 主编

大地脸谱

刘 华 \ 著

中国言实出版社

图书在版编目（CIP）数据

大地脸谱 / 刘华著 . -- 北京 : 中国言实出版社，
2018. 10
　（国粹文丛 / 古耜主编）
　ISBN 978-7-5171-2924-0

　Ⅰ . ①大…　Ⅱ . ①刘…　Ⅲ . ①散文集—中国—当代
Ⅳ . ①I267

中国版本图书馆 CIP 数据核字（2018）第 211340 号

出 版 人：王昕朋
总 监 制：朱艳华
责任编辑：严　实
文字编辑：赵　歌
责任校对：张　强
出版统筹：冯素丽
责任印制：佟贵兆
封面设计：杰瑞设计

出版发行　中国言实出版社
　　　　　地　址：北京市朝阳区北苑路 180 号加利大厦 5 号楼 105 室
　　　　　邮　编：100101
　　　　　编辑部：北京市海淀区北太平庄路甲 1 号
　　　　　邮　编：100088
　　　　　电　话：64924853（总编室）　64924716（发行部）
　　　　　网　址：www.zgyscbs.cn
　　　　　E-mail：zgyscbs@263.net
经　　销　新华书店
印　　刷　北京温林源印刷有限公司
版　　次　2019 年 6 月第 1 版　　2019 年 6 月第 1 次印刷
规　　格　710 毫米 ×1000 毫米　1/16　15.25 印张
字　　数　200 千字
定　　价　68.00 元　　ISBN 978-7-5171-2924-0

活着的传统　身边的国粹

——国粹文丛总序

古　耜

在实现中华崛起、民族复兴的伟大历史进程中，文化自信至关重要。而若要问：文化自信"信"什么，哪里来？这就不能不涉及优秀的中国传统文化——对于国人而言，优秀的传统文化既是孕育文化自信的沃土，又是支撑文化自信的基石。唯其如此，我们说：从中国历史的特定情境出发，坚守中国文化立场，赓续中国文化血脉，弘扬中国文化风范，重建中国文化传统，是历史的嘱托，也是时代的呼唤。

怎样才能把优秀的传统文化发扬光大，使其重新进入国人的精神生活与社会实践？围绕这个大题目，一些专家学者发表了很有建设性的意见。譬如刘梦溪先生在一次演讲中就郑重指出："传统的重建，有三条途径非常重要：一是经典文本的研读；二是文化典范的熏陶；三是文化礼仪的训练。"（《文学报》2010 年 4 月 8 日）应当承认，刘先生的观点高屋建瓴而又切中肯綮。事实上，近年来中国传统文化在全社会的强势回归与有效传播，也主要是从这三个方面展开的。

在刘先生所指出的三条路径中，所谓"经典文本研读"，自然是指对承载着传统文化基本精神与核心理念的经典著作进行研究和解读。这方面的工作以学术界为主体，着重在"知"的层面展开，其系统梳理和准确诠释固然必不可少，但更重要的恐怕还是立足于时代的高度，扬长避短，推陈出新，最终实现传统文化的创造性转化和创新性发展。而所谓"文化礼仪训练"，则包含对人，尤其是对青年一代进行思想、伦理、道德教育的内容，因而涉及学校、家庭、社会等多个领域，并更多联系着"行"——付诸实践，规范行为的因素。《论语·泰伯》曰："兴于诗，立于礼，成于乐。"意思是说，达"礼"行"礼"是人在社会上安身立命的根本和标志。孔子所言之"礼"与今日所兴之"礼"，固然有着本质不同，但圣人对礼的高度重视和反复强调，却依旧值得我们作"抽象继承"（冯友兰语）。

相对于"经典文本研读"和"文化礼仪训练"，刘先生所强调的"文化典范熏陶"，显然是一项"知"与"行"相结合的大工程。毫无疑问，在通常情况下，"文化典范"自然包括先贤佳制、经典文本，只是在刘先生演讲的特定语境和具体思路中，它应当重点指那些有物体、有形态，可直观、可触摸的优秀文化遗存。如古建筑、古村落、著名的人文胜迹、杰出的历史人物，还有艺术层面的书法、国画、戏剧、民歌、民间工艺，器物层面的"四大发明"，以及青铜、陶瓷、漆器、丝绸、茶叶、中药，等等。如果这样理解并无不妥，那么可以断言，刘先生所说的"文化典范"在许多方面同非物质文化遗产有交集、有重合，就其整体而言，则属于一种依然活着的传统，是日常生活里可遇可见的国粹。显而易见，这类文化遗产因自身的美妙、鲜活、具体和富有质感，而别有一种吸引力、亲和力与感染力。将它们总结盘点，阐扬光大，自然有益于现代人在潜移默化中走近传统文化，加深对它的理解，提高对它的认识，增强对它的感情，进而将其融入生活和生命，化作内在的、自觉的价值遵循。这应当是"典范熏陶"的优势和力量所在。

正是基于以上体认，笔者产生了一种想法：把自己较为熟悉和了解的当下散文创作同文化典范熏陶工作嫁接起来，策划组织一套由优秀作家参与、以艺术和器物层面的"文化典范"为审视和表现对象的原创性散文丛书，以此助力传统文化的重建与发展。这一想法很快得到中国言实出版社社长、实力小说家王昕朋先生的积极认同。在他的鼎力支持和热情推动下，一套视野开阔、取材多样、内容充实的"国粹文丛"，顺利地摆在读者面前。

"国粹文丛"包含十位名家的十部佳作，即：瓜田的《字林拾趣》，初国卿的《瓷寓乡愁》，乔忠延的《戏台春秋》，王祥夫的《画魂书韵》，吴克敬的《触摸青铜》，刘华的《大地脸谱》，刘洁的《戏里乾坤》，马力的《风雅楼庭》，谢宗玉的《草木童心》，张瑞田的《砚边人文》。

以上十位作家尽管有着年龄与代际的差异，但每一位都称得上是笔墨稔熟、著述颇丰的文苑宿将，其中不乏国内重要奖项的获得者。长期以来，他们立足不尽相同的体裁或题材领域，驱动各自不同的文心、才情与风格、手法，大胆探索，孜孜以求，其粲然可观的创作成绩，充分显示出一种植根生活，认知历史，把握现实，并将这一切审美化、艺术化的能力。这无疑为"国粹文丛"提供了作家资质上的保证。

值得特别指出的是，这十位作家不仅是文学创作的行家里手，而且大都有着相当专注的个人雅爱，乃至堪称精深的专业修养和艺术造诣。如王祥夫是享誉艺苑的画家、书法家；张瑞田是广有影响的书法鉴赏家和书法家；吴克敬是登堂入室的书法家，也是有经验的青铜器研究者；初国卿常年致力于文化研究与文物收藏，尤其熟悉陶瓷历史，被誉为国内"浅绛彩瓷收藏与研究的标志性人物"；刘华多年从事民间艺术和民风民俗的田野调查与理论探照，不仅多有材料发现，而且屡有著述积累；马力一生结缘旅游媒体，名楼胜迹的万千气象，既是胸中丘壑，又是笔端风采；乔忠延对历史和文物颇多关注，而在戏剧和戏台方面造诣尤深，曾有为关汉卿作传和遍访晋地古戏台的经历；瓜田作为大刊物的大编辑，一向钟情于汉字研究，咬文嚼字是其兴趣所在，也是志业所求；刘洁喜欢中国戏剧，所以在戏剧剧本里寻幽探胜，流连忘返；谢宗玉热爱家乡，连带着关心家乡的草木花卉，于是发现了遍地中药飘香。显然，正是这些生命偏得或艺术"兼爱"，使得十位作家把自己的主题性、系列性散文写作，从不同的门类出发，最终聚拢到中国传统文化的大向度之下。于是，"国粹文丛"在冥冥之中具备了翩然问世的可能。

"红白莲花共玉瓶，红莲韵绝白莲清。"我想，用宋人杨万里的诗句来形容这套"各还命脉各精神"的"国粹文丛"，大约算不得夸张。愿读者能在生活的余裕和闲暇里，从容步入"国粹文丛"的形象之林和艺术之境，领略其神髓，品味其意蕴！

戊戌秋日于滨城

| 目　　录

仿佛童话

我们是换乘越野吉普去上甘村的，虽然，上甘村离县城并不远。途中的一截山路，大约八九公里吧，把上甘村封闭在军峰山里，上甘傩的名气大概是坐每天一趟的班车颠簸着跑出来的。

经过白舍镇时，我忍不住打听白舍饭店，得知它依然存在，可惜观傩心切，未能前去。想必老态龙钟的它早就被废弃了，或派作了别的用场，比如成了一间间店铺，门前摆满了水果摊。红卫兵步行大串联时，还是小学生的我，曾投宿那家饭店，差不多半个世纪了，我还记得铺在客房地上的稻草和虱子，盛在钵子里的用来炖萝卜的可怜见的肉片。

当年我在进入白舍镇时，肯定向路边的人群撒过一把名片大小的红红绿绿的纸片，那上面印着毛主席语录。串联路上，最大的乐趣就是美滋滋地看着沿途男女老少欢呼雀跃地疯抢语录卡。当年向我索要"最高指示"的某位乡村少年，该不会成了上甘傩班的一员吧？

《南丰了溪甘氏族谱》这样描写上甘的周遭环境："高峰崒嵂，岩排其中，地忽平平，夷成平壤，一水潆带作了字形，因号了溪。"相传，此地原称邹坊，邹姓先于甘氏在此建村，但人烟稀少，日渐衰落；而后来的甘姓得此风水，却人丁繁衍，邹坊也因此改称甘坊。蜿蜒在了溪边的一条村街，怕有半里长，沿街的建筑大多是保存完好的老房子，门厅里放着高高柜台的人家，不知曾经是客栈还是药店，临街开着橱窗的人家，也许过去卖的是南货，或者布匹。一来到村街上，我立即就发现，这里的门板、板墙格外白亮，显然在春节前被拆卸下来洗刷过。了溪水洗净了一座村庄，洗净了一个隆重的节日，从正月初一开始，人们就要以清洁的虔诚的心情跳傩了。

上甘傩的仪式程序有四段，大年初一起傩，接着是演傩与装跳、解傩，直到十八晚殿上解傩后，于次日上午举行安座仪式，正月间的傩事活动方告结束。

正月十六与十七进行的是家中解傩仪式，我去上甘这天正是十七。解傩为南丰傩仪的一种类型，又称解除，是驱鬼逐疫、送旧迎新、祈福纳吉的仪式。上甘的解傩由食鬼、吞魔和搜除大仙三神担当。食鬼被称作鹰哥元帅，故而戴着禽鸟的面具，圆睁的鹰眼寒光逼人，长而又弯的鹰喙透出凛然杀机，吞魔为遗留着螺壳类原始动物信仰的田螺大王，而搜除大仙则是由开路神方相氏演化而来的神。这三个大神，分别镇守着天空、水中、地上，真可谓水陆空三军司令。听说，在神殿解傩之后，三神还要将鬼疫"解迁"至水塘里，塘边又有斩蛟除害的许真君庙镇压，使之不能再作乱人间。

在今天听起来，这仿佛是一个童话。对了，这正是人类用他们抵御灾难的勇气和意志、用他们丰富的想象力，所创造出来的充满幻想的童话！

上甘傩班有二十四位弟子，外出可分为两班表演，为首的两位分别称作正印和偏印。我进村时，为各家解傩逐疫的十二位傩班弟子，身着新旧不一的红袍，有的已迎着声声爆竹进了人家的厅堂，有的还守候在和长街一样狭长的阳光里，戴着的面具被往上掀起来，像扣在头上的帽子。

家中解傩仪式较为简单。主人家在供桌上先放一碗米饭，上面搭一块三四两重的半熟猪肉；又放一盘米果，上面放一包赏封；再放一叠纸钱和线香。点着蜡烛。

最先进入人家的是正印或偏印，他观察着供桌上蜡烛光焰的红白状况和摇摆方向，以推测主人家当年的吉凶。解傩时给主人一点暗示，但不说出。接着，傩班弟子踩着锣鼓点子，先后在厅堂里跳《二郎发弓》《傩公傩婆》和《捉刀》等三个仪式舞的片段，前两个节目表现求子的内容，后一个节目是驱疫。

第一个节目是体现生殖崇拜的《二郎发弓》。二郎右手执竹弓，左手作"毫光诀"张弓跳跃，向西、东、中方向射弹后，将弓放回供桌。上甘奉西川路口清源妙道真君为傩神，清源真君也是年轻英俊、风流倜傥的二郎神，按上甘艺人的说法，他喜欢玩、喜欢嫖，所以二郎成了民间的生殖文化符号，而弓矢则是威猛男子的象征。二郎张弓射弹，表达的正是清源送子的祈愿，那动作活泼有趣、稚拙可爱，惹得一帮男孩子跟着傩班弟子手舞足蹈。

同为求子，《二郎发弓》取材历史传说和民间信仰，具有强烈的象征意味，而《傩公傩婆》则把生殖崇拜寄寓在日常的家庭生活场景中，以朴实、亲切的风格，体现出人性的温馨。这里的傩公不似石邮戴员外帽，而是个红绳束白发的老人，傩婆也不似石邮那翘着嘴角的少妇形象，而是个中年妇女，她怀抱傩仔，拿着蒲扇、竹篮、折椅上场坐定，先是教傩公集支拖浆、牵纱织布，傩公笨手笨脚，不知所措；继而傩婆要傩公捧傩仔，傩公不愿，但怕老婆。待傩婆劳累瞌睡，傩公故意弄醒傩仔，又不让傩婆喂奶。傩婆生气，扯着傩公的耳朵，要傩公下跪扛凳。傩公认错，夫妻俩言归于好。诙谐的表演所营造出来的那种动人的温馨，应该就是香火绵延的祷祝和欣慰。

跳驱疫的《捉刀》时，鹰哥元帅先持刀出场，四面砍伐，接着出来的是持铁链的田螺大王，最后出场的搜除大仙右手高举面具而舞。这位大神为何不戴上面具呢？原来是有说法的。传说，搜除大仙人高马大，"身长丈余，头广三尺"，既然如此，凡夫俗子也就可望不可即了，傩班弟子只好高举着怒目鼓突、血盆大口的圣像表演了。此时，主人诚惶诚恐，注意观察田螺大王交给鹰哥元帅的铁链是否打结。如果打结，表示鬼疫未捉住。主人害怕了，甚至下跪请求明示。办法总比困难多，最好的办法也就是让主人去傩神殿焚香烧纸，点烛放鞭炮，请傩神老爷消灾。

有的人家为保六畜兴旺，还要请傩班弟子搜厨房。主人先盛一碗饭，上面搭一块猪肉，另放一包赏封，放在锅里，盖上锅盖。当搜除大仙在厅堂绕过一圈后，打锣弟子引他到厨房，收下赏封，再回到厅堂完成解傩仪式。

我跟着傩班弟子进了十几家的厅堂，并未见到他们去厨房。为每家解傩，也是匆匆忙忙的，一时半会儿就出来了。在长长的村街上，我发现，解傩仪式并非挨家挨户进行的，傩班弟子插花似地落下了一些敞开大门的人家，不由地，就有些纳闷了。一问，才知道，有着二百七八十户人家的上甘村，如今已有二十多户信奉耶稣教。

既然信了耶稣，那就意味着要远离傩神了。好像正是为了表达自己的决绝，那些信耶稣教的人家，都在大门两侧贴着虔诚笃信、忠贞不贰的对联，道是："天地广大唯一主，教门所多无二真。"横批是："万有真源。"言辞铮铮，义无反顾。倘若傩神老爷有知，不知会做何感想？

我想，尽管这很可能是在教友中间广泛流传的一副对联，它未必有针对某种信仰环境的特指，未必能够反映某些信徒在特定环境中的微妙心态，但是，在傩风盛行的上甘，在傩事频频的这个时节，当这类对联落寞地兀立在锣声鼓声鞭炮声中时，很难说它不是耶稣信徒们抖擞精神的慷慨陈词，或者，横眉冷对的自言自语。

看着这些对联以强硬的姿态，楔入乡土信仰根深蒂固的环境中，我不禁要追问：既然它们已经在傩神老爷的眼皮子底下落地生根了，它们会像甘坊过去盛产的苎麻一样，一丛丛繁衍发达起来吗？会像溪边植有菌种的那片树桩林，渐渐被长出来的肥嘟嘟的黑木耳所覆盖吗？我不知道。

但是，我感觉到了它们生长的气势。在世界经济一体化所带来的文化一体化的背景下，出现在这个闭塞的村庄里的对联，理所当然地引起了我的警觉。当我们对遗存乡间的傩事活动仍心有疑虑，担心它是不是"糟粕"、是不是"迷信"、是否"落后"的时候，事实上它已面临巨大的生存危机。它的生存危机与失去了农耕文化的土壤有关，与随着生活的变迁而淡薄的宗族意识有关，与年轻人向往外面的世界以致于傩班弟子后继无人有关……殊不知，也与这对联有关。很难说它不会像流行歌曲取代民间歌谣一样，在山野间流行起来。从这个角度看，保护上甘傩等民间文化遗存又多了一重意义。

上甘傩班是南丰县现存持续时间最长的傩班之一，因传说傩神灵验，被誉为神傩。据说这里唐代就有傩，还建有三座傩神殿。我被朋友领着去看了尚存的古傩神殿。

这座傩神殿为明代迁建，至今寿高几近六百年，建筑整体保存完好。走在村巷中，从正面看，傩神殿的屋顶气宇轩昂，像是一顶巨大的官帽，或者是道士帽吧。紧闭的殿门为我们豁然洞开。大门上最近开光时贴下的楹联仍未褪色，仍然新鲜。入内，仰望上过漆的梁枋，雕饰图案依稀可辨，尽管有些曾遭斧錾强暴，想来过去这里也是个富丽堂皇的所在。

殿内正中的神坛上祀奉清源妙道真君，那是一尊木雕坐像，两侧分别是站立的千里眼和顺风耳。他们之下，供奉着几十枚傩面具，很整齐地排列成四行。那些脸色彩斑斓，蓝的、绿的、褐色的、粉色的、白里透红的；那些眉目神情各异，甜美的、丑陋的、慈善的、凶恶的、憨态可掬的、狰狞可怖的。当着这些圣像的面，朋友给我讲述了半个世纪以来，这些傩面具失而复得、被盗继而重刻的经历，我不知道它们一个个是否也心有隐痛、满怀感伤，如我这般？

在这神坛之上，有小阁楼，用以存放装傩面具的圣箱和道具。殿内的上方东侧，塑有土地，西侧立着演傩先师牌位。傩神殿对面为戏台，中间有雨棚相连，可容数百上千人看戏。如今戏台已被板墙封锁，可能台上腐朽破败不便任人上下了吧。

我注意到，傩神殿神坛前面置有一张供桌，供桌正面公然画有阴阳八卦图。虽然，傩与道教的关系是非常突出和明晰的，甚至有专家称"傩是道教的主要源头之一"，后来傩道分流，"傩甚至成为民间道教的一种载体"，但是，这八卦图的出现还是叫我感觉突兀。上甘出过一位叫甘凝的真人，他是受南丰西乡一带百姓祀奉的仙师，其道派如何影响了上甘傩，就不是走马观花的我等所能描述的了。傩文化的博大精深，甚至令我不敢贸然探问。傩，乃人避其难之谓，意为"惊驱疫厉之鬼"。这是一个生僻的汉字。这个字很容易被人认字认半边，误读作"难"，或者，想当然地念成"滩"。凭着这个字的形体和读音，专家们作出了多种解释。一说，它是个象形字，是繁体字"鸟"的象形；一说这是会意字，是人有难的意思；也有人说它是形声字，是人们驱邪逐疫时"喏喏"的呼喊……如此等等。怎么说，都能指向这个字的部分实在，也许，这恰好能证明它的神秘性吧？

如果说，汉字中有一个字曾经戴着面具舞蹈于宫廷与广阔的民间，这个字就是"傩"了；如果说，汉字中有一个字令人惊奇地指向一种世界性的文化共生事相，这个字就是"傩"了；如果说，汉字中有一个字兼收并蓄地包容了巫、道、佛、释以及俗神崇拜在内的丰富驳杂的民间信仰，这个字就是"傩"了；如果说，汉字中有一个字几乎被一切课本所遗忘，却被一些村庄年年唱颂着，这个字就是"傩"了……

盛产傩的上甘，历史上也盛产豆子。历史上，上甘曾盛产豆子、苎麻、烟叶，那条长街十日两圩，吸引着周边三县农民前来贸易，当是富庶之地。一些残存的老房子，用它雕梁画栋的追忆，默默地沉湎于往昔，苍凉之感从倾斜的砖墙、腐朽的梁柱上流泻出来。当我走进它的古老时，古老的解傩仪式仍在今天的阳光、烛光里进行。

县里来了一拨摄影家。他们打算今晚在村中住下来，住在殿上解傩惊天动地的鞭炮声里，住在许愿还愿诚惶诚恐的表情里，住在冗长的请神词里，住在插路香的光焰和轻烟里。

仅仅是他们的描述，已经让我不忍离去了。就说插路香吧，傩班弟子洗净手，各持点着的线香分四组出殿门，在出村的四条路边插香，特别是在拐弯的路口要插上一把香，为的是让众神看清道路，好顺利地进殿安座。

想想看，在浓重的夜色里，那点点香火是流萤还是灯盏，那条条道路是龙蛇还是星河？

可惜，正月里的傩乡，让我分身无术，顾此失彼，应接不暇。不过，我在与年轻的村长道别时，把来年今夜的铺位定好了。

信仰的耳朵

知道石邮傩班外坊跳傩的路线和规律，我本来是可以掐着点直接前往最后的现场的。可是，车在栽满橘树的丘陵间绕来绕去地寻找那两个村庄，忽然感到时间紧张了，特别是当跑过头后又折返时，不由地就有些担心会扑空。

不过，路边的每个橘农好像都了解傩班的行踪，都准确地把握着跳傩活动的速度和进度。一问，都说现在赶过去能看得到，并且很肯定地告诉我们此刻傩班应该在哪一家，哪怕指路人此时距离傩班有数里路之远。

这真是奇了。莫非，傩班弟子年复一年的身影投映在每个人的记忆里、刻录在每棵树的年轮里，已成为亘古不变的运行图？或者，这里远远近近所有的路、所有的树、所有的人，在这个下午，都十分用心地感知着傩的步履，倾听着傩的声音，呼吸着傩的气息，他们虔敬的心从来就和傩神息息相通？

当我赶到青塘村，找到最后跳傩的那户人家时，恰巧俗称傩崽的小人儿刚被主人接进家门，在主人全家老小手持线香的迎候下，傩班八伯次第光临。

傩班弟子先在大门口停住，唱着赞诗。接着，鼓声锣声鞭炮声，将开山、纸钱、傩公和傩婆们迎进了厅堂。厅堂里，香烟弥漫，烛火正旺，神灵们依次开始它们的舞蹈。

这时，傩班弟子跳的是《开山》《纸钱》《醉酒》《傩公傩婆》和《祭刀》。《开山》意在驱鬼逐疫、辟邪纳吉，《纸钱》为着以钱邀福、求取福运，醉酒的想必是钟馗了，既然前有威猛的开山、后有祭刀的关公，那么，钟馗是颇可以醉一回的，只是不知道它到底是真醉还是假醉，反正祈求子孙繁衍的傩公傩婆怀抱着傩崽顾自乐着。一共五个节目的跳傩，以《祭刀》结束，据说，这是为了好生显示显示三界伏魔大帝关公驱邪斩妖的凛凛威风。

跳完这五个节目，由一名傩班弟子率领主人全家手持线香当堂跪下，祈求并拜谢傩崽。一个用樟木雕刻而成的小木偶，戴金冠，着大红绣花龙袍，端坐在供桌上，受用着人们虔诚的信奉。头年此日的深夜，我曾看过石邮傩班在河滩上举行的圆傩仪式，弟子们在选择安放傩崽的方位时那般认真、惶恐的神态，就让我感觉到，这个小小的孩童模样的木偶，却是整个傩事活动的主角或核心，它不仅统帅、调度着各种傩仪安排，更重要的是，走村串户的它主宰着这些日子里人们的心思和情感。

因为这是外坊跳傩的最后一家，傩崽和面具被放回了箱笼，傩班八伯要在这户人家"添粮"，不知这顿饭是不是晚餐。我发现跳傩的时候，这类添粮的安排很是频繁，朋友给我的解释是，跳傩太累，消耗太大。我想，弟子们更可能是代表傩神在领受主人的心意吧？所以，他们往往很快就把这道程序完成了。

弟子们在添粮，好客的主人为我们端来了点心和水果。我便向屋主人打听村名。回来查资料，得知它确切的村名叫"青塘"。不知道那个身着夹克的壮年汉子为何把他的村庄称作"清朝的清""唐朝的唐"。说这话时，他嘴角隐约浮现出一缕豪迈之情。莫非，这个小小的村庄也很有历史？

在暖融融的斜阳下，傩班八伯结束外坊跳傩启程回村了。我支走车，也要随傩班一同徒步去往石邮。我想结识一条数百岁的回村之路，结识在这条路上年年踏响的步履。当最后跳傩的人家点燃鞭炮后，顿时，村中鞭炮大作。好像所有的鞭炮早已拆封躺在地上，好像所有的眼睛时刻在窥望着傩班的动静，好像所有的火种一直对着引信，只等着这个时辰。毫不迟疑的鞭炮声，来自橘林，来自菜园，来自远远近近的庭院，不约而同地为傩班送行。

穿过一座座橘园，傩班弟子的脚步惊醒了红砂岩的山坡。在僻静的山坡上，路的痕迹依稀可辨，浅浅的，淡淡的。难道，神灵的脚步就是这么轻盈、这么飘然吗？

回石邮下马的傩班队伍，由击鼓的弟子领头，提着锣的弟子紧贴其后，却是只击鼓，不敲锣。队伍中间的弟子们有的挑着箱笼，有的扛着道具，殿后的是徒手的大伯、二伯。

为了给傩班拍照，我抢在傩班的前面；为了给我指路，他们的示意又抢在了我的前面。热情的傩班弟子时时用眼神、用手势、用招呼，提示我该走哪条田埂，该往哪边拐弯。

咚咚的鼓声突然停下来的时候，我听到后面一阵呵斥。是年长的大伯、二伯告诉击鼓的弟子，还没有出青塘村的地界呢，于是众弟子纷纷指着前方某处标志争论起来。原来，到了哪里才能停止击鼓是有规定的，显然，年轻的弟子业务还不够熟练。也是，外坊跳傩一年一次，要对十里八村的地盘了如指掌，的确难为了他们。

途中，傩班和一个小村庄擦身而过。不知道它是否就是塘子窠，也不知道傩班今年为什么不去那个村庄跳傩。但那个村庄始终在倾听着傩的消息，牵挂着傩班的行进。村庄长满了信仰的耳朵。当傩班一踏上它的地界，它立即就感知了，掩映在树林里的农舍纷纷以热烈的鞭炮向傩神致意。我心里忽然一阵感动。

仿佛，信仰赋予土地以感官和神经；仿佛，信仰在这个下午牵连着每个家庭的运道和幸福；仿佛，所有的心都在傩班回村的必经之路上翘盼或者目送。

傩班弟子的身影投映在路边的水塘里。这口水塘能否辨认出他们谁是老人、谁是新人？这口水塘还记得他们的师公、师爷的面容吗，仍在缅怀去年作古的前任大伯吗？

在一座水库大坝下，弟子们席地而坐。我在坝上把镜头对准累了的他们，水库尾巴处的山坡上，却有人把镜头对准了我。听说，那是中央电视台的一个拍摄组，他们探得傩班回村的路线，便选好点支起摄像机迎候着傩班的出现。我赶紧一阵小跑，躲出镜头，好让那千里迢迢专程赶来的镜头能带走干干净净的画面。

水库尾巴处，两山夹峙间，有一座青砖缸瓦的小屋子紧挨山道边。这就是回村的石邮傩班必到此参神的三皇殿。三皇殿门口铺了厚厚的一层新鲜的爆竹屑，这大概是近日傩班参神留下的。傩班弟子到达门前放下箱笼和道具，进屋一看，里面堆放着一捆捆松柴，于是，年轻的马上动手把屋子里面腾空。

我目睹了石邮傩班在三皇殿参神的全过程。一开始，弟子们有的忙着把点燃的香烛插在红石砌成的神台上，有的则从箱笼里取出一刀刀的纸，把它裁成见方的纸钱。这时，他们还有人坐在地上拆开一包包赏封，像是算账似的。那些赏封大致都是一些零钞，很少，只是家家户户酬神的心意而已。

傩崽又被请出来了。它端坐在神台上，不过，它并非坐在正中的位置。神台的正中插着六枝红烛，傩崽被供在这六枝红烛的左侧，它身后另插着两枝红烛。看起来，居中的位置好像虚席以待似的，或者说，这里仿佛供奉着人们意念中的某位尊神。

烛火正旺。当大伯率众弟子下跪默祷时，我似乎明白在上方供奉的还有谁们了——

飞龙飞虎，跨龙跨虎，断得鸡鸣狗吠，腾云驾雾，盖保八位弟子，师公师爷、未见过面的大伯、师兄、师弟（各弟子默念自己见过面但已亡故的大伯、师兄师弟名字），相助弟子。

默毕，众弟子面向神台作揖，烧化纸钱，燃放爆竹。此时，傩崽已被弟子抱出来，坐在打开的箱子上，直到三皇殿里的纸钱化尽。

青烟穿过缸瓦的缝隙，久久盘绕在三皇殿的屋顶上。暖色的夕阳里，缓缓散去的青烟格外蓝，似乎还有一种黏稠的感觉，凝滞着、牵绊着的感觉。由上述祷词可见，傩班在三皇殿参神，主要是告知师长，是敬师的仪式。因为，今夜，将是石邮村惊心动魄的搜傩之夜，是跌筶卜筶的圆傩之夜。逐除鬼疫需要他们的在天之灵相助，人丁安康需要他们灵魂犹在的神威保佑。

最灵敏的耳朵应在石邮村。我连年去造访它的搜傩之夜，每次都会挤在水泄不通的傩神庙里大发感慨：今年的人要多于去年。这座三开间坊式大门的傩神庙，于清乾隆四十六年（1781 年）由别处迁建在此，相对涌浪一般往里冲的观众来说，庙里实在太逼仄了，还得为傩班腾出举行仪式的空间呢。所以，我总担心人们挤痛了那两百多年的墙。当搜傩仪式结束时，鸣爆如瀑，响铳如雷，出了庙的八伯化作了渐去渐远的鼓声。人们也迅速散去。这时，哪些是村民，哪些是从外地赶来看热闹的观众，就很分明了。

外人一般都很茫然，不知该去追赶傩班呢，还是随哪支人流去谁家守候傩班为各家搜傩；大多村民则优哉游哉回家去了，他们心里都有搜傩之夜的路线图。

傩班先要去村外的师善堂、万寿宫等寺观坛庙参神，然后，从村外的人家开始，为各家搜傩。这与正月初二至初八为各家跳傩的路线是相反的。就是说，在此夜搜傩之前，每户人家早就得到了傩神老爷的光顾，傩班已经在各家的厅堂里跳了傩。那时，大厅跳全套节目，有《开山》《纸钱》《雷公》《醉酒》《跳凳》《双伯郎》《傩公傩婆》和《祭刀》，小厅有的只跳五个节目。跳傩时，以锣鼓伴奏。且把那次跳傩看作是阳光下的拜年祈福吧，而此时接着要发生的，则是黑夜里的驱鬼逐疫。

神铳的轰鸣，鞭炮的炸响，一声声，一阵阵，从夜的一隅传来。时而清晰，时而隐约。那是傩班行进的脚步，也是神灵游走的喘息。

村人从容地守候着傩班临门。他们对搜傩的路线和速度了如指掌，那是无疑的。不过，我也发现，其实，年年此夜，整个村庄都在用心感知着傩的消息。他们的感官不仅仅是映照着火光的眼睛、回荡着炮声的耳朵，还有属于身体及心灵的更多部分。

每个搜傩之夜，出了傩神庙后，我都被当地的朋友领着，去到村边的某户人家，守候在月光之下，守候在橘香之中。热情而善解人意的主人于频频添茶劝吃之间，总会时时向我提供自己的判断，他们能准确地道出此刻傩班所在的位置以及到达此处所需的时间。仿佛，他们的心始终伴随在傩神左右。

时隔二十多年后再去石邮，正是我首次走进它的搜傩之夜。上半夜看了两家的搜傩后，回县城休息到下半夜一点多钟又赶到村中。这时，半个石邮已坦然入梦，半个石邮还在虔诚等候；半个石邮从此康健太平，半个石邮仍在翘盼着风调雨顺。我睡眼惺忪地看村巷，它们好像在打盹，有火把闪过，有炮声炸响，一激灵，它们又抖擞起精神。

我想看的是，各家搜傩结束后举行的圆傩仪式。一位当过村长的老人把我领进他家，在楼上打开一个房间，让我安心睡到凌晨三四点钟。睡着了也不要紧，他会叫醒的。春节期间，他家其实成了石邮傩的研究基地，不少前来考察的学者都曾在这里住过。

神铳的轰鸣时远时近。老是担心会错过了看圆傩，所以我根本无法静心睡去。特别是，当傩班弟子添粮时，此起彼伏的喧闹突然哑默了，那一刻的宁静，更让我坐不住。然而，老村长用热茶、用棉大衣、用电热器，温暖着寒凉侵骨的夜晚，温暖着我急切而不安的心情。他一边招待客人，一边忙着收拾家里，上楼下楼的，忙得一刻也不曾停歇。为何忙碌，却是看不见的。

好像他只是通过忙碌不停的手和脚，来把握搜傩的进度。

添粮，一个耐人寻味的词语。意指傩班弟子食用主人所供的饭或点心。在这个搜傩之夜，要为全村近二百户人家搜傩，弟子们的体力消耗可以想见。所以，此夜我常遇见添粮的场面。这大约也是给傩班一个歇息的机会。不过，看过圆傩仪式上的报饭单，我才恍然，它其实也是检验虔诚度的一种形式。圆傩的第一道程序，就是傩班弟子跪于神龛之前，向傩神汇报本村跳傩期间供饭或供点心的吴氏各家支祖名字，由主持人念《跳傩回饭单》，称：某月某日某某公供饭或供点心，盖保公下子孙合家吉庆，财源茂盛，求愿中祷告。然后掷筶，若掷成阴阳筶，表示那户人家诚心诚意，不然，则表示诚意不足、傩神责怪。主持人便要替那户人家向傩神致歉，再掷筶，直至掷成。

炮声和火把忽然来到了老村长家门前。只见收香火的帮手先进屋，收走了供桌上的线香和纸钱。也没见着主人全家为此怎么做准备，一瞬间，老的少的却齐刷刷地不知从哪里涌了出来，一个个手持线香在厅堂里迎接，几个炮手则在门外等候。待两个做帮手照头灯的男孩举着火把将厅堂照耀一番后，大伯与挑傩桶的帮手接着进屋。照二灯的帮手举火把在门口照耀，掌锣鼓的弟子先唱四句赞诗，再进屋分立两边。扮钟馗、开山、小神的弟子依次起跳，冲进屋内厅堂搜傩驱疫。此时，帮手收下供桌上的鱼肉，傩饭却要留下一半还给主人。搜傩结束，众人齐喊《拜饭诗》，担任搜傩的弟子喝口热茶以提神解渴，主人全家齐向神龛作揖，请祖宗原谅搜傩时惊动了祖灵。大伯提灯一晃，弟子以吉祥的祝福与主人话别，出门后再回身三拜。

老村长在门前放爆竹送走傩班之后，便提示我，再过一会儿可以去看圆傩了。果然，我马上赶往庙里，稍候片刻，傩班弟子就归来了。老村长掐算的时间实在精确。

最近两年的正月十六，我是陪同客人前往石邮的。凭着以往的经验，安排客人到村里吃晚饭，然后到傩神庙里等着傩班回村下马，接着看请神起马、傩庙搜傩和上马，之后，依然是到村边等候着各家搜傩。看个两三家，回县城睡一觉，下半夜再折返。如今的石邮村更大了，户数更多了，据说已有两百多户。至于多多少，我没能问到确切的数目。几年前的正月十六日傍晚，从外坊回村的傩班破例为客人表演傩舞，场地选在祠堂后面的坪地上，那儿有一棵大樟树，树下聚集着一群青年男女，很潮的发型，且染上了各种色彩。落日的余晖把他们脸色也描画得十分怪异。于是，我把镜头对准了他们。想必，他们正是新增户头的一部分。

为了尽可能让客人多睡片刻又不耽误看圆傩，我得掌握圆傩的大致时间。问过好几位村人，他们的回答差不多是异口同声：现在户数多了，圆傩至少要到六点。尽管得到的告知是毫不暧昧的、毋庸置疑的，但生怕万一误了点，我还是领着客人早早地返回了石邮。

傩神庙里有一些妇女围坐一圈，正在裁纸钱，几个老人则靠墙坐着，打盹或者抽烟。整理着纸钱的妇女说，圆傩还早呢。抽烟的老人说，还要两个钟头。老人抽的是黄烟，用的是长长的竹烟筒。填一小撮烟丝，点着了，贪婪地吸一口，从鼻孔里喷出的两团烟汇聚在一起，蒙住了老人的脸，很快又弥散开来，丝丝缕缕的，缠绕着傩庙里的烛光和香烟。

于是，我们循着鼓声炮声去找傩班。傩班行进在古老的路线上，疾走在深深的夜色中。在迷魂阵般的村巷里，我们追不上傩的脚步。然而，任何一双醒着的眼睛，无论老人还是妇女和孩子，都能为我们作出准确的指示。他们凭耳朵判断此刻傩班的所在，凭心灵预言傩班接着将要前往的人家。所以，我们总能赶在傩班到达某户人家之前，选好拍摄的角度。因拍摄，又落在了傩班后面也不要紧，再向村人打听下一站该去哪家就是。

整个搜傩之夜，跟随傩班弟子走门串户的，不只是那些打火把、扛神铳、放爆竹、挑傩桶的各色帮手，还有不少闲人。也许，他们如我等，只是好奇的观众。然而，他们中有人锲而不舍地追随着傩，竟走遍了这个漫长的夜晚。

屋场的翘望

黄石镇中村周边的许多村庄，长着灵醒的耳朵。

在赣南闽西粤东客家地区，生长至今的傩似为鲜见，中村傩或许可视为难得的孤本。中村所在的黄石镇，位于琴江、梅江合流所形成的三角地带的中心，是古代中原经由赣江通往东越的咽喉之地，三国时便已成为古宁都县最早的县治驻地。然而，宋末元初之后，这里日渐萧条，以致与整个宁都南三山乡一道变成有地无人耕的荒野之地。也许，时光有情，山水有意，这是它们为迎接明清之际将大量迁居至此的客家先民，早早地准备着。据说，傩舞正是在明代传入此地的，已有四百多年之久。

中村把华光菩萨作为自己的福主。福主庙每年都要举行两次禳神活动，用来驱除疫鬼灾邪、祈求神明保佑的傩戏，正是禳神的主要形式。这里的禳神就是抬着华光福主到附近村庄游神，信众迎神进村礼拜之后，傩班便依次表演傩戏，演完《打保安》，钟馗须到各个厅堂走一圈，有些村民也会请其到自家，以示驱邪逐疫。

第一次禳神，定时定点定路线，连中途在哪里吃饭、哪里住宿都是祖先确定的，要严格依照惯例，否则艺人就会头发晕、脚发软。农历正月初二上午，傩班从中村福主庙出发，至十六日晚上菩萨归庙，半个月里到了两县三乡的六十多个自然村、一百多个屋场，每到一地，必演傩戏。

第二次禳神，从农历九月十一日起至十七日结束，与正月游傩不同的是，这次活动范围仅在黄石镇的地界上，须去七个自然村，但所经大小屋场众厅，都必须演完所有节目。当晚还要由该村请来的傀儡戏班演一场傀儡戏，以示娱神。之后，傩班艺人在临时架起的神坛前请神，接着用雷令镇坛并连声吆喝"肃静"，随后，右手持令旗，左手捧六部大臣面具，向河边飞跑而去，村民则在后面紧紧追赶。到了河边，信众们焚香点烛，杀鸡祭神，火化纸钱后把纸灰抛入水中，由另一条路悄悄回村，此为送神。六部大臣驱除了各种瘟神邪魔，从此，村民便可安享太平了。此次游傩结束，十八日晚还得在福主庙里演一场傀儡戏，以答谢神明。

中村的第二次禳神是有说法的。说是历史上这一带租田制度盛行，周围一二十里范围内的土地集中在当地七个田主手里，这些田主分别居住在六个村庄中，佃农则散居在村庄周围。第一次游傩经过的地域，正是大多数佃农的居住之处。田主看到佃农得到神佑而人丁繁衍、百事昌盛，心生羡慕，便结伴去福主庙许愿，希望福主老爷也能保佑他们五谷丰登、人丁繁昌，他们以每年接福主老爷去村里看戏作为酬谢。

有四百多年历史的傩戏表演，正是因为禳神活动才得以绵延至今，而欢乐喜庆的禳神之日，理所当然地成了一方土地的狂欢节，以至培育出具有浓郁乡风乡情的生活习俗。当地老百姓习惯借禳神尽情欢乐，都把重阳节、小孩满月和周岁、老人的寿诞移到禳神日这一天来过，家家户户亲朋满座，杯盏觥筹，其隆重热烈的气氛胜过春节。当地有民谣得意地唱道："江口村人打喜傩，窑窝里人杀鸡婆，大大细细要过刀（指杀鸡鸭），逃也逃不掉。"又唱："璜村鱼塘要车燥（指放水捕鱼），出坑家家要过烧（指油炸果子），有有冇冇都一样，生生死死这一朝（指各种喜事都集中在此日操办）。"最令我惊讶的是，听说大跃进时期有的村庄竟然也敢丢下生产而去禳神，甚至，在"四海翻腾云水怒"的"文革"时期，这里的傩居然未被当"四旧"破除，照样可以闲庭信步。

我在正月里踏上了中村游傩的路线。这条路线串连着连绵起伏的群山，串连着顾自潺潺湲湲穿行在岩石间的山溪，串连着隐没在山坳里的一个个村庄。确切地说，有许多烟火人家根本算不得村庄，它们应该就是人们所称的屋场。有的独门独户，有的是三两户人家依傍成团。屋场与屋场之间，想必从前是、现在也是鸡犬之声相闻而老死不相往来。如此看来，"文革"中傩神依然跋涉在这崎岖的山路上也就不奇怪了。傩跟跟跄跄地疾走在蜿蜒的山溪边。傩气喘吁吁地攀爬在绵延的山冈上。傩钻进了密密的松林竹林难觅踪影了。

我也找不到傩班了。傩班已经出发，去向更山的山里，更远的远处，更静的寂静。在这里，不似石邮的搜傩之夜，可以凭着鼓声炮声判断傩班的方位。层层叠叠的山，密密匝匝的树，层层叠叠且密密匝匝地包裹着傩的动静。也不似石邮村，即使为寻找傩班而迷失在村巷里也不要紧，这里可是望山跑死马！

担当向导的乡村干部却自信得很，领着我沿山溪走了一程，又翻过一片被垦复的山包。那些山包大多已栽上了脐橙苗，有的仍是一堆裸土。不知当年客家先民迁居此地，是否也曾在这荒野之地创造出这般景象。

向导掐算得挺准。当我们穿过一片马尾松林、攀至山脊时，似乎听得隐约的鼓声，却不见游傩队伍。透过枝叶的间隙，只见山坳里有一片屋场，一排房屋紧紧相挨，应该是一家人。早已迎候在门前的主人，纷纷将身体转向傩的来路，准备点燃鞭炮。

可我们冲下山到达屋场，却晚了一步。几声铳响，几团青烟，已经把傩班迎进了厅堂。厅堂上方的供桌上，摆放得满满当当，有令箭、令旗等法具，有插着红烛的香炉，有一碗碗的鸡、肉、饭、米，碗上均覆以红纸。还供有一组较小的神像，其旁边端坐着一个孩童般的小人儿，酷如石邮的傩崽，不知为何，一尊婆婆脸的面具坐进了小人儿的怀里。

主人全家男女老少跪于堂前叩拜，在供桌旁忙碌的，只有傩班的一位老艺人，他着绿色上衣，外套一条无领短袖的红色长衫。中村傩的第三十二代传人，名郭家燮，已经七十多岁。我由其相貌猜想，此人应是郭家燮新收的徒弟郭显春，他也五十多岁了。他是傩班一行人中唯一着傩戏服装的。

他开始请神了。外人听不懂的宁都方言，神明却能听得明白：弟子请神，口叫口应，齐心应口，千军万马，万马兵将，锣鼓奏响，请神下马。

据当地朋友介绍，游傩时一般在人家表演三个节目，为《判官点书》《钟馗斩金鸡》和《抱冬易》。头一个节目，艺人戴上了黑色的判官面壳，手持木笔，先叙判官根源，再在东南西北中五个方位上分别画敕令，敦促五方神明归位，意在驱除恶煞，安镇五方。艺人边演边唱。第二个节目，换上钟馗面具后，艺人便成了钟馗，右手持剑，同样要向着东南西北中五方，右脚跪地，左手呈抓鸡状，右手挥剑向下斩三下，以示斩杀邪魔、驱除鬼魅，保佑地方平安。《抱冬易》中有两个婴孩，男婴叫冬易儿郎，女婴叫牙婆小妹。相传牙婆小妹是钟馗的妹妹，小名叫牙妹。其死后灵魂被接到东海龙王宫，在那里修炼成仙，每年冬天都会从海中出来，为天下善男信女送子。而且，传说冬易送子有阴年、阳年之分，阴年送女孩，阳年送男孩。因此，艺人上场得酌情选择抱冬易儿郎或牙婆小妹。若属阴年，艺人戴"老太婆"面具、怀抱牙婆小妹上场。表演时要叙说冬易来历，然后祷祝信众"头年生个金花妹，来年生个状元郎"。

可是，在这户人家里，并没有表演傩戏节目。艺人对着上方揖拜、化纸，喃喃着为主人祈福。罢了，便出门歇息去了。暖阳下，一碗碗香醇的水酒，灌醉了所有的祈愿。

傩班又要出发。这一回，我希望在哪里迎候这支禳神的队伍，以便看到完整的傩事过程。我们钻进山林，沿着一条小路翻山而去。锣鼓之声在山冈的背面，在山坳的中央，在山风的旁边。我听不到，向导能够听到。所以，他们确信自己选择的路、自己认定的目的地。

那是一个小小的村庄，坐落在山腰处，面对有着一圈圈梯田的山窝窝，眼前挺开阔的。村子里的几户人家，在屋场上摆下了几张桌子，并倒好了擂茶斟上了水酒。我记得一面长长的土砖墙上还留有"三忠于"的标语和毛主席语录。当年果真有游傩队伍从这些黑色的大字旁经过吗？

稍稍等待了一阵子，傩班在半坡上的山嘴处一拐弯，出现在恭迎的眼睛里。这支队伍在行走时也是有讲究的，依次是挑菩萨的，挑香炉兼打锣、打鼓的，挑香烛的，挑粮米的。打锣的就是那位艺人，他一头挑着香炉，一头挂着一面锣，边走边敲。两个炮手紧走几步，抢先赶到屋场上，点燃了神铳。

主人把傩班迎进屋里，艺人将挑来的香炉端到供桌上，众人纷纷点燃香烛，有两位后生则在堂下杀了两只鸡。请神之后，在锣鼓唢呐的伴奏下，艺人开始表演。在这里，我看到了《赖公射月》《王卯醉酒》《判官点书》《抱冬易》和《太公钓鱼》。

《赖公射月》中的赖公，传说原在赣州府辖下的于都（别名雩都）县做官，后在祁山得道。节目内容是附会"后羿射日"的故事，赖公左手握弓，向东南西北四方跪射，射去各种阴煞；《王卯醉酒》中的王卯来历不凡，传说他本是天上的仙官，因偷吃琼浆被贬人间，见他一出生便知天下之事，土地公公心生畏惧，赶紧奏明玉帝。玉帝派仙人下来给王卯换骨。不料，换到一半，天亮了。王卯因此留下一张仙嘴，每每醉酒，他就会大开仙口，且句句灵验。王卯的面具为暗红色，歪鼻子歪嘴，一只眼眯缝着，一只眼圆瞪着，形象甚是丑陋，莫非这就是换骨未遂的作品？

正演着《抱冬易》，在场的妇女忽然拥上前去，纷纷把白线挂到艺人怀抱着的婴孩身上，线头上吊着一个装有钱币的红包。这叫挂线，意在祈求神灵保佑孩童长命百岁。果然，屋主人抱着孩子一直站在场边，那孩子胸前挂着一把银制的长命锁。听说，每人手上的线是有数量规定的，十二个月十二根，如遇闰月年份则十三根，每根线至少要两尺长，线头上扎有红包，红包里放多少钱可随意。这时，我才注意到，艺人怀抱的是女婴，是牙婆小妹，而牙婆小妹身上早就挂满了一支支的白线。

据说，表演《太公钓鱼》时，头首会将用过的道具，那纸剪的鱼，送给观看的人们，妇女们少不了要争抢一番。将纸鱼请回家后，要先在灶头上放一下，再拿去拌猪食、鸡食，这样，可保畜禽平安。我看到的鱼却是木制的，未见赠予，却见姜太公一手持竿、一手摇轮，用的分明是颇为先进的钓具。

来中村观傩前，我获知，傩班在吃饭、住宿的地方才会分别演上四个或七个节目，看来并不尽然。之所以在这里表演五个节目，可能与主人是头年的添丁户有关。要知道，宁都乡间的正月里，有形式不同的为添丁户喝彩祈福的民俗事相。

傩班将赶赴下一站。想必藏在深山另一隅的某个村庄或屋场，已经听到这边送行的爆竹声声。山里所有的屋场都在翘望着。无疑，华光福主驾到的日子，该是那些小山村最热闹、最幸福的一天，却是辛苦了这位神灵和它的信士们。

和合之舞

　　我几乎是冲着"卜冬卜冬嘎嘎且"的鼓钹点子，去看水北村的和合舞的。很早就有朋友用方言绘声绘色地向我描述过那段伴奏，它好像在用当地方言在催耕——"播种播种家家去"。

　　它是一种亲切的乡音，一种古老的语言，一种关于春天的心情，一个属于乡村的童话。

　　是的，我从水北村和合来历的传说中，读到了童话般的天真烂漫。相传，也不知何朝何代，村里有个姓傅的长工，腊月二十五过小年日在后龙山刨草皮，忽然隐隐听得"卜冬卜冬"的响声，似有人在敲打锣鼓家什，循声探究，发现响声竟来自地下。于是，他刨开响声，挖出的却是两个金光灿灿的面具。这天夜里，他梦见带回家的两个面具变成了小孩，这对和合兄弟随着鼓钹的伴奏跳了起来。醒来后，他记起梦中的事，学着梦中的舞，可能得神助吧，越跳越开通，后来竟练出了三十六套花样。从此，这对面具就成了和合神，后龙山那发现面具的地方被称为"跳迎寞"，每年正月跳和合，和合班弟子必须去那里跳一回的。

有关和合面具来历的传说有好几个版本，我却喜欢这个有梦的故事。因为，和合二仙正是我们的老祖宗从儒家"天人合一""和合同异"，佛家"因缘和合"及道家"阴阳和合"的哲学思想和文化理念出发，在梦想中创造出来的民间崇拜对象。它们"和万象之新，合一元之气，并和气以保福禄财喜，合理而升公侯伯子男"，听听看，和合二字，贯通宇宙乾坤，涵盖自然万物，气概莫若其大也。这和合二仙差不多可以算作神灵中的哲学家了。

不过，我在水北筵福和合寺所看到的和合二仙的圣像，并无哲人的庄严和深邃，它们金粉黑发，耳衬红卷，笑容可掬，神采飞扬，那富态的形象是凡俗平易的，那生动的表情是招人喜爱的。

这天是正月十八。是新落成的和合寺开光的日子。我知道水北村"跳和合"的程序有三段，即从农历十二月二十五日"起迎"，经过十多天的"跳迎"，至正月十三日举行"圆迎"仪式，一年一度的跳和合便告结束。那么，此日的跳和合显然是个例外，是和合们欢庆自己有了新的殿堂、新的神位。

据说，这样的开光仪式是数百年难遇，所以，我舍弃了当日别的村庄的傩事活动不看，直奔和合而来。

摩托车挤挤挨挨地停放在寺外的坪地上。一筐筐瓷碗、一箱箱啤酒码放在斋堂门口。善男信女人头攒动，涌进寺里又挤了出来。村人喜滋滋地念叨着一个数字，很有些奔走相告的意思，他们说中午在此用斋饭的达五百桌。

我不禁瞠目。五百桌，那就是好几千人啊！可见这座和合寺香火之盛。

整个仪式分为两部分。上午是跳和合，夜晚才是为和合寺的菩萨开光。我赶到时，和合班弟子正在寺里做准备，神台上林立着大大小小的菩萨，有的被红布严密地遮掩着，香案上供着傩太子和一些面具。和合班弟子先在大殿中拜过神灵，而后分别戴上和合、魁星、傩公、傩婆等面具，各跳了一小段，这大概是相当于"起迎"的简单的仪式。此时，就有一些男女迫不及待了，他们把自己的孩子推到魁星面前，请魁星为之点斗。

正式的表演是在和合寺门前宽阔的场地上进行的。从人群后面射进来的阳光落在三面大鼓上，鼓面成了明晃晃的圆。踏着"卜冬卜冬嘎嘎且"的鼓钹点子，首先出场的是四对和合。和合所戴的面具有文像、武像之分。文像平发无髻，号来福，又称来喜，拿木制笔墨，表示求取功名，早登金榜；武像头梳两髻，称来宝，拿五档算盘，祝愿生意顺畅，方方吉利。水北老人说，民国时期来福穿绿衫黑褂，来宝穿黄衫，新媳妇会做绿衫黑褂送来福先穿一下，沾染文气和好运，以祈求生子有福；而如今，来宝依然穿黄衫，来福却是换成了红衫绿褂，这变化应该也是有说法的吧？

和合们在舞蹈。他们蹦跳嬉耍，猜拳捉虱，挽脚碰手，恭贺作揖，富有生活情趣的动作细节抓住了密密麻麻的眼睛。这是体现了中国传统文化精髓的神，还原为一个个可亲可近的人，在人们的心灵大地上舞蹈。用他们的身段造型，用他们的动作表意，仿佛，雕刻在面具上的笑容也被鼓钹的节奏、身体的舞蹈激活了，荡漾起来。我听到的满场笑声，来自观众，肯定也来自他们。

我惊讶于这满场的笑声。看来，和合们的肢体语言在这里遍地知音。他们诙谐而稚拙的手势，撩拨着人们内心中的祈愿，也生动地传达出蕴涵在平凡生活中的浪漫精神。

那个手持算盘的来宝，在南丰傩里是个值得玩味的形象。那只算盘，既是恭喜发财的祝福，又是生财有道的寄托，象征着和合崇拜中所融会的利市招财的民间理想。在南丰乡间，关于和合兄弟做生意的传说也有多种版本，它们通过具体的故事宣扬诚信为本、重义轻利的观念，或传达贵人和合、和气生财的道理，然而，流传最广、影响最大的却是和合兄弟"做反生意发财"的故事。所谓"做反生意"，就是如今司空见惯的反季节销售，比如冬天卖空调和冰箱，夏天卖羊毛衫、羽绒服之类，只不过，和合兄弟是"夏天贩炭，冬天贩扇"。这么具体的商战谋略、经营手段，居然成了神祇所为，且被百姓津津乐道。着实令我吃了一惊。这和合神未免有失身份了！

在这样的传说里，我隐隐感到祖祖辈辈以耕读为本的人们，对经商之道的新鲜好奇，以及跃跃欲试的冲动。在重农抑商传统浓云密布的社会氛围中，来福、来宝兄弟真有点像传道的普罗米修斯，像一个播火者，或者，一个循循善诱的启蒙者。

不过，尽管和合兄弟似乎在为生财有道笑逐颜开，但来福手中的笔墨，还是不经意地流露出人们在塑造这对神灵时的内心矛盾。很难说那副羞答答的笔墨，不是迫于崇文轻商的传统观念与算盘达成的妥协。听说，邻近的宜黄县神岗村也有《和合舞》，其中的道具却是木炭，水北和合是否在演变过程中将木炭换成了笔墨呢，木制的笔墨为我的猜测提供了某种暗示。

所以，跳和合时那"卜冬卜冬嘎嘎且"的鼓钹点子，因为极似用方言呼唤"播种播种家家去"，又被人们演绎出了一个和合兄弟"回家作田"的传说。通过这些民间传说，我看到了人们对经商之道欲罢不忍、欲行不能的窘状。

和合跳罢，魁星出场了。手持墨斗的魁星，少不了也要握笔的。魁星和那个叫来福的和合，两人所用的道具相似，据此，我也有理由怀疑和合那副笔墨的来路。既有雷同，那么就得赋予它们不同的说法。于是，在这里，和合的笔墨便宽泛地指向了赐福送禄、荣华富贵，不似魁星那么具体地笔点状元，祝愿读书者高中榜首。大概正因为魁星点斗的具体可感、伸手可及吧，围观的人群里一阵骚动，只见一些男女拽着、抱着孩子挤到场上来，直扑魁星，一个个满脸真诚。那魁星依然舞之蹈之，却是有求必应。只见他右手执笔，左手捧斗，舞时交叉出手，伸臂撇腿，缓蹲速起，时而拧身俯瞰，勾腿跷脚，以笔注斗，时而立身仰首，伸手运笔，点中试者，那舞姿刚柔兼济，潇洒飘逸。其间，一口气点了一群状元。被拥着的小学生烂漫地笑着，被抱的幼儿则圆睁着好奇的眼睛。

　　不知是否因为和合寺开光庆典之故，在表演了《傩公傩婆》等节目后，旱船登场了，整个活动由此更具喜庆的娱乐色彩。而在平时，水北村的跳和合是从农历十二月二十五日至正月十三日进行的，仪式虽较为简单，却是庄重。十二月二十五日早饭后，跳和合的弟子到放圣像的人家集中，点香烛，放鞭炮，从神龛上取下圣像，作个揖即可出门，此为"起和合"；此后直至正月十二日，和合班到县城和别的村庄跳和合，十二日则必须回村；正月十三日在本村的活动称为"圆和合"，和合班要先在发现和合面具的后龙山上跳，在回村的路上，凡遇坛庙和房屋的旧址，以及传说挖到圣像挑回村时休息过的地方，都要停下来跳几下，以为纪念；在村中按照传统的路线在人家里跳完和合后，待拜过祖宗，再将面具挂回原处。

　　看来，每个村庄都是重视自己的来路的。我在许多村庄都发现，一些并不起眼的地方，比如，村外的路边，村巷中的坪地，或某处废墟，在村人眼里却是神圣的。坛庙、祖屋、宗祠虽已不复存在，它们的位置却永远坐落在人们的记忆之中，那里耸立着一座座香火不断的心祠。

　　心祠，一个多么动人的名词！它让一只只木雕的面具，顿时有了神采和表情；它让一尊尊泥塑的菩萨，顿时有了体温和思想。

　　我就是在夜晚的开光仪式上听说心祠的。原来，在择吉日举行的开光仪式上，要请塑菩萨的师傅主持，他们奉唐代雕塑家杨惠之和画家吴道子为行业祖师，自称"处士"，处士在开光过程中有一个重要环节，就是为菩萨安心祠。不仅为菩萨开光如此，有的傩班视傩面具为菩萨，和傩神、傩仔一样，也要安放心祠。心祠里装有本坊头人、傩班艺人的姓名、生辰八字，还有五谷杂粮，一些诸如丝线、头绳等象征身体器官的东西，以及可起防腐作用的"神药"。面具的心祠安放在头盔背面。

　　和合寺里挤满了信众。神台上也是济济一堂。后排三尊大的菩萨遮掩着全身，听说它们要到下半年开光。此时，需要开光的是观音等菩萨。烛影香烟中，观音们正在听任攀上神台的处士小心翼翼地为自己整理披挂。

那位处士是个年轻的汉子，身着道袍，头扎红巾。他从神台上下来，又在插满红烛、堆放着毛巾、黄表纸、塑料花的神案旁忙起来。此刻，他所做的最重要的工作大约就是准备心祠。

心祠在他手上，包裹在外缠红布条的毛巾里。那心祠先要放在烛火上熏一下，让在场的头人和弟子呵气，然后再用毛巾包好。难怪神案上放着那么多毛巾。

接着，处士匍匐于地跪拜菩萨，口里念念有词——

谅沐尊神，必垂郎鉴，尔等神貌本已陈旧，今日命工装塑，自今日入服后，深佑众信士日进黄金夜进银，你金做喉咙银做心，五色绢线做红缨。今领众信士呵气，是他气呵是你气，随口应心。隔山叫，隔山听，不叫是应延应，千里有求千里去，万人请到万人灵。今乃命公气脉相传，听吾吩咐，听吾祝咐，祝咐之言，谨记心怀，大彰感应，千年灵神，万年香火。

心祠让泥胎有了肉身，有了魂魄；心祠令神人气脉相通，心灵感应。人们之所以虔诚笃信，大约也因为心祠中本来就注入了他们自己的鼻息和心气吧？

开光的程序是繁缛的、缓慢的，听说整个仪式结束要到下半夜。已是夜深时分，处士累得气喘吁吁，浑身汗湿，而信众们一个个精神得很，都全神贯注地凝视着和合寺里发生的每个细节，庄严得好像是迎接着神灵的诞生或降临。凭着那份庄严，我相信，他们会一直等到下半夜，甚至天亮。

直至等到和合兄弟真的为人们带来好运；等到那群经过魁星点斗的孩子真的成为状元……

郎骑竹马来

竹马，一个充满距离感的名词，也是一个洋溢幸福感的名词。它和童年有关，和爱情有关。它是稚儿的游戏，是成人的记忆。

李白诗曰："郎骑竹马来，绕床弄青梅。"一竿竹梢，象征着一匹白马；一枝青梅，象征着一片童真。青梅竹马，状两小无猜、亲昵嬉戏，其实，也隐喻一种古典的爱情。

我幼年时也曾骑竿为马，与一帮男孩子追逐厮打。我以为，这样的儿戏乃儿童本能的模仿，其间并没有什么传承关系。然而，人们借鉴这一游戏形式发展起来的各种竹马艺术，却在民间世代相袭，绵延千百年后依然顽强生长在乡土之中。

我曾在距离南丰县不远的宁都乡间，看过出现在祭祖仪式上的一种竹马。它用竹篾做骨架，蒙以各色彩布，马头较大，马头、马尾分两节挂于腰间，人与马融为一体作骑马状。此竹马称竹马灯或竹马戏，属民间灯彩歌舞，在江西，尤以瑞金竹马最为出名。南丰县也有。而南丰的竹马舞则为傩舞，角色有关公、花关索、鲍三娘、周仓等，角色均戴面具，前三个角色的坐骑安小马头，周仓的坐骑则安小狮头。竹马舞只在春节期间表演，有祈福辟祟之意。该县的赓溪村和西山村可以算得竹马舞之乡了。

正月十五的夜晚，是赓溪村跳竹马驱疫的时间。从年前打福神祠取出面具供奉、起迎始，二十多天来，经过了参神、本村跳竹马、收香钱、外坊跳竹马等跳迎程序，赓溪的跳竹马仪式在此夜的活动，叫作跳夜迎。

就像前往夜晚必经下午那么真实，我在前往赓溪村的途中注定要在西山村逗留。西山与赓溪是隔水相望的近邻，西山也跳竹马，西山的竹马也许和赓溪的竹马是血亲。

至于竹马何时传入，赓溪无解，西山不详。因此，两村曾为孰先孰后争论不休，以至不惜想靠打官司解决。听说，最后是相互赌了一把，以看谁敢穿烧红的铁靴来一较高下。怎奈西山人怕死不敢穿，而赓溪人则灵机一动，花钱雇了叫花子冒充赓溪人穿上铁靴。结果，让西山人输得很不服气。

不过，在赓溪，倒是有着关于面具神秘来历的传说。相传不知何朝何代，有人在七龙窠挖到七个面具，有开山、花关索、鲍三娘、关公两枚、周仓两枚和三只小马头、一只小狮头，村人一并贡献皇上。朝廷大概是为赓溪人的忠诚而心动，允许其复制一套，以供他们表演花关索与鲍三娘、关公与周仓等对阵的舞蹈，竹马舞以两锣伴奏，称"五角迎"。清代，南丰县举行迎春礼时，县衙要请赓溪竹马参加表演，并有赏银。

西山竹马班在迎候我们。花关索们已穿戴整齐，他们是专门为我们表演的。在一所学校门前的草坪上，花关索与鲍三娘、关公与周仓、打旗与承旗捉对厮杀，他们的武器有大刀、长矛、砍刀、棍棒等。除了头戴面具，花关索、鲍三娘、关公和周仓还另佩竹马圈，竹马圈被服装遮蔽着，只在胸前露出个木雕的马头或狮头，南丰人管它叫马仔、狮仔。他们的表演也是以双锣伴奏，当打旗与承旗上场时，还有一个真正舞着旗帜的角色登场，他叫开山或称旗头。不知西山竹马是否因此称"七角迎"？

竹马班弟子的服装是信士敬奉的，他们的背后都写着类似的字样："信士×××喜助入本坊福主三圣灵佑公王台前，合众清吉，老幼平安，男增福禄，女纳千祥。"有些文字则干脆把那三圣灵佑公称作竹马神。

于是，我好奇地走进了西山村的福主祠。南丰竹马无专祀神庙，都是用其他祠庙代替。西山福主祠坐落在村口，祀福主三圣公王，在三尊木雕神像的上方墙壁上，有用红漆书写的神像封号，中为一圣正国公，左为二圣宝国公，右为三圣灵佑公，具体神名不详。两旁配祀鹰哥元帅与金鼠郎君。神坛左侧塑土地神像，右侧放竹马头盔箱柜，艺人称此处为"竹马神公王"神座，但墙上并未书写标明。作为道具的竹马圈悬挂于祠内门楣上方。

福主祠左边有乾隆辛亥年借墙重建的苏胡祠，听说南丰从宋代起就有祀苏胡的，然而，这苏、胡二人究竟是哪路英雄、何方神圣，仍是不详。

尽管如此，这两座祠庙却是跳竹马最重要的仪式发生地。正月初一起竹马后，竹马班先要到福主殿参神；从初一到十二日，通过拈阄产生的新头首每天傍晚轮流到福主殿、苏胡祠和本村五个小神龛点殿灯，为神照明，请神下殿；到了十六日下午"圆竹马"，新头首先将装面具的箱柜扛到福主殿，傍晚时分放铳迎接老头首进殿跳竹马，双锣只能轻轻敲，对打的武器也要避免碰撞发声以至惊动神灵。当面具、马仔、狮仔被洗净装箱安放在殿内，下殿来看跳竹马的各位神圣也就上座了。

源于民俗的表演，一旦脱离了仪式的氛围，总是呆板和单调的，就像一尾跳在岸上的鱼。所以，西山的竹马表演只是给了我一个粗略的印象。我们在日暮时分匆匆赶往赓溪。

去年正月，我也曾在赓溪看过一场表演。那是正月十七的下午，赓溪已经"圆竹马"，就是说，正月里的傩事活动已告结束了，是县里出面特意为我们安排的。大约刚刚马放南山、刀枪入库又要劳人大驾吧，竹马班弟子多少有些厌烦情绪。我记得，在祠堂门前的坪地上跳竹马时，围观的村民不时发出一阵阵笑声，因为他们看出花关索们的步子不对。想来，那些观众要么也曾是演员，要么就是资深评论家了。一个小伙子提着一面大锣，敲锣伴奏的却是一个小男孩。为了拍张好照片，我们请竹马班从村口的石桥上来回走一趟，他们倒是满足了客人的这一要求，但步履匆匆的，脸上泛起不耐烦的表情。

不过，那场表演还是给了我关于南丰竹马的最初印象。在跳竹马的过程中，不时有人向竹马撒谷糠，听说这是"圆竹马"的一个环节，有些人家还会在谷糠里掺加茶叶和豆子，这是为了"喂饱马仔好上殿"。也是，竹马们辛苦了。

静静的赓溪福神祠里，依然悬挂着几只竹马圈，它们仿佛是一种暗示：存放在此处阁楼上的竹马面具已经随神灵下殿去了，去往恭迎着的烛火、翘盼着的人家，去往夜的深处、心的内部。

这座福神祠始建时间不明，但在二十世纪三十年代曾被国民党军队拆毁，取其砖石修炮楼以围剿红军，后村民用留下的石柱在原址上重建福神祠。祠内上方正中神坛为福主公、福主婆及太子坐像，座前配祀量田、决海菩萨。左方为土地坐像。前列玉兔郎君、赵大将军及开枷、脱锁小神；右边为华光，配祀千里眼、顺风耳。厅中有供桌，东立文判，西立武判。至于福主姓甚名谁，却只有凭着祠内石柱上的对联去分析判断了，专家据此认为其应是南丰军山王吴芮。其实，后来我注意到，竹马班弟子衣袍的背上便写明了"福主军山尊王"。

与福神祠毗邻的关帝庙、祠堂和社公殿，也是静悄悄的。然而，"跳夜迎"的准备却在有序进行。此日下午，头首即已巡视各家，凡厅堂供桌上放有茶叶、豆腐的人家，就是需要在晚上举行"打关"仪式的，头首收去茶叶和豆腐。同时，给全堡各户送一二对蜡烛，以便晚上"照迎"。

夜色渐深，忙着感受整个村庄的环境气氛，不觉间，依次逐户进行的跳迎已经开始了。是一大群孩子分散了我们对竹马班的注意。那些大大小小的孩子各个举着一支蜡烛，簇拥着，欢呼着，抢在竹马班之前，扑向前方的鞭炮声。

这就叫"照迎"，由孩子们秉烛为前往各家各户驱疫的竹马照明。从前参与活动的只限男孩，如今生男生女都一样了。烛光映红了一张张小脸，烛光也照亮了竹马所选择的路线。

孩子们手里的红烛，大多套着一块纸板，用来挡着流下的烛泪避免烫着，也有少数举着火把的。一些年龄小的，尚在大人的怀抱中，竟也双手捧烛，加入了照迎的队伍。那些懵懵懂懂的眸子里，尽是红彤彤的蜡烛，尽是跳荡的火焰。

烛火吸引着相机，相机也吸引着孩子。在许多相机的镜头前，孩子们自然少不了来一番"人前疯"，一个个大呼小叫，挤眉弄眼，任由我们拍摄。但是，让我惊讶的是，疯过一阵后，一些稍大些的孩子便会赶紧离开。他们没有忘记自己的责任。

烛光引领着竹马班走进一户户人家。在烟雾腾腾的厅堂里，竹马班开始表演起来，其内容依然是表现花关索与鲍三娘、关公与周仓对阵。据说，南丰的竹马舞专演花关索故事，至于花关索是谁，历来众说纷纭，学者们各持己见。

因为成群的孩子拥入，各家的厅堂都显得逼仄，舞刀弄枪的花关索们根本就是英雄无用武之地。所以，我以为，逐门逐户的表演其实就是一种形式上的象征，它意味着驱疫的神到了，这就足够了。至于那神姓甚名谁，神们如何作为，对于老百姓来说，并不重要。

听说，需要"打关"的人家，事先会在供桌下放一个瓦钵和一把柴刀，待关公跳毕，头首便扯关公衣服并示意桌下，关公会意，拿起柴刀打碎瓦钵，然后双手持刀作揖，主人则迅速将瓦钵碎片扫净倒掉。"打关"是为了让男孩更健壮、更胆大，凡"打关"人家需连续三年如此。可惜，我并没有看到这一情节。

竹马班在夜的村庄里穿行，在不夜的心灵中舞蹈。此夜，家家门前马蹄得得，人人心中烛影摇红。

当花关索们舞蹈起来时，当烛光引领着竹马班消失在鞭炮声中时，我忽然觉得，此夜大人和孩子的身份置换了，那些骑着竹马的男子真像一群天真烂漫的儿童，那些秉烛照迎的孩子才是虔诚陪伴着神灵的大人。

遥想千年，人们由儿童胯下获得的灵感，是不是一种源于生命意识的冲动呢？是不是渗透了人们对童年的眷顾、对光阴的嗟叹、对自我生命的体恤呢？

不管怎样，在正月十五的夜晚，在赓溪村，半个村庄举着烛火，半个村庄骑着竹马；半个村庄在健壮成长，半个村庄回到了童年……不，何止赓溪。我分明听到隔河传来神铳的轰鸣、鞭炮的炸响。

那边，该是西山竹马开始跳夜迎了吧？

柳灯里的八仙

灯是人丁兴旺的祈愿,火是纳吉祈福的语言。

灯为灯的心愿虔诚地迎候着神祇的亲近,火用火的语言威严地怒斥着邪祟的觊觎。

在我看来,灯与火,是一切民俗活动的灵魂,无疑,也是傩事活动的灵魂。石邮搜傩之夜的火把,赓溪照迎竹马的蜡烛,三坑逶迤游走的神灯,上甘插在路边恭候众神的线香……闭目回想,我眼前尽是火的意象。

灯有灯的身体、相貌和表情,火有火的性格、情感和心思。在南丰,最为别致、最为古朴的神灯,大概要算石浒村的柳灯了。

柳灯,顾名思义,与柳有关。它以柳枝为灯柄,每根柳枝上悬着四支火媒子,其状也如风摆枝条,绿柳依依。儿童提灯踏夜,穿梭往来,颇有古风。

古朴,并不意味着简单,古朴的风格往往是通过古老而复杂的工艺来实现的。比如,柳灯的制作就得费一番工夫。在每年正月十二那天,头人就要买好爆竹、蜡烛、牛胶、白蜡、火纸等物,组织村民制柳灯。柳灯的火媒子内用竹子,外缠火纸,中间穿铁丝,再灌上牛胶、白蜡,扎在柳树枝桠上。

在制柳灯的同时，人们还要糊六边形的高脚灯笼，写上"揭"字或"三史民家"字样。不知所谓"三史"是否指的是石浒开基祖的三兄弟。

石浒村民为揭姓，由广东揭阳迁入。据说，他们本来姓史，其祖上出了一位将军，征讨匪患有功，世人美称史将军。可是，族人听来觉得别扭得很，一念之下，竟认为姓史不如姓揭（捷），干脆就把姓改了。也是一时居功气盛吧。此事在过去的宗谱有记载，然而，因宗谱被毁，如今只是人云亦云罢了。

我们来到石浒村时，正赶上连续三日举行的"起灯"。石浒村分为里堡、外堡两部分，里堡是祖上定居地，外堡则是后人迁居地，跳八仙的整个仪式过程都融合了里、外堡的地理概念。在十三日起灯之前，里、外堡的八仙弟子已经有分有合地举行了参神仪式。晚饭后，由里堡放铳通知外堡起灯，于是，里、外堡分别在福主殿、骑路亭起灯，而后，相向迎灯。每日的路线相同，但会灯的地点不一。我们来石浒的这天是十四日。

福主殿里供着三尊神像，正中的那尊红脸长须，颇像关帝，该村外堡便有一座关帝庙。关帝原为三国时期蜀国名将关羽，宋以后，他忠义勇武的精神被朝廷渲染利用，历代皇帝多有加封，至明万历年间更是被封为"三界伏魔大帝神威远镇天尊关圣帝君"，佛道两家也竞相罗致关羽为本门神祇，明清时关羽被列入国家祀典，以"三国"为题材的话本、戏曲、小说把关羽写成"义薄云天"的神人，使得红脸关公成为家喻户晓的万世人杰，成为中国老百姓最喜爱的神明之一。尽管南丰曾有多座被列入官祭的关帝庙，高高在上的关老爷享受着四方百姓祀奉的香火，但是，周边的村庄仿佛还嫌不成敬意，仍然把关公当作自己的福主，或在村中建庙专祀，或与别的神明合祀。我在赓溪等村庄都看到了关帝庙，我想，关羽可能是在乡村兼职最多的一位福主了。而民间格外崇拜关帝，反映了在社会生活变化的背景下，随着经商活动的日趋频繁，人们对"义"的崇尚和追求。

我进入福主殿时，才见几个男孩子在这里点灯，不一会儿，殿内就挤满了人，以男孩为多，也有几个汉子，他们帮着孩子点燃各自的柳灯后，一同加入了集结在福主殿前的迎灯队伍。

柳灯的队伍出发了。高脚灯笼在前面引路，紧跟其后的是锣鼓家什，接着是铁拐李、汉钟离、吕洞宾、何仙姑、曹国舅、蓝采和、韩湘子、刘伶等八位仙人，提着柳灯的孩子夹杂在其间。石浒八仙中缺了那倒骑毛驴的张果老，而换上了刘海。

一盏柳灯上盛开着四朵火焰，花团锦簇的队伍仿佛一条浴火而生的巨龙。柳灯是它金光闪闪的鳞甲，是它自由舒展的身体，挟着风，蜿蜒前行，穿破了沉沉夜色。

在村庄的另一头，也有这样的花朵，这样的灯火长龙。我渐渐看到了那时隐时现的光亮。

很快，相向巡游的队伍在村中交会，但并不停步，大路朝天，各走半边，依然大步疾行。唯有柳灯在彼此招呼，火与火击掌，光与光相拥。

我随着柳灯到了村中，只见村子正中位置的路边摆着一张供桌，桌上供奉着八仙的面具、道具及供果。在这里侍奉着八仙神像的是一位婆婆，她说，过去八仙班是要在这里着服装戴面具的，因为她家信了耶稣，就改为别处了。至于为什么改换门庭，她的回答是：耶稣信上帝，上帝比傩大。

我不由地想起，下午在中和村佛寺看到这样一副楹联："为人正直见吾不拜何妨，心存恶意日夜焚香无益。"然而，看来这位老人家还是真心顾念傩神菩萨的，只是再想交结一个更加位高权重的神而已。依然在路边供奉八仙的行为，就表明了她感恩于傩神、唯恐有所不敬的复杂心迹，和上甘村那些皈依了上帝便对傩神敬而远之的人家比起来，也算是有情有义了。

因为这一耽搁，再也追不上迎灯的队伍。横穿村庄而去的队伍，消失在外堡方向，消失在刚刚升起的圆月下面。我只好坐在一户人家门前，等路上的八仙弟子快快回来，等头上的月亮慢慢过来。

圆圆的月亮，照着一张圆圆的供桌。月光下的面具，表情也柔和了许多，仿佛目光迷离，暧昧地笑着。原来，木雕的面具是有血肉有神经的，那看似恒久的表情，也会有丰富的变化。与其说那是光线导致的，不如说它们经常受环境气氛感染而变得栩栩如生。

这天下午，我在中和村看了跳十仙表演。中和的十仙，除众所周知的八仙外，还有风僧和刘伶。传说刘伶与风僧是一个人，因此，这两枚面具是一个模样。据说，此二人在海上劳作，十分艰难，八仙见后，利用各自的长处帮助他们，后来，他俩也成了仙。于是，便有了"八仙飘海十仙到"的说法。

中和村的表演是在铺满阳光的操场上进行的，八仙们依次登场独舞，退场时二人对舞；八仙都出场以后，相互穿阵，分站两边；这时，刘伶上场耍钱，钓蟾不成，风僧上场与其一同捉蟾，靠着众仙指点帮忙，刘伶和风僧终于将蟾捉住。在这个不无谐趣的捉蟾表演中，那只用红布制作的蟾，无疑是一种吉祥的象征，或指向生殖崇拜，或隐喻金钱累累，或有别的深意。学者对此各持己见，言之凿凿，我不敢置喙。不过，我以为，既然为百姓所喜闻乐见，它勾连着的，一定是人们最朴实的心愿。

中和村春节期间的跳十仙仪式于正月初二开始，先由弟子们到附近福主殿、汉帝庙、清源庙等处参神，初三出坊跳十仙，从十一至十五日则在本堡跳。其中，十一、十二日为上灯日，凡年前结婚生子的人家，要在祠堂里挂上裙灯以告慰祖先，到了晚上弟子们则登门跳十仙表示庆贺。经过十四日下午为全村表演的跳全堂，元宵节之夜就是逐户的跳年灯了。这天，已婚妇女可到新媳妇家吃甑盖茶，新媳妇要将饭甑盖顶在头上，任由年长的妇女用刷把敲打甑盖。我之所以记下这些与跳十仙一同进行的民俗活动，是因为这些活动普遍流行于客家人聚集的石城、宁都一带乡间，由此可见，各地民间文化兼容并蓄、融会贯通的奇丽景象。

这也许是随着历史上的人口迁徙带来的文化记忆。或者，民俗文化也如遍布江南丘陵的马尾松，它们的飞子会在阳光下随风轻扬，而后，落地生根？

听说中和刘氏于南宋庆元年间由福建迁入后，即有跳迎活动。而在石浒则传说，某朝揭家有人在杭州做官时，有两户人家为八仙圣像被盗事打官司，衙门断不清案，就说：你们两家都别争，干脆留着给老爷我自己玩吧。老爷遂将圣像带回了石浒老家。他既不会跳，也不知用什么曲子配，便派人去苏杭学。所以，石浒有民谣概括此地跳八仙的特点，云："杭州的八仙，苏州的丝线。"丝线指弦乐，石浒跳八仙时除鼓、钹、笛子、唢呐外，还有两把胡琴伴奏。可是，当晚表演并没有用胡琴，伴奏时最卖劲的就是笛子了。

我们坐在人家门前，皎洁的圆月不知何时悄悄地坐在我们身后。八仙弟子也是悄悄回来的，像月光一样轻盈无声。

从十三日晚上迎灯后开始，到十五日晚上，为里外堡八仙弟子跳迎时间。十三日他们各自回到本堡，在各家的厅堂里跳迎；到了十四日，要互相跳迎，即里外堡八仙分别在别堡跳；十五日晚上则为未跳完的人家补迎。按照这一程序来盘算，此夜我们看到的应该是外堡的八仙了。

不过，事实上我们在这里看到的是两个八仙班的竞技，这大概是村里的刻意安排吧。有一班，也不知属里堡还是外堡，弟子们都很年轻，有两三个不过是半大的男孩。他们在厅堂里跳八仙。接着，另一班在门前坪地继续表演。铁拐李、汉钟离、吕洞宾、何仙姑、曹国舅依次上场两两对舞后，蓝采和与韩湘子同时上场对舞，再是八仙分队穿阵，最后刘海捉蟾。八仙的舞蹈看似简单，却也传达出不同的韵味，或有仙风道骨，或充满凡趣。

看着八仙的舞蹈，我却牵挂着那些柳灯。此时，柳灯不见踪影。原来，在迎灯之后，孩子们已将柳灯带回家，图的是"沾老爷的光"；而到了举行"圆迎"仪式的十六日晚上，柳灯的队伍会再次出来，依然按照迎灯的程序和路线，穿行于人们美好的祈愿中。只是，那个夜晚，八仙班弟子还要举行庄严肃穆的辞神仪式。辞神时，提柳灯的队伍在福主殿外烧纸作揖，头人则前往村庄的水口处，点燃一挂长爆竹，抛向空中。这就是送神了，神灵在空中的远方，在望中的前方。正在福主殿内跳八仙的弟子一听到爆竹声，立即停下舞蹈，停下伴奏，一切声音都静止了，人们静静地等着去送神的头人回来，再返回本堡，一路上屏声敛息。

在那肃穆的夜色里，柳灯还在燃烧吗？我不知道，我没有守候石浒村的正月十六。每年正月，是南丰乡间的假面舞季，我得走马观花，去领略别处的精彩。

我想，即便辞神之后，柳灯也不会熄灭的，人们不是期待着"沾老爷的光"吗？

柳灯是人们的心灯。

三坑和合判

三坑村因坐落在三座大山的山坑里而得名。路并不好走，幸亏罗家堡的水酒把我灌醉了，颠簸着醉眼，不觉间就到了目的地。

一下车，便被几声响铳惊醒。循声望去，只见村外有村，不远处山包上的房屋前有神旗飘摇。想来当是在各家跳和合判，于是，我等一行匆匆沿小路赶去。

三坑村以王、聂二姓为主姓，杂姓很少，杂姓及少数王、聂人家散居在周边各处。王姓跳和合仙官，聂姓跳判神小鬼，均是两人表演，两班合称为"跳和合判"。正月里，三坑村的傩事活动是和演神戏、出神灯等活动一起，在主姓的操持下进行的。一年前，我在上甘村看傩，就从一群摄影家那里听说了三坑村的正月十六，他们所描述的游灯的队伍一直蜿蜒在我的期待中。

据我所知，每年正月初四，各首士整理衣冠齐聚观音殿，将阁楼上的圣箱放下，取出和合仙官、判神、小鬼的圣像，陈列于案桌上供奉。这一程序称为"下殿"，而十三日至十五日为"起戏"。每日起戏前，先要放神灯，头两天下午由王、聂二姓各派一二名值年首士分别到观音殿、福主殿、张王殿、社公殿等四大殿上香点烛，十五日下午则要在全堡四十多处殿宇上香点烛，请神看戏。当各处神圣纷至沓来后，就可以演戏了。演戏前，由王家首士放起戏炮三响通知村民。演出地点原先在王家宗祠里，现在村中的礼堂中。演神戏必须请大戏班，三角班是不准上台的。

十四至十六日这三天的上午，为各家跳和合判的时间。王家和合班与聂家判神班相约，先在头首家集中。逐户跳和合判时，进屋后王家先跳和合仙官，接着由聂家跳判官小鬼，各跳半套。在十五日下午，还要举行接驾、参朝等仪式。大概是后来为防盗把圣箱改放在王聂两姓值年首士家的缘故，这天下午要由值年首士引领装扮八仙的戏班弟子、全村扛神旗的男孩及鼓乐吹打队伍，先到聂家接判官小鬼，再前往王家接和合仙官。接判神和合的队伍会合后，又要依次到四大殿参朝众神。

我走进最为精彩的正月十六。在这天下午依然能看到在人家里跳和合判，不知是此地人口增加之故否。一群举着神旗的男孩子看到对着他们的相机，兴奋得很，都拥进了镜头里。这里的神旗格外引人注目，那些旗帜并非用各种色绸做成的，而多用图案各异的花布，大花的花布大概更适宜做被面，碎花布和格子布应该是给女孩子做衣裳的了。一些俗艳的花朵大胆地绽放在神圣的旗帜上，一些驳杂的色块忘情地飘扬在庄严的队伍中。当旗帜变得如此花色丰富时，我忽然品味到浸润在民间信仰中的谐趣，它是平易的又是幽默的，它是庄重的又是俏皮的。也许，正因为如此，才有了浓烈的民俗意味。

和合在厅堂里舞蹈。没想到，跳和合的竟是两个七八岁的小男孩。大大的面具，小小的身体，强烈的反差形成一种夸张的造型效果，让人忍俊不禁。三坑村的和合面具造型本来就是喜眉笑眼、面有酒窝的童稚形象，和仙代表男性，留平发，合仙代表女性，梳双髻，眉心点红。和仙身穿红衣裤，腹装"宰相肚"，右手握毛笔，左手持木简，象征读书为官，一品当朝；合仙着红衣裤外套黑背心，腰系白围裙，左手拿算盘，右手捏花巾，寓意家财万贯，勤俭持家。表演时，和仙多站立，合仙多蹲跪，象征夫妻和谐，富贵幸福。那个"宰相肚"里不知塞的是什么，鼓鼓囊囊的，显得不够自然熨帖，让我乍见时疑为女性。得知那不过是能撑船的肚子，我们不禁哈哈大笑。

笑声令和合们满脸羞红，动作也有些犹疑了。听说，每年扮演和合的弟子，是在全村王姓男孩子中轮流担当的，这两个孩子不过学了六个晚上。当晚，在礼堂里跳和合判时，另有一和合班登台表演，那对弟子年龄稍大些，约十二三岁，他们只学了两夜。看来，傩舞在三坑，倒是不愁后继无人，此地王、聂二姓对和合班、判神班的一系列管理制度，保证了傩舞艺术的民间传承。试想，假若让三坑所有的男孩子一起舞之蹈之，那该是怎样壮观的场景！

如果说和合仙官是以静营造着和谐、吉祥的氛围，通过稚拙的动作表现了祈福的心愿的话，那么，我觉得，随后登场的判官小鬼则是以动刻画着凌厉、紧张的冲突，通过生动的细节传达了驱邪的意义。由成年男子扮演的判神和小鬼，以一只木凳为道具，似在嬉戏，又似斗法。从这两套节目的内容也可以看出来，逐户跳和合判有着鲜明的娱人色彩，而其辟邪纳吉的内蕴更多地体现为形式上的意义。

紧接着，人们拥向一座殿宇。在殿中跳罢和合判，守候在门外的八仙便进入了殿中拜神。随后，在一位值年首士的引领下，队伍走下山坡。这时，举着神旗的队伍迅速壮大，怕有百十号人吧，都是大大小小的男孩。绚丽多彩的旗帜，是每个家庭各自的图腾。旗阵后面，是凉伞和锣鼓乐队，八仙戏班殿后。

这支队伍横穿三坑村，来到村子另一头的观音殿，在发炮三响后，又在殿中简单演跳和合判。想来这一仪式也是为请神看戏，因为当晚将在起神灯后，在礼堂里上演通宵达旦的"天光戏"。

天色将暗时，忽然下起了小雨。村人早早地聚集在礼堂里，等着看跳和合判。此时，将有两个班子先后出场，因此表演分为前后两场，节目却都是跳和合与跳判神。

首先登上戏台的，正是下午跳和合的那对小男孩。面对满场观众，他俩虽有些害羞，却并不怯台。依然是炮响三声后开台。他们戴好面具，在鼓钹的伴奏下表演起来。此时的跳和合判，当为全套，我感觉表演时间比下午要长。跳完和合，小演员很老到地摘下面具，把它们放在台前，接过大人递来的茶碗，敬过和合仙官后，自己才一饮而尽。台下，有个男孩举着手机为他们拍照，一群孩子扒着他的肩头观赏他的作品，引得许多相机又把镜头对准了他们。被请来看戏的各方神圣大约也会为之感染的。

三坑村的和合判表演完了，约摸等待了半个时辰，才迎来另一支表演队伍。我从资料上得知，此地每年的起神灯活动，由三坑村和邻近的茅坪村在正月十五和十六日轮流出灯，也许，这支队伍便是茅坪的和合与判神班吧。

接下去表演的跳和合判与先前大同小异。只是这对扮演和合的孩子因年龄稍大，看上去要老练一些；那判神也一改凶神恶煞的形象，换去红脸红须的面具，戴的是脸面煞白、笑得眯缝着眼的面具，不再持剑而执笏。

当时，只顾观看和拍照了，回来仔细回味照片，发现前面所跳的判神小鬼为茅坪的班子，为其伴奏的鼓上明白地标着村名。后面跳的那对和合也是来自茅坪，他们的衣衫领口上写着"茅坪和合仙官"字样；而前面的和合和后面的判神则是另外的村子，应该就是三坑村的了。此地跳和合判交错相融的组织形式让我糊涂了，查了些资料也未能理清头绪。不过，正因为如此，我反倒真切地感受到一个村庄与周边村庄的亲密无间。

三坑村也有类似水北和合面具来历的传说。相传从前三坑有一棵大松树，几个人都围不拢，人称"老爷树"。人们在附近的田地里干活，常见两个小孩在树下蹦蹦跳跳，大家既不知他们是谁，也不知他们跳的是什么。后来的几年间又不见了那两个孩子的踪影。某一天，有人在树边刨草垫栏，听到地下传出锣鼓家什的响声，他就去挖，竟挖出四个金脸仿。拿回村中，便被人们当作神明来敬奉了。其中两个笑嘻嘻的脸仿，被人认出就是过去常在"老爷树"下蹦跳的孩子。于是，他们被称作了和合仙官，另两位就是判神老爷和小鬼了。

神秘的来历，让这戴着面具的舞蹈充满了神圣感。表演临近尾声时，蓦然回首，发现此时的礼堂竟成了女性和孩子的天下。男人仿佛是悄悄溜走的，这意味着该出灯了。

这时，雨下大了。人们从礼堂出来，冒雨跑向村口高坎上的福主殿。福主殿周围已是灯火一片，聚集在那里的是全村青壮男性，是众多的和合愿灯和判神愿灯。虽然，人们都藏在雨伞下，但他们都坚信雨很快就会停的。我便听到了这样虔诚笃信的告诉：只要一开始游灯，雨肯定会停！

一些已经点燃的神灯正在雨中等候，四方举灯而来的人们络绎不绝。今夜全村各家出灯一盏，此时福主殿里神灯穿梭。

此地的神灯为长方形，长短不一，木制框架，裱以红纸，内置蜡烛四炷。举灯而来的人们先要进入福主殿，引神台上的火种，点燃各自的神灯，而后出殿集中等候。

不知三坑村把哪位菩萨当作自己的福主，殿内供奉的福主菩萨被红色布帐遮住了脸面，问起来，村人也是懵懵懂懂的，只说是福主菩萨。上方两侧贴有对联称：一封朝奏九重天，百拜恭迎三世佛。它大概是一条可以追究的线索了。

傍晚时，我就看见福主殿后有几棵大树，直指冬天的枝条光秃秃的，但爬在主干上的寄生藤却是葱葱郁郁。当出灯的队伍聚集在树下时，红彤彤的灯火把树映得毛茸茸的。

竟也神奇，关于雨的预言果然应验了。三声响铳过后，人们依次从福主殿门前出发时，雨好像是听得人们的号令，立刻就打住了，队伍中的许多雨伞顿时消失了。所谓心诚则灵是也。

此地的出灯也是有规矩的，由三坑村和茅坪村在每年正月十五、十六两晚先后轮流出灯。游灯开始时，王姓和合愿头灯在前，聂姓判神愿灯行后，鼓乐队伍齐发。这条灯火长龙将穿村而过，朝夜色里的茅坪村游去。

长长的村巷两旁，人们纷纷燃放鞭炮，也有人家在门前插着蜡烛。在村口，热心的村人打开了家门，让我们登楼俯瞰灯火的长度、夜色的深度。我凭栏远眺，但见夜的旷野上神灯逶迤，果然如龙蛇游走，许多的祈愿照亮了山水田园，许多的眼睛迎送着共同的祈愿。

茅坪村在人们望中，在神灯前方。联想到那叫我犯惑的和合判组织形式，我忽然觉得，是驱邪纳吉的民俗活动，把鸡犬之声相闻的村庄串联起来，强化了这种建立在血缘和地缘基础上的关系，并且形成了绵延千百年而不变的秩序。看来，要驱逐人间的鬼疫，更要紧的是先祛除心中的鬼疫，求得人和，方能享受太平安康。

——是吗？

且慢。三坑礼堂里的"天光戏"就要开演了……

搜了就好

长径村在电话里告诉我：搜好是初二，要是下雨，就初三，去年就是初三。

我想，老天爷大概是被长径人的执着感动了，头天便把打算要下的雨下了个干净，湿漉漉的大年初二居然放晴了。我进村时，门户大多紧闭，全村只有几个妇人刚刚醒来。一个个不时从晨雾中迎面走来，轻声问一声早，看样子，她们是知道有客人来看傩的。

长径村在大路的对面，小溪的对面。狭长的村庄面溪而建，由东北流向西南的小溪上架有四座窄窄的小桥，其中一座是用跳板架起来的木桥。据说，从前这里是往来于县城与段莘之间的歇脚处，溪边的民居曾是店铺，村中尚保存着一座客馆。穿村而出的石板路穿过村东北的桥亭，往田野上延伸，铺向远处的连绵群山。

这座桥亭正是今天傩事活动的起点。我在桥亭边看见了傩班老艺人胡师傅的家了，隔着田畈，怕有二里远吧。几位村人匆匆奔走在村里村外，为傩班的到来做着准备。鞭炮来了，纸钱来了，锣鼓来了，接着，一面神旗来了。

胡师傅也从他家的方向过来了。随他而来的，是三只神箱，稍大的神箱为竹编的，箱子上写明"一九八六年程罗新司造长径村驱傩舞剧团新置"，里面盛着傩面具，而两只木箱盛的是服装。

这时，人们把胡师傅的儿子介绍给我。现在，子承父业，他是扮演八十大王的艺人了，也就是说，他是今日的主角了。果然，当线香点燃、皂炉点燃后，在鞭炮声中，他手握神旗，神情庄严地面向正东方，缓缓挥舞。在他身后，他的父亲手捏一叠纸钱似念叨着什么，其他艺人则朝向东方躬身膜拜。

这是长径傩的迎神仪式。很是简洁，一座香插往神箱上一搁，那神箱就成了祭台，费时也不过化尽一刀纸钱的工夫而已。我闻见从皂炉里散发出来的异香，一直追问，朋友总算把婺源土话给翻译明白了，那只小小的香炉里，燃的是皂角荚子。村人告诉我，如今偌大个婺源县只有一棵皂角树了。对于皂角，我并不陌生，从前它是乡村的肥皂和洗洁净。殊不知，这只皂炉竟是全天搜好活动最重要的道具，人们如此虔诚地请出戏神、傩神，举行如此神圣的舞鬼仪式，最后竟是用一种植物的香气来驱除邪祟！

神旗在阳光里悠悠飘扬。远在东天的神圣大约就在我们不知不觉间降临了。于是，傩班抬起神箱，在神旗的引导下，在锣鼓、笛子的陪同下，绕道村外前往西南边的祠堂。

程氏祠堂其实已经不复存在，因为破旧不堪干脆被卖了，只剩大门处的两堵残墙，高耸在一片坪地上。于是，拜神仪式只能放在祠堂旧址边的仓库门口进行，除了这里比较宽敞外，更重要的原因大概就是此地距离祖先最近了。

那只神箱的盖子揭开来、竖起来竟成了神龛。有人端来一盆热水，小胡师傅便小心翼翼地从箱中抱出一尊孩童似的全身塑像，为它擦洗。这尊神像，在南丰傩中叫傩太子，而在长径，却是戏神杨六郎。六郎被安座在神龛中央，它的左右为八十大王、李斯的面具。不，在这两尊比较大的面具下，还套着大鬼和小鬼，它们面前是一柄铜斧。八十大王、大鬼、小鬼和这柄铜斧，正是老胡师傅当年冒险保护下来的古傩具，今日我终于得以亲见。

拭去积尘的神像，仿佛从一年的长梦中醒来，神采奕奕的，让人们不禁肃然起敬。长长的鞭炮缠绕在晒衣服的竹架上，像一种藤萝，一种瓜秧。村人一户户地聚集在坪地上，手里都拿着鞭炮、线香和纸钱，有的还带来了烟花。随着拜神仪式开始，鞭炮大作，烟花升腾。大白天的，那烟花不过是听响罢了。

硝烟欲散又起，一家家扶老携幼接踵而至，看得出来，有些是从城里回来过年的儿孙。整个村庄满怀辟邪纳吉的祈愿，令神灵们应接不暇，所以，直到傍晚，还有来此拜神的。

拜神开始后，傩班弟子都进了那栋仓库，在里面换上了傩服，忙着做舞鬼的准备。

舞鬼当然也是在紧挨祠堂的坪地上进行的。这次表演了五个节目，它们是《开天辟地》《魁星点斗》《舞小鬼》《闻药酒》《饮毒酒》。开天辟地的盘古手持铜斧，四面砍劈，动作刚劲有力且单纯古朴，有一种稚拙的趣味；而魁星一手持斗一手握笔登场，其面目虽然凶悍，举手投足之间却是透着几分儒雅；扮演小鬼的两位青年，个子也矮小，小鬼们似在嬉戏，因此博得了一阵阵笑声；《闻药酒》《饮毒酒》是两个相关的片段，主角都有李斯丞相，其他角色分别是《闻药酒》里的诸侯和小鬼，《饮毒酒》里的天师和小鬼。今年七十五岁的傩班老师傅告诉我，李斯的嘴唇为什么那么厚呢，是喝酒喝的。这两个节目表现的就是李斯贪杯的醉态。

村人把戏场围了个严严实实，出乎意料的是，居然以年轻人居多，有些小青年干脆爬到祠堂的废墟上去了。为舞鬼伴奏的，是傩班的老艺人，老胡师傅司鼓，另一位老人放下锣又换了镲。我注意到，如今他俩大概就是顾问的角色了，老胡师傅不时在指点年轻艺人，他的儿子这会儿正在他身边温习锣鼓点子呢。看来，掌握锣鼓点子是传承技艺的重要环节。

舞鬼罢了，便见几个艺人往村后去，又听得大人在吆喝孩子：不要去看了，好吓人的！跟着钻进村巷去的，只有我等。原来，接着就是"扮王"。

扮王是在一户人家的门前进行的，本来就逼仄的空间还堆放着木料和柴禾，显得很是拥挤、凌乱，再摆放一张供有香火、供果的桌子，几乎磨不转身体了。所谓扮王，就是让八十大王戴上面具，小鬼也要重新戴好面具。敬过天地后，在别人的帮助下，八十大王穿戴齐整了，因此也就成为神了，从此时起直到夜里，它将为全村一百六十多户人家驱邪逐疫，带去平安吉祥的祷祝。

我想，扮王所选择的场所一定有讲究的。果不其然，这里是庭屋所在，是香火老爷所在。就是说，这里是祖祠的旧址，曾供奉着祖宗的牌位。这里的祖祠应当是那已经废弃的祠堂的前身了，我判断，它与长径程氏的开基祖有关。

原来，祠堂可以倾圮，可以老去，它所立足的位置永远神圣，为人们世世代代所铭记。记得香火老爷的所在，心中也就有了永远高耸的宗祠。

村人之所以认为扮王"吓人"，是因为扮王以后的"追王"营造了一种紧张、凌厉的气氛。上马后的八十大王高举铜斧，迎着一串串炸响的鞭炮，从村巷中杀出来，疾步冲向村子西南方的小桥。它身后有小鬼紧随，有锣鼓相伴。对了，还有那管笛子。笛子让我好奇。笛声在这宏大的场面中，在壮阔的声势中，显得微弱而不和谐。不过，长径傩自古就有笛子伴奏，老艺人数着锣鼓点子告诉我它的作用，或许，笛声在锣鼓点子的变化中起着过渡和衔接的作用吧？

追王追过了小桥，便开始逐门逐户"搜好"，村庄外围的桥那边，住着二十来户人家。方言所说的这个"好"字，让我费尽了琢磨，上户搜好跟南丰的逐户搜傩如出一辙，怎么称"好"呢？最后，还是听老艺人的，他说这是"搜了就好"的意思。这样一解释，也就说得过去了。

观看舞鬼的人群并没有追去看热闹，而是一起拥到村子中央的木桥边，等着傩班回来。我也随大流守候在木桥边。我站在木桥的另一头看长径，长长的村子像一条弯弯的船，更像一座台面宽阔的戏台，簇拥在桥头溪边的男女，是翘首以待的观众，也是忘情投入的演员。是的，今日的长径真是一座恢宏壮丽的戏台，每个人都熟悉后面的剧情，每个人随时都可以投入其中。

这不是吗？约摸一小时后，便有几个小青年从村中抱着鞭炮过了桥，在桥这头山坡的小路边做着迎候傩班的准备。

闻得鞭炮声、锣鼓声渐渐近了，但八十大王仍未回来，我忍不住离开桥头，走向大路边的人家去看搜好。

傩班将至时，屋主人手持线香和纸钱迎接在门外，待傩班进门，主人敬上红纸包的香钱，再接过那只皂炉，迅速去各个房间走一遭，包括厨房和猪圈也不能放过，驱邪逐疫的香烟弥漫在整个空间。八十大王进门时，则用铜斧在两侧的门扇上各劈一下，再在厅堂上方象征性地劈一下，然后，端坐于上座，小鬼也堂而皇之地入座。主人又是倒茶敬烟，又是端上果点，很是恭敬。然而，那些乐师一直站在门外吹打。

关于长径的铜斧，我早有耳闻。听说，拿它在门上劈一斧，便斩绝了一年的孽根；上年有过不测的牛栏猪舍，只须举斧猛地一刹，从此便是六畜兴旺；人也亦然，正月里搜好时，伸出脑袋让它轻轻刮一下，便可保平安康泰。此时，我得以亲睹这一情景了，有几位年轻女子抱着孩子来到八十大王身边，请它为孩子刮一斧。八十大王有求必应，只是愿意享受铜斧好处的人，并非我想象得那么多、那么热烈。一问，才知道，村人要求用铜斧刮脑袋的，只是没有出过天花的。不过，也有虔诚笃信的，竟请八十大王用铜斧把自己的头部、肩部直至腰背都刮一遍。看来那人是拿八十大王当包治百病的神医了。

为村子外围的人家搜好完毕，又是追王。八十大王要从山坡上冲下来，跑过木桥，回到村中去。人们在山坡的茶园里点燃了鞭炮，八十大王和小鬼一阵风似的过了河。我为这个镜头等待了近两小时，它的发生却是稍纵即逝。

人们有理由相信八十大王的神通广大。有故事为证。说某年长径傩班应邀前往邻近的观桥村搜好，观桥与长径可谓一衣带水，共的正是同一条小溪，那里的溪上也有这么一座跳板搭的木桥。追王时，木桥的前面一头忽然塌了，跑在八十大王前面的人纷纷落水，跑在后面的再也过不了桥了，也是奇了，那八十大王仿佛得神助，竟飞越过河，安然落在岸边。至今，说起这个故事，村人仍唏嘘有声，啧啧惊叹。当我巧遇当年八十大王的扮演者时，便有人郑重地把他介绍给了我。那位八十大王说，搜好一整天下来很累的，如今身体吃不消了。也是，毕竟还是个凡人。不过，说起往事，他笑得深沉而神秘。

到了下午四点多，傩班才吃中饭，而搜好活动才完成一半。看来，八十大王的累，累在头上，顶着一个紧箍在头上的大面具要戴一整天。当艺人要吃饭时，必须先面对大门敬过天地，而后下马。这时，小胡师傅大概也就还原为凡人身份了。我无意间瞄见傩班的记账单，每家敬神的香钱少为六元、多不过十元，并没有特别突出的。这么整齐的数目，叫人相信事先是否有所约定。

我等着夜晚。听说，全村搜好结束以后，傩班会回到祠堂旁，那时要对着人群讲一百零八句好话，然后，任由青壮汉子争抢八十大王手里的铜斧，刮刮自己的脑袋。谁首先抢得铜斧，谁就是今年最幸运的人。可以想见，夜晚的长径将是鞭炮齐鸣，火树银花；夜晚的长径将是人头攒动，摩拳擦掌。

能够熟记那一百零八句好话的，当然还是老胡师傅了。他不无自豪回答：当然记得，便顾自喃喃道："……新春已来……和合戏神……八十大王来上台……一年四季添进人丁，广进钱粮，老者多增福寿，少者福寿延长，龙生凤养，福如东海，寿比南山……"我不懂婺源土话，他念得又快，我只能记个大概。

　　不觉间就入夜了，祠堂边的仓库门前临时拉了一盏一千瓦的白炽灯，灯光召唤着人们早早守候在坪地上。小伙子们三五成群地聚集在一起，或交头接耳，或打打闹闹，似密谋着什么。很显然，都跃跃欲试，企图在争抢铜斧时拔得头筹。一些姑娘穿梭其间，更是把小伙子们撩得迫不及待了。

　　所以，村长有些紧张。只见他不停地在人群中奔忙，还屡次过来告诉我，他找了三个壮实的汉子专门负责保护八十大王，我也被安排了两位"保镖"。

　　约摸八点多钟，搜好结束了。小鬼首先在坪地上露面，它可能是来探路的，稍逗留片刻，便又折返迎接八十大王去了。不一会儿，八十大王出现在人们的期待中。现场顿时一片欢腾。

　　许多鞭炮被点燃，灯光迷迷蒙蒙；许多烟花在升空，夜色五彩斑斓。小伙子们朝着八十大王蜂拥而上，重重叠叠的背影瞬间把它吞没了。更多激情的背影不甘人后，试图往人堆上攀爬。这时，我才明白保护八十大王的重要性。

　　这是力的角逐。当荣誉在召唤、激情在怂恿的时候，任何一个血性的男人都会按捺不住内心的冲动的。是的，面对这些勇武的年轻人，我更相信，鼓舞着他们的是荣誉，而不是神性的呼唤。因为，我觉得，长径的傩事活动到了这会儿，已成为全村人的游戏，是搜好结束后的庆典和狂欢。

　　所以，当八十大王一到就被人们包围了，连那说好话的程序似乎也免去了。我不知道，老胡师傅是否会在人群的背后、灯光的背后，默默地为人们唱赞、祷祝；

　　所以，当八十大王被几个壮汉护着挣脱包围挤出人堆时，那柄铜斧仍高举在小胡师傅手里。我不知道，哪个小伙子曾经夺下它，今夜的胜利者究竟是谁。

　　八十大王气喘吁吁，整个村庄气喘吁吁，人们却是情绪亢奋，意犹未尽。村人渐渐散去，傩班则要前往村西南的水口，在那里谢神下马，正如一大早在村东南的桥亭迎神一样，有始有终。

第二天，长径傩班将去观桥村搜好。在返回婺源县城的山路上，在穿破夜幕的车灯照射下，我先后看见一个提灯独自赶路的女子和一个被人搀扶着踉跄而行的醉汉，他们应该是从观桥村出来的。观桥村在为明天奔忙、为新年痛饮吗？

相框里的长径傩

长径村离婺源县城并不远，但路却不好走，半天的时间大半在路上耽搁了。

2005 年 6 月间，长径村的村长（其实是村民小组长，我习惯把所有的组长叫作村长）和一位村民曾带着四件傩面具，来南昌参加展览。在为期两天的展览期间，他们一直待在展厅里，牢牢地守护着他们的"村宝"，丝毫不敢懈怠。那展厅就在我办公室的楼下，可惜那时我并不认识他们。不过，因为那次展览，我倒是认识了长径的傩面具——那脸形浑圆、神情憨厚，因为嘟噜着嘴而显得憨态可掬的"八十大王"及其他。

一年后，我专程赶到长径村，就为了结识这个村子和它的急着要申报专利以保护傩舞的村长。曾经当过教师的村长见面就问，长径傩能否申报专利，该去哪个部门办理手续。他这样着急，是因为县剧团几年前来此地采风，把长径的傩舞学了去，现在经常到各地演出。他直言不讳地宣称要为此讨个说法。此行过了半年，在大年初二，我再次到长径，听说县剧团的傩舞代表婺源傩五十年来首次进京，将于春节期间在玉渊潭公园表演四场。村人每每提及，无不悻悻。

说到这个话题，长径村心有隐痛。村外一个山坳里有座小庙，供奉着五显大圣。此庙虽小，造化却大。传说过去香火甚旺，为祛除病痛来此处求签，得到的不是一纸空文，而是实实在在的药方，善男信女们完全可凭药方去抓药，而且，那些药方灵得很。后来，远远近近的寺庙都把此处的药方抄袭了去，依样效法，更甚者，索性打印出来广为分发。这样一来，就把长径的牌子给砸了。村长把这事引以为教训了。

我想看看那座凄清的小庙。确切地说，它更像一座简陋的路亭，三面开敞，神位所在的上方以山崖为壁。被遮掩着的神位，其实是一块石碑，上刻"东方第一野猖狂，西方第二野猖狂，中央第三伤猖狂……"如此等等。嵌在崖壁上的石碑是古老的，但石碑前立着的五个面目异常丑恶的鬼怪，却是新近添加的，像是用石块刻出来的而后描画了一番。

我想，这里供奉的所谓五显大圣，大约就是驱鬼祛邪、消凶化吉的五猖神主。与婺源毗邻的安徽休宁县盛行五猖庙会，每年农历五月初一，休宁百姓云集一个叫海阳的地方烧香，并举行庙会游行，祈求五猖神主保佑。此庙会起源于明初。相传，朱元璋和陈友谅在皖南曾打过几年仗，军士百姓死亡枕藉。朱元璋做了皇帝后，遂下令江南百姓，村村建"尺五小庙"，阵亡士卒"五人为伍"，受百姓供奉。《明史》记皇家祭祀便有"阵前阵后神祇五猖"之说。从这座小庙所供奉的神祇及庙的规模看，长径的五猖崇拜当和休宁如出一辙。小庙所在的山凹称吴戈坑，可能这个怪怪的地名让村长也觉得蹊跷吧，他向我念叨了好几遍。

后来，我从傩班老艺人口中证实了我的判断。老人说，从前村人在吴戈坑附近作田，常遇见怪异，令人心生恐惧。想必是野鬼作祟，于是，村人便去六十里外的段莘那儿的五猖庙敬奉五猖神主，后来，索性在吴戈坑建起了五显庙，那巴掌大的五猖神像，就是照着段莘五猖庙里的木雕神像刻画出来的。

长径的傩事活动，与当地的五猖崇拜有着怎样的联系呢？我一时无从探究。但是，我会记住，看守小庙的那个老人正是傩班成员，而石碑前的那五个厉鬼模样的小人，正是他的作品。

长径傩班现有十多人，包括有几位六七十岁的老艺人。这个傩班过去既跳傩，也演目连戏和徽剧，用村长的话说，它是三块牌子一套人马，很受四乡百姓的欢迎，春节期间更是应接不暇，经常被邻近村子抢戏箱。平时，也常接到外出表演傩舞的邀请。可是，如今很久不演目连戏了。一位老艺人却清晰地记得目连戏的剧情，他很认真地说，如果有剧本他可以排。村长兴奋了，声称自己曾听谁说过哪儿珍藏着剧本，他努力回忆着线索，终是想不起来。

听老人回忆，长径村的傩事活动并非只在春节期间，它断断续续贯穿了全年。比如，每年四月初九举行打醮，家家都要参加，吃的是斋饭；四月初十，则要为菩萨田割草沤肥，所谓菩萨田，就是用来供养傩班的田产，这一传统一直延续到1953年菩萨田被取消；由于长径没有傩庙，傩面具等都由傩班成员保存，每年的十月十五日要打开柜子，点上灯盏，让珍藏起来的面具、服装通风，保持干燥。一个月后，再关上；此时是十一月十五日，老艺人们则开始教弟子学戏了，称之为"教鬼"；在过去，腊月二十四日就要进行搜傩活动，长径称其为"搜好"。此外，每过十二年，还要为傩面具开光。如今，搜好一般在大年初二进行，仪式的程序也比从前简单多了。

不过，随着邻近的庆源傩班不复存在，长径傩仍顽强地生长在乡间，实在是件值得庆幸的事情，何况这个傩班不断有年轻人加入，让人倍感欣慰。也许，它已是婺源傩的最后的代表了。

今天的长径能够延续它的傩事活动，跟它依然保存着一些古傩面具有着密切的关系。一位老艺人就对我直言相告：要是没有这些古傩面，那就不会再舞鬼了。由此，我相信，那些历经沧桑的傩具，以神性的光芒穿透了时间，逼视着乡村的内心，它们可以轻易地唤醒人们的信仰，因为傩神信仰始终沉睡在人们的血脉里。

那个颇可以作为婺源傩面具代表作的"八十大王"等四件古傩面具，得以逃脱劫难，留存至今，靠的正是人们的虔诚笃信。"文革"中，可能就因为妖魔鬼怪、帝王将相老是粉墨登场、横行乡里吧，长径村成为偌大一个上饶地区的重点"四旧"村，上面派来工作组，深入发动群众，誓将"四旧"的货色扫除净尽。傩面、服饰等物几乎被尽毁。傩班有位艺人姓胡，他被迫提着面具、道具去上缴时，终是不忍，便将四件最好的傩具悄悄扔在了田埂下的水沟里。当年侥幸漏网的"八十大王"们，可能至今仍心有余悸。

关于那场浩劫，村中的建筑也留有深刻的记忆。在这个开基于南唐初年的村子里，许多古老的砖墙依在，许多精美的雕饰已经残缺。人为的破坏，光阴的磨蚀，让偌大一个村庄竟没有留下一处特别值得玩味的古建筑。在长径的记忆里，村中曾有石、木牌坊各一座，石牌坊前是十二尊威风凛凛的石狮，牌坊被毁后，那群狮子也葬身于水库大坝之下了；木牌坊上额书真金大字"恩荣"，传说古时有位叫程忠太的先人在广信地方做官，有一年他在赈灾散粮时遇一孕妇，因为粮已散尽，他便拣起一块砖题上自己的大名，赠予孕妇，让她拿去当些钱粮。这位妇人后来生得一子，当她的儿子高中状元荣归故里时，她却闭门不见。原来，妇人是要功成名就的儿子常怀报恩之心。朝廷得知此事，特恩准状元郎建造牌坊以旌表其母。与牌坊的命运相比，长径算是很幸运的了。

胡师傅已经七十六岁了。我第一次去长径，他是从茶园里被喊回来的。他的家在离长径村两里远的一处屋盘上，这里住了四五户人家。头天在庆源村我已听说，从前住在村边或村外的人家，一般都是大姓的佃户和雇工。显然，胡师傅及其邻舍的祖上便是受长径村大姓程氏雇佣。在这块屋盘上，可清晰地看见斜对面长径村的动静，比如一头在溪水里泅游的牛或者荷锄出村的男女，但是隔着田畈和小溪，总觉得这几栋房屋像是不合群的孩子。不知谁家在放音乐，把声音调得很大，像一只有线的大喇叭似的，歌声在田野上回荡，很是放肆，我忽然联想到丢失伙伴的鸡雏或闹奶的孩子，我忍俊不禁。

在胡家的厅堂里，墙上的一个相框吸引了我。玻璃板下，压着的是一些关于长径傩的图片。那些图片像是从印刷物上剪下来的，有的看上去很有些年头了。甚至，连主人也记不清它们的出身了。比如，其中的傩面具图片《太阳·月亮》和《孟姜女》，老人说是二十世纪八十年代的，这显然有误，因为在"文革"的浩劫中，"太阳""月亮"和"孟姜女"都被付之一炬，化为灰烬。这两张图片应该摄于二十世纪五十年代，二十世纪五十年代初期，胡师傅曾随婺源傩进京演出。

对于二十世纪五十年代，老人还能记得的，是一个人，一个姓欧阳的女子。她曾在那时候来过长径村做傩舞调查。我立刻就猜出她是谁了，便告诉老人，她叫欧阳雅，是我们单位的离休干部。这时，我看见了老人脸上泛起的亲切感。

半个世纪过去了，当我们翻山越岭来到傩乡，却仿佛回到了二十世纪五十年代，再一次翻寻乡土中的文化记忆。虽然，前人的辛劳至少是给我们留下的路线图，但是，我们并不比前人幸运多少，凭着前人的指点我们走到目的地，却见逝者逝去，老者老矣！

太阳是个长着胡子的汉子，月亮怎么也有稀疏的胡子？孟姜女为什么扎着一对抓鬏式的发髻？

被胡师傅救下的宝物，为傩面具"八十大王""大鬼""小鬼"和一件傩具，那是一柄古铜斧。斩妖驱邪时，挨家挨户在门上劈一斧，便斩绝了一年的孽根；上年有过不测的牛栏猪舍，只须举斧猛地一刹，从此便是六畜兴旺；人也亦然，正月里跳傩时，男女老少个个争相伸出脑壳，享受铜斧的轻轻一刮，以保平安康泰。

这四件宝物的图片当然也收进了镜框里。还有一张图片，是"大鬼"穿戴齐整的剧照。这几张图片显然是近年拍照的。扮演"大鬼"的艺人，无疑就是眼前这位胡师傅了。

当时，我很想看看那些宝物，但是一转念，既然傩班在每年腊月二十四开箱时，都要举行庄严的仪式，打开神箱时，脸面须避开正对着箱里，以免煞气冲撞。显然，平日是不宜惊扰神灵的，且等春节期间再来吧。

半年前我来长径时，胡师傅刚刚病愈，身体还显得比较虚弱。后来再见，觉得他气色好多了。特别是说话，要比上次反应快一些，中气也足一些。尽管如此，毕竟年岁不饶人，自然是风光不再，曾经的荣耀、曾经的风采只能留存在他家墙上的相框里，成为永远的记忆、永远的欣慰了。

不过，让我感动的是，在正月初二的搜好活动中，我时时都能看见他的身影。他一会儿隐没在人群里，一会儿出现在乐师中间，一会儿又和年轻艺人站到了一起。他不仅随时给人以提示，到了关键的环节，还少不了由他亲自上阵。比如，迎神时面向东方念祷词的就是他，舞鬼时击鼓伴奏的也是他。跟着傩班穿行在深深的村巷里，我好几次与他不期而遇，恍惚之间，我觉得他依然是长径傩班之魂，随着锣鼓点子逐户奔走，伴着八十大王驱邪纳吉。

如今八十大王的扮演者，则是胡师傅的大儿子。看相貌，怕也四十来岁了吧。不知这位小胡师傅是决意子承父业呢，还是为了长径傩不至于像庆源傩那样曲终人尽，才不得不挺身而出？

对了，我拍的照片里有他们父子俩在一起的形象，还有老胡师傅和现任的傩舞剧团团长抱着儿子的合影，这不就是三代人吗？我要把这些照片，连同小胡师傅扮演八十大王的剧照，一起寄给长径。让胡师傅家里再添一个相框。

我愿用这种方式，寄寓我对长径傩的平安祝福；正如八十大王微笑着用铜斧为我刮了脑袋一样。

附记： 为胡师傅当年智救傩面具的故事所感动，省民间文艺家协会向长径村赠送了一批（共十枚）傩面具。正是岁末，我们带着面具进村，却听说胡师傅因脑血栓已经辞世了。他的儿子告诉我，自己在江苏打工，秋天回来割完禾返江苏才十天，其父就突然倒下了，直到去世前一刻，他还在干活。

胡师傅有三个儿子，其中两位跟着父亲学过傩，请神、辞神祷词和搜好结束时对着人群唱赞的一百零八句好话，按傩班规矩是不传外人的，想必两位小胡师傅应该得到父亲传授，尽管如此，胡师傅这一走，肯定永远带走了更多的关于长径傩的记忆。

长径傩舞剧团的团长叫程汉平，是团中最年轻的成员，今年四十岁。他把我们一直送到村口，似有很多话想说。我常常回味他那欲言又止的表情。

庆源傩的老去

庆源村最后的傩影闪现在电脑的显示屏里，闪现在一部介绍庆源的电视片里，它短得恐怕不超过两分钟，只是一位老人向游客演示傩舞的几个镜头。不知他表演的是《开天辟地》《小鬼打棒》，还是《后羿射日》《刘海戏金蟾》？那稚拙的动作和步态引得一些年轻人跟在他身后模仿。

老人的孙子在他家的电脑桌上为我写下了他爷爷的姓名：方福寿。于是，我记住了这个名字和庆源"鬼舞"的最后影像。据说，随着这位老人的辞世，村中再没有人会跳傩了。

老人的老去，竟是庆源傩的老去，竟是一部乡村傩戏史的荡然无存！我甚至无从打听关于庆源傩的蛛丝马迹，尽管临溪人家的门前都建有街亭，街亭的长凳上坐着一拨拨的闲人。

悠闲的村人坐在阴凉的街亭里，恬静的村庄躺在狭长的山谷里。它们大概和为我担当向导的村民一样，知道的不会比我来庆源前听说的更多。看来，庆源傩老在了那位叫方福寿的老人之前。

我在临溪而聚的村庄里寻找傩的踪影。我以为它的建筑、它的环境以及它的眉目和神情，大概会与傩有着某种精神上的勾连。要知道，婺源民间曾广泛流传这么一句顺口溜："石佛人家挖木勺，庆源人家戴面壳。"这是婺源民间对庆源傩的记忆。早已脱去面壳的庆源，难道不会留下佩带面壳的勒痕？

这个村庄以及我于次日造访的长径村，让我想起远在赣南的客家风水胜地东龙村，它们的周遭环境极其相似，都坐落在群山环抱着的盆地中央，两边的山脉逶迤延伸而后闭合，锁住了盆地。把庆源村搂在怀中的两条山脉，一条叫合掌观音，另一条叫天外来龙，因为山的走势，狭长的山谷就像一条泊在港湾里的船，村庄便是这条船的舵与桨、桅与帆了。如此一个村庄，真如世外桃源一般，出入唯有两端的隘口。难怪，它还有个村名叫小桃源，简称小源。

村口"别有天"古亭内曾留有古人绝句，云："空山隐卧好烟霞，水不通舟陆不车。一任中原戎马乱，桃源深处是吾家。"这首诗既道出庆源始祖避乱于此的历史，也惟妙惟肖地表达了庆源人躬耕桃源、隔绝世事那种怡然自得的性情。

古亭门口的对联，更是把人们乐不思蜀的心情表达得淋漓尽致："车马绝喧阗忆前人三径怡情托迹不殊陶靖节，鸡犬声相闻惟此地四民安堵落花犹似武陵源。"闭塞的环境，居然也可以成为夸耀的资本，人们不无自豪地声称：当年太平军有一支部队到此，前锋已进入庆源村头隘口，看到山闭涧断，疑为山谷尽头，于是折返另寻新径。

"四民安堵"的心态，创造了一个非常浪漫的故事，不，它不是故事，而是自然的奇迹。它就生长在村中的溪边，它是一棵千年银杏。这是一棵枝繁叶茂的雌本，尽管孑然一身，每年却结果累累，听说，那雄本远在二十里外的地方，以风为媒，遥远的距离也不能阻隔它们的相思相恋，风让它们鹊桥相会、肌肤相亲，风让它们灵肉交合、精血交融。神奇的树，理所当然地被人们视为神树。于是，村人在银杏树旁边建了一座乔木里狮子楼，以供奉白果仙子；狮子楼倒塌了，村人便贴着树身搭起了银杏宫，神龛上书"银杏夫人之神位"。

看来，翘望着远方的"银杏夫人"，尽管含情脉脉，却也是十分的矜持。我无意追究两棵树之间的生命瓜葛，我好奇的是这一说法所透露的心灵信息。这是怎样的心灵，顾盼着、怀想着远方，却始终执拗于自己立足的土地。它们宁愿用想象亲近着遥远，来抚慰自己对外界的顾盼和怀想。咀嚼银杏的传说，我体味到浸润其中的孤傲自持的意味。

我在许多农家的墙上也读出了这种意味。进村时，但见眼前尽是农家餐馆的招牌，斗大的墨字胡乱涂抹在一面面白墙上，每个字都朝向隘口、朝向财富的来路，眼巴巴地等待着。这座古朴的村庄仿佛沾满了荤腥。其实，这里因为交通的不便，大约只是在油菜花开的时节才有些游客。村人的心思和银杏的心思真是如出一辙。

可见，这种孤傲自恃的乡土之情早已成为村人的精神因袭。于是，清顺治十四年进士、翰林院大学士詹养沉，因主考官出错考题，作为副考官的他同时被罢官，回到了与世无争、安全无虞的故里。他返乡时，还带回了三个戏班子。有人说，这是庆源傩舞兴盛的开始。据我所看到的只言片语的资料，婺源乡间自古巫傩之风盛行，"会社之日，击鼓迎神，伴以舞乐"，驱鬼逐疫，以求平安得福。在明代庆源的傩就声名远播了，明代徽州府休宁县茗洲村《吴氏宗谱》中记载："正统十四年，社中仪，首春行傩人。婺源州香头角抵之戏，皆春秋社首酿米物，酬与诸行傩人，遂为例。"婺源乡间把跳傩称为"舞鬼戏"，因为狮傩多同台表演，故既跳傩又舞狮的傩班也被唤作"狮傩班"。庆源的傩自古便有"狮班""鬼班"两大班，拥有十多个剧目。明代郑本目连戏产生后，在原徽州所属的祁门、休宁、石台、婺源、歙县等地流传开来，目连戏班社纷纷建立并组织演出，明清之际直到民国年间，其中影响较大、活动面较广的，就有婺源庆源村的"舞鬼戏班"。

　　詹养沉一下带回来三个戏班子，这般好戏，不知纯粹是为了娱乐乡里呢，还是为了庇佑族人？想来，即便是性情所至，也是少不了一番维系宗族关系的用心的。

　　沿着穿村而下的小溪来到一座高大雄伟的廊桥边，我听到了一个有关风水的传说。这个传说让我恍然，原来没有外界袭扰的"桃源深处"并非世外桃源，小桥流水的恬静中照样有险恶的计谋、无情的暗算。不是吗？在廊桥以下的溪中，兀立着一片石林，如春笋破石、莲花绽放，又如佛手带露、文笔竖案，岸上则有一块截面断层酷似书页的巨石，人称"千部书"。溪中的石林共有二十六根石柱，被人们视作朝笏，意味着这里要出二十六个京官。果然明代就出了个卫戍京师的大将军詹天表，他家的祖坟地为"上水鱼"。同村便有人嫉妒了，请来风水先生破之，其办法是，栽下两棵松树作钓竿，以便把对岸的鲤鱼钓起来，再建一座石桥穿透鱼鳃，此桥故名"穿鱼桥"。这座桥毫无交通意义，是纯粹的风水建筑。詹天表家族见风水被破，立即拿出应变之策，将"上水鱼"前方被称为"鱼饵"的土石墩铲平，因为没有鱼饵鲤鱼就不会上钩。可惜，除墩未尽，留下后患。"穿鱼桥"合龙之际，詹天表正在长江上押运砚台，江洋大盗见箱子沉重，疑是金银财宝，顿起杀人越货之心。呜呼，那身高八尺的大将军竟栽在故里那残存的"鱼饵"上。

　　我津津有味地鹦鹉学舌，是因为这个故事虽然荒诞，却十分真实地反映了乡村生存现实所决定的宗族、房派利益冲突和人际关系。置身桃花源中，人心却并非桃花源。于是，我以为，庆源傩舞戏的兴盛，除了为驱邪纳吉所需要外，无论从具有教化意义的节目内容来看，还是从客观效果来看，都具有凝聚族人的作用。也许，恰恰因为这是没有外患的桃花源，凝聚族人以防范来自村庄内部的不测，反而显得更重要了。

　　庆源村以詹姓为主姓，詹氏人家中商贾官宦者居多，现存的"太史第""永思堂""大夫第""倚屏对镜楼"等明清建筑以及外观中西合璧、内仿南京"总统府"结构的"福绥楼",依然在显耀着詹氏宗族当年的富贵荣华;而村中的十个杂姓则为小姓,他们多为佃农雇工。其中一些杂姓人家,正是作为艺人迁来此地讨生活,而后落地生根的。杂姓作为豪门望族的佃户和雇工,他们的宅院一般零散地坐落在村庄外围,一副孤独落寞的样子,却是忠实地守护和陪伴着那些聚族而居的村庄。

当地的朋友告诉我,这种情形遍及婺源山村,如果在乡间看到那种形单影只的农舍,不用问,屋主人的祖上想必是"苦大仇深"。长径村的村貌很能反映这一特点。一个狭长而拥挤的村庄横卧在小溪的一侧,而在两里外的斜对岸,聚集了几户人家,像一个小小的村庄,他们的先人正是长径程氏的雇工。大小两个村盘,鸡犬相闻,却是隔着田畴和流水,隔着心灵的旷野和堤防。听说,这些杂姓人家的房屋都是程氏主家给盖的,他们有的正是傩班艺人。长径傩班曾和庆源傩班"两班合一"。由于没有傩庙,傩面具等都由傩班成员保存,所以,主家给他们建的房屋比自己的居所还要好。我走进了那个依附于长径的小小的村庄,拜访了一位姓胡的老人,七十五岁的他是现在长径傩班的最长者。婺源县仅存的四件古傩具,就是他冒着极大风险保存下来的。

翰林院大学士詹养沉决定带回三个戏班子时,可能忘记了先前发生的故事。弘治年间,属于小姓的方姓人家于不经意间竟葬得一块风水宝地,地名称"金盆养鲤",风水先生断言这一家族将来要发一斗粟米的官。这期间,方姓人家有几户外迁浙江,数十年后果然发达起来,出了不少厚禄高官。他们的子孙于万历年间来庆源寻根问祖,立碑修坟,那庞大的马队和一乘乘大轿,让詹姓人家颇为眼红,甚感不安。詹姓不得不防着留在村中的诸多小姓。他们的对策是,在村中搭戏台筑庙坛,花钱雇小姓人家夜夜做戏,这样,每天夜里登台的大小官宦百十号人,三年五载即可把那像"一斗粟米"那样多得难以数计的官全都发尽。

　　这个故事令我眼前一亮。几年来，我访问过一些有傩班、戏班的村庄，如南丰的石邮、广昌的甘竹等等，旧时它们的傩班、戏班都是由大姓管理、杂姓表演，究其原因，不外乎大姓宗族鼓励子弟读书登科，而认为跳傩、演戏有失其大姓身份，便理所当然地把这活计交给了经济上依附于大姓的杂姓。庆源的故事却点破了庆源人跳傩、演戏的动力之一。原来，格外迷恋这"桃源深处"的庆源詹氏，始终警戒着，提防着，用民俗信仰为武器，不露声色地掌控着那些戴着假面的神灵。

　　这会不会是乡村戏班大姓管理、杂姓表演那种管理模式共有的一个内在秘密呢？

　　反正，我愿意相信。因为，驱邪纳吉的"舞鬼"，无疑包含着维护和巩固宗族地位的用心；因为，娱神娱人的"香头角抵之戏"，始终把祈愿宗族平安兴旺当作它的第一要义。

　　我在电脑显示屏上看见了方福寿老人的舞蹈。一个故去的生命永远故去了，许多故去的传说大约永远也不会复苏了。

　　正如傩面具的荡然无存。相传，明代庆源村"天子八班"有一艺人的外甥，自戴面具玩耍，竟取不下来了，结果窒息而亡，众人只好将孩儿与面具一起下葬。从此，傩面具就改成了彩绘木雕的。1958 年，庆源村在它的社坛下挖出了一个演傩舞戴的铜面壳和社坛修复碑记，碑记上有康熙年间重修字样。那个铜面壳旁有孩儿的骸骨吗？那个铜面壳后来的遭际呢？不知道。即便是遗落在世上的传说，也是闪烁、暧昧的。

　　只有高高的廊桥坚定地扼守着水口，尽管它的木结构已经腐朽坍塌。楼上曾是收藏傩面具的地方。大概正是因为这份神圣，它的桥墩、桥亭以及四面高墙才如此巍然屹立。

　　它替我们收藏着关于庆源傩的最后的见证。

爆竹是村庄的主人

石上村横卧在梅江边。

正月十四的梅江，竟然在磨刀霍霍。一进村，便见磨刀人提着几把菜刀离开码头，对他在"割鸡"仪式上所担当的角色我不禁有些疑惑，跟着他去到街上，见他进了铁匠铺才恍然。炉火正旺，锤声当当，许多菜刀被铁匠的手指镀亮了，铺子里因淬火而激起的热汽，透着凛凛威风。

村街却是喜气洋溢。一些缠绕着爆竹的竹篙立于门前，一些忙碌的身影快乐地奔走，一些年轻母亲陶醉在怀中孩子的脸上和午后的阳光里。当然，也有几张牌桌满不在乎地支在街中央，顾自赞叹各自的牌技和手气。石上村的老街平直且宽阔，为我游历乡村所仅见，想来往昔这里一定是商贾云集、车马辚辚的水运码头。

我是专程来看"割鸡"仪式的。所谓"割鸡"，其实是石上村李氏为庆贺添丁所举行的独有的集体典仪。大年初九，村中的马灯会邀集全村去年一年的添丁户聚首于汉帝庙，会商仪式有关事项，抽签决定进入汉帝庙"割鸡"的顺序。正月十三，亲戚们携着礼篮到来，新丁的外婆家还得送公鸡、请来吹打乐队，他们要在添丁户家中吃住三天。正月十四下午，仪式开始，添丁户先祭拜家祖，再祭各个房派的分祠。

我巧遇该村六十年来添丁最多的一年，也就是说，这将是最为隆重壮观的庆典。漫步于街巷之中，听得人们在美滋滋地反复叨念一个数字——四十八。四十八种婴啼，该让一座妇产医院忙得不可开交了吧？四十八个学童，该令乡村小学多建一间校舍了吧？四十八位小伙子，长成了，该是另一个村庄吧？

第四十八个胖小子，是抽签之后呱呱落地赶来凑热闹的，自然排在最末。以往，并无抽签的规矩，添丁户争先恐后抢着进庙"割鸡"，秩序很是混乱。近年，才由马灯会组织此项活动，为了约束大家，每户须先交二百元押金，活动结束，押金退还。有不遵守秩序者，则罚款五百。

乡文化站的老站长，大概就是马灯会的领导者之一，他始终人前人后地招呼着。要知道，五六十年代他曾是闻名遐迩的农民诗人，有了诗名，胆气也壮了，见县里迟迟不给国家干部指标，他居然上省城找领导，当仁不让地替自己要了来。忆起往事，老站长还是悻悻然的，可见当年的他果然够牛。按照他的吩咐，我守候在"梅海翁祠"，这是一座建筑年代较为久远的分祠堂。

四十八把菜刀已经锋利无比，村民约定的时辰就是雪亮的刀刃。

约摸四点半，村中陆陆续续有爆竹炸响。不一会儿，便有一彪人马冲进了祠堂，他们都是添丁户的家人、至亲，均为男性，领头的高举一只公鸡，随后的或背上斜插护丁烛，或端着烛台，或提着盛有供品的竹篮，吹打班子紧跟队伍入祠堂，而一杆爆竹则在祠堂门前点燃了。鞭炮声中，举鸡的男人祭拜祖先，陪同的人用护丁烛引祠堂里的烛火点燃自己带来的香火，插于堂前，而后分别立于堂前两侧，等着本房派的其他添丁户接踵而至。

属于这支房派的添丁户共有六家。"梅海翁"的后人聚于一堂，虽然锣鼓唢呐和鞭炮营造的是喜庆气氛，但人们的表情却庄严得很，说话也是轻言细语的，而且几乎未见孩子闯入祠堂。看来，在此地，根深蒂固的宗族意识不仅表现为延续宗族活动的自觉，更让人惊讶的，是仪式参与者打心底流露出来的神圣感和敬畏感。从前修谱贴在堂上的对联依稀可辨，横批是"丁帮繁盛"，添丁的典仪正是告慰祖先，族人的祈愿如今又得圆满。

满街的妇孺作为旁观者，她们的表情竟也毫无游戏感。她们在用耳目用心灵参与男人的活动。这三天是四十八个新丁的节日，也是四十八位母亲的节日。有朋友觉得街上那些怀抱孩子的年轻妇女似乎都带着骄傲的神色，我却没有体察到，我看见的笑意是平静的、庄重的，是与仪式氛围十分和谐的表情。

祭过分祠，添丁户从各条村巷涌到大街上，集中在汉帝庙附近的路口，准备依次"割鸡"。一时间，满街人头攒动，满街鞭炮林立。红彤彤的鸡冠，红彤彤的烛台，红彤彤的竹篙。

汉帝庙坐落在由大街下码头的小路边，祀奉的是汉高祖刘邦，这是因为刘邦重农抑商、减轻刑法、轻徭薄赋、释放奴隶，深得人心，被民间尊为"米谷神"。历史上，尽管清代官府曾指示不宜祀奉汉高祖，但汉帝崇拜依然风行于天高皇帝远的赣南乡村。选择在汉帝庙里"割鸡"，祀奉的行为中恐怕隐含着告知的目的吧？

"割鸡"以铳响为号。一声响铳，便有一位汉子举鸡提刀疾步入庙，缠绕鞭炮的竹篙紧随其后，在庙前点燃。汉子在神案前杀了鸡后，提着鸡由庙后跑回自家。四十八声响铳，震撼了山水田园和村庄；四十八对扑扇的翅膀，惊醒了冥冥中的神灵；四十八行新鲜的血迹，铺成了一条啼血的生命之旅。

汉帝庙在云里雾里，在明明灭灭的电光里。待硝烟散尽，人流一起涌向李氏祖祠。这时候，所有添丁户已跑回家中，他们要将刚刚被"割"的公鸡褪毛，稍煮后抹上红色。接着，再端着烛台、提着盛有红公鸡、香烛等物的供品篮（篮子也是红的，有的上了红漆，有的糊着红纸），在村口集合，列队走河堰沿着正对李氏祖祠的田埂，进入总祠祭拜。

这支队伍以五节龙灯领头，五匹竹马压阵，浩浩荡荡地穿行在暮色苍茫的原野上。重重叠叠的身影投映在水中，是祷祝风调雨顺吗？乱纷纷的脚步惊醒了冬天的田园，是呼唤五谷丰登吗？

又是鞭炮齐鸣，鼓乐喧天。新建的李氏祖祠里甚至还来不及细加布置，但满堂烛影摇红、香烟弥漫，也足以告慰祖先的神灵了。人们纷纷在神案上添上香火，端着烛台的男人则分成几排，站成了红烛的队伍。

随后，这支队伍将游遍全村。因为天色已晚，我和老站长约定明日再来看燃放爆竹的仪式，还希望他找个空闲给我介绍介绍整个"割鸡"过程中的讲究。比如，先后供奉过家祖、分祠、汉帝庙和总祠的公鸡，最后的用途是很功利的，鸡头要给新添丁的母亲吃，以为褒奖；鸡尾给父亲吃，而且鸡尾留有几根羽毛寓意龙头凤尾，祈望再生个女儿；鸡腿、鸡翅分别酬谢参与"割鸡"仪式的主要辛劳者。

正月十四的"割鸡"仪式，共有五个环节，每个环节要燃放一挂爆竹，而添丁户哪家不曾收获几十挂爆竹？听说，今年最多者达七十二竹篙。于是，石上村便又有了元宵节下午的燃放鞭炮仪式。人们要把所有的祝贺都点燃，让它化作惊天地泣鬼神的滚滚春雷。

正月的梅江两岸令人惊奇，驱车驶于乡间，随时都可能遇到古朴罕见的民俗活动。正因为如此，第二天下午我赶到石上村时，已是鞭炮大作。整个村庄捂住了耳朵，却睁大了眼睛。天地间只见爆炸的火光在跳跃，脑海中只有轰鸣的声音在激荡。

浓浓的烟雾生于每座祠堂的门前，奔涌在每一条村巷里，吞没了所有的房屋、所有的人，老站长自然也找不到了。我心中的许多疑问，便没有了答案。比如，石上"割鸡"的风俗，是否还带着慎终追远的客家人对中原故里乡风民俗的朦胧记忆，是否与昔日繁忙的码头、富足的生活有关？它应该是赣南客家添丁的种种喜俗之一了，但是，它的铺张恐怕不仅仅为了张扬添丁的喜悦。我的朋友在为这盛大的仪式震撼之余，悄悄算了一笔账，整个活动下来，每家的开销应在数千元。于是，我觉得，一定是炫耀的思想统率着所有的欣慰、所有的庆贺，使之成为一个宗族的荣耀，一座村庄的荣耀。

我在村外看村庄。村庄是一团银色的烟云，似朝雾，似夜岚，烟云忽浓忽淡，房屋时隐时现；浓时，硝烟能遮天蔽日，淡时，薄雾如轻纱漫卷。

我在村里看村庄。爆竹是村中唯一的主人，硝烟是家家户户的熟客，进了厅堂，又进厢房，一直走进了人们的肺腑里、血脉里。是的，当鞭炮声渐渐零落，我听到它的脚步声了，像一声声咳嗽。在烟雾里忙碌的还是男人。燃放完鞭炮以后，他们忙不迭地收拾那些用过的竹篙。一捆捆竹篙倚墙立着，沾在上面的爆竹屑好像还沉浸在亢奋之中。

每座祠堂的门前都是厚厚的一层爆竹屑。它把我在这两天所接触到的红色的意象——爆竹、红烛、篮子、鸡冠、抹上红颜色的公鸡及血……都熔化了，浇铸在奠定本族基业的土地上。

硝烟尚未散尽，男人们又抬着喜字担灯进了分祠。灯为圆柱形，剪贴着金色双喜的灯花，每组担灯不等，有三只的、四只的、六只的，用一根杠子串起提手，由两三人抬着走。担灯旁边，还有些青年手提一只同样的灯笼，称陪送灯。客家话里，"丁"与"灯"同音，所以，在赣南的乡俗中，灯是人们最心仪的一种道具。人们不惜倾尽心血来装饰它、美化它，头天夜里，我在相邻的另一座村庄，看过一种富丽堂皇的大型"扛灯"，竹篾做成的五层骨架，装饰着彩纸剪刻的各种纹饰和绘制的喜鹊登梅等吉祥图案，内里装置一组组用头发吊着头和手脚的戏剧人物，小巧玲珑而形象生动，且能走马灯似的转动。各层间的灯火除了照明，大概也是提供热动力的机关。九只"扛灯"出自村中一位老人之手，而老人为此耗时竟达半年之久。听当地朋友介绍，宁都灯的种类繁多，比如，马灯、龙灯、桥梆灯、竹篙灯、牌楼灯、火老虎灯、兔子灯、关刀灯、茶篮灯，数不胜数。

此时，暮色被阻隔在东边的村外。暮色无奈。于江面上徘徊，在田野里缱绻。因为，全村妇孺不约而同地聚集在村口，筑成了一道鲜亮如画的人墙。通过数码相机的屏显，我不停地扫描那些年轻妇女的表情，试图从中找到某些异样的情绪。毕竟，这三天属于四十八户喜添男丁的人家，属于赢得"鸡头"的母亲。生了女儿的母亲心里大约不好受的。但是，我看到的眼睛无不充满热切期盼的神采——集合在各座分祠里的喜字担灯向村口走来了。

硝烟的天幕，苍茫的烟云，担灯的队伍仿佛颠沛流离，辗转千里，来自遥远的历史。灯是他们前仆后继的希望和力量，灯是他们生生不息的祈愿和意志。当我的思想不由自主地跻身这支队伍与之一道负重前行时，我忽然觉得，一些传统观念，诸如"割鸡"仪式所体现的重男轻女思想，其实也是我们认知自己民族生存发展历史的一条途径。

而此刻，当我在揣摩女孩母亲的心境时，也许随着生活的变迁，震耳欲聋的鞭炮声已不能惊扰她们了。也是巧了，我在该县田头镇看到城隍庙边的一座民居有副对联，恰好以它的豁达，很准确地诠释了我的判断，此联云："阴阳道合你过你的年我过我的年，男女平权公说公有理婆说婆有理。"

担灯的队伍从村口出发，这回，由五匹竹马领头。队伍行进在河堰上，然后穿过河边的田畈，攀上远处的山冈。马蹄得得，叩醒了梅江，叩醒了土地，叩醒了山林。我想，它们应该早就被声声响铳、阵阵鞭炮惊醒了，此刻，它们大约在琢磨着喜字担灯里已被点燃的内心秘密。

我想，经历了这三天的喜庆，天、地、山川和江河，一定和这座村庄祖先的神灵一道，完全读懂了人们的告知。灯的语言，随着夜色渐浓，越来越明亮。

在这个夜晚，梅江和被它滋润的田野也会受孕吧？

整个壬田都醉了

壬田的农历九月十三，大概是一年中最热闹的日子了。一大早，镇街上就喜气洋洋的，所有的店铺都大敞着，所有的店老板都在忙活着，所有的门前都插着三根又粗又长的红烛。

烛台却是因地制宜、顺手拈来的，蜡烛干脆就插在蜂窝煤的洞眼里或废弃的油漆桶里。人们点起烛火，又搬来凳子或随意搭个供桌，端上鸡、鱼、肉及米饭、水果作供品，有的供桌边还放着酒壶，主人不时倒个半碗，弓着身子洒在地上。这是自家酿的米酒，这一天的壬田注定要被这种米酒灌醉。

听说，待一会儿，壬田镇上将是宾朋盈门，就连许多瑞金城里人也会赶到乡下来凑热闹，镇街上到处人头攒动，手机根本打不进去；听说，在这天中午，到处是杯盏觥筹，家家大宴宾客，且以客多为荣耀，即便一个陌生人也可以成为任何人家的座上客，到得傍晚，满街是踉踉跄跄的醉人，满街是朦朦胧胧的醉眼。

这是人神同宴乐的一天。我前往这一天，就是前往延续到今日的民俗传统，前往依然充满信仰的心灵。

　　眼前是红烛的街市、酒香的街市、鞭炮的街市。烛火轻摇，眺望着街的尽头；供品盈桌，迎候着菩萨的光临；鞭炮高悬，一串串，流露出紧张的神色。

　　是的，凭着壬田街上忙碌的气氛和人们顾盼的表情，我知道自己还是来晚了。既然，人们都做好了"襄菩萨"的准备，想来此时已经完成了"出神"仪式。果不其然，随着鞭炮骤起，从一条巷子里传来一阵吹打，只见在神旗、万民伞的引导下，一抬大轿出现了，端坐在上面的菩萨着锦袍戴官帽，面色如金，神情威严。队伍前后的两支乐队是土洋结合，前有锣鼓唢呐，后面却是洋鼓洋号，鼓号队的着装很滑稽，上身的制服一律红色，款式却不同，大约是胡乱拼凑的，下身就不讲究了。这和壬田镇上的环境是吻合的，街面上有不少贴着瓷砖的新屋，看过去却是杂乱无章。八人抬的大轿匆匆前行，街巷两边的人家和店铺则慌慌张张，他们要抢在队伍经过时点燃鞭炮。在紧张热烈的气氛中，团团浓烟湮没了整条长街，淹没了所有的表情。

　　年轻的向导告诉我，壬田一共有四尊菩萨，现在开始游街的是第一尊。至于是何方尊神，他愣了一下，然后自信地说："是财神吧。"我又问了两位店老板，他们也说是财神。拿大街上的店家和小巷深处的居家相比，店家门前的红烛要粗大得多、气派得多，供品的差异主要体现在那条鱼上，鱼有大小贵贱之别。于是，我猜想，满街的店老板大概也都把菩萨当财神了。

　　其实，我已从资料上得知，壬田祀的是福主菩萨。瑞金县志称："长久以来，县人崇信神祇，城乡庙宇甚多，且广置庙产，起庙会，（亦称神会，为一方各姓联合所为）。每于神之诞日，杀猪宰鸡、燃香祭祀，此即"做会"。由于乡间闭塞，生活单调，因而常藉庙会迎神竞技、演唱古戏、交流物资、走亲串友，甚至开台聚赌。"遍布瑞金各乡镇的传统庙会有，祀观音大士的观音会，祀旌阳县令、斩蛟英雄许逊的真君会，祀圣母娘娘的仙太会，还有花神会、罗公会、五显会、福主会等。壬田的庙会就是祀冯侯福主的福主会。

冯侯福主为唐末县人冯祥兴三兄弟，传说，当时叛军攻打瑞金县城，冯氏三兄弟为保卫家园慷慨捐躯，如此英雄，自然被万民崇仰，因而成为护佑一方土地的福主菩萨。县城及周边一些地方都祀冯侯福主，县城的福主会定为每年农历九月十一，而壬田则紧接着在九月十三行会。壬田曾有福主庙，庙门两侧的楹联道明了冯氏兄弟的功绩：为国为家为安唐室，难兄难弟殉难罗箕。

那座福主庙是近年拆掉的。冯氏兄弟因此各奔东西，分别寄居在各座祠堂里，我相信，他们的分手是暂时的，既然壬田人如此崇信福主，早晚还得让他们欢聚一堂，眼下他们不过是拆迁户而已。让我纳闷的是，冯侯福主明明是冯氏三兄弟，为何人们都说参与今天游街的是四尊菩萨？

追问下去，人们的回答并不一致，或称第四位乃冯氏兄弟的义子，或称其为冯氏的堂弟。不管究竟若何，那位也是当年保卫县城的英雄应是毋庸置疑的。

四尊福主菩萨并不是一起出来游街的。当第一尊菩萨匆匆走过大街、鞭炮声渐渐远去，在整条长街上弥漫的硝烟很快散尽，人们又开始翘盼了。我看见一些店铺门前码着三盘鞭炮，那肯定是为另外三尊菩萨准备的，性急的人家则已经把第二挂鞭炮缠在了竹篙上。

在等待冯氏兄弟陆续出现的间隙，我走进了镇上的一座祠堂。应该说，是祠堂里的烛火吸引了我。祠堂的门匾无存，但门前仍留有一对抱鼓石，在门口望进去，深深的内部烛光通明。原来，各家在门前敬神之前，首先要在祠堂里敬过祖先。陆续有人提着刚刚宰杀的鸡进入祠堂，在祖先神位左边的烛台下，将鸡血滴在"钱纸"上，然后，敬上香烛祭拜祖先。祭拜完毕，便端着供品去供奉福主菩萨了。烛台上下，散落着一张张钱纸，钱纸上碧血如花。

街上又传来一阵吹打，跑出祠堂一看，这回出场的是一尊红脸的菩萨，不知它是冯氏兄弟中的老几。神轿从另一条小巷出来进入大街，队伍也是步履匆匆的，不等我摆弄好相机，它就被震耳欲聋的鞭炮声和滚滚浓烟淹没了。我追不上队伍，即使追上也无奈于硝烟，只好拍满地的爆竹屑。

然而，壬田人太勤快了。未等硝烟散尽，一个个就忙着打扫各自门前了。试想，假如不急着扫去爆竹屑，等到菩萨们一一走过，街道上该是怎样动人心魄的红？

我漫步在壬田街上。伫立在街道两旁的红烛，无不噙着虔诚的热泪；张望在店铺门前的眼睛，却是闪烁着各自的现实的、功利的祈愿。是的，当我得知他们中的许多人把福主当财神来敬时，心里竟有些怅然若失。因为，此地的福主崇拜分明渗透了民间的英雄情结，尽管英雄成为神明之后，更多地被人们寄予了诸如添丁、逐疫、丰年等平凡的生活理想，但是，福主会本身也是民间保存英雄记忆的一种形式。可惜，好不容易延续到今天的民俗活动，于不知不觉间，渐渐摒弃了它的教化意义而更趋于世俗化了。当英雄记忆化为乌有，是不是意味着它完全丢失了自己的民俗精神？

其实，壬田行会时，簇拥着神轿的神旗旗号为"冯侯福主"，高举的云牌上则写着福主庙的那副楹联，这些信息鲜明地指向了历史，却被人们忽视了。

我一直期待着禳菩萨活动的高潮，但往年熙熙攘攘、水泄不通的情形并没有出现，镇街上除了两边店家的男女老幼迎候在门前，只有少许行人。当我看见的第三尊福主菩萨迎面而来时，向导却告诉我，活动马上就要结束了。看来，在我参观祠堂的时候错过了另一抬神轿。

以烛火为路标，向导把我引进了村支书家。他家里竟已是宾客满堂，在等着喝酒呢，难怪大街上看热闹的人比往年少了，原来四方来客直奔主人家喷香的米酒去了。镇上的老人告诉我，福主会的头一天，人们要为福主菩萨净身，穿戴整齐，做好出神的准备；十三日一大早，在吹打班子的伴奏下，举行出神仪式，然后，才开始抬菩萨游街。因为年轻的向导并不熟悉整个过程，我错过了领略出神仪式的机会，此时才十点多钟，福主菩萨回到各座祠堂里应该也有相应的仪式。一问村支书，果然。于是，村支书领着我一路小跑，赶到夹杂在新建筑丛中的一座老祠堂门前，赶到一阵鞭炮声里。

福主菩萨刚刚班师回朝。凭着我拍的照片，经过比对，这尊菩萨正好是我在大街上不曾看到的那一位。壬田的四尊福主，金面、红脸各有两尊，它们的区别主要在于帽子。

人们在享堂正中放下神轿，开始为菩萨整理衣冠。这时吹打班子也进入了祠堂，也许是累了吧，两名唢呐手竟在门厅一侧坐了下来，把唢呐架在八仙桌上吹着，那模样很是幽默。其间，换了一位老人作鼓手，擂的是一面大鼓。随着老人急骤的鼓点，唢呐、钹镲和大锣小锣一起振奋起来。

福主菩萨最后被安座在享堂的左边。人们继续仔细地为其整理衣冠。这时，一直在祠堂里穿梭忙碌的善男信女，纷纷点燃蜡烛上前叩拜。福主菩萨面前，红烛如林。

满堂的红烛意犹未尽，满街的红烛守望着来年。这一天的壬田烛光映日，烛泪横流；

满堂的酒香召唤着客人，满街的客人不知去向谁人的家门。这一天的壬田盛情难却，美酒诱人。

我谢过了村支书的邀请，被向导领向壬田镇外的一个叫姜屋的小村子。进村便见一座古旧的祠堂，祠堂里也是烛火通明。不时有村人进来供奉香烛祭祀祖先，祭拜完了，又提着盛有供品的篮子匆匆向村外走去。据说那是去祀社公，可是，在村外的那棵古樟下，并没有社公庙。一支支红烛插在树下，仿佛，村人的祈愿不过只是告诉那棵古樟罢了。

尽管，游街的福主菩萨并不会跑到距离壬田镇有两里远的姜屋村来，但是，在这里，侧耳倾听着远处的鞭炮声、鼓乐声，家家户户的门前却是一样的烛火，一样的心事。

　　我成了姜屋的客人。来自瑞金城的许多朋友也成了姜屋的客人。嚼着主人家晒制的柿子干，我们围坐在一起；喝着主人家酿造的米酒，我们相识在酒碗里。禁不住主人的热情，我们一个个都呈微醺状，我一直以为，微醺状态最适宜写诗的，可是，我只是想起了王驾的诗句："家家扶得醉人归"。

　　我相信，在今天，农历九月十三，整个壬田都醉了，醉倒在收割后的田野上，采摘后的果林里。唯独福主菩萨醒着，因为它们得护佑人们醉了的所有心愿……

乡野的火树银花

早就从图片上领略到中秋之夜的竹篙火龙。它大概应归于灯彩，但却是非常奇特的一种。一根根长长的竹篙上，绽放着一团团火焰，竹篙成林，火焰成林，场面十分壮观。一直想身临其境好好观赏的，可是每年不觉间就错过了机会。在城里，中秋节属于商家。今年是朋友相约，让我记起了这个节日，这个因为有竹篙火龙的诱惑而令我神往的节日。生怕错过整个仪式的全过程，我们早早地赶到了南岭村。大约是下午四点多吧。

村支书见面就说，南岭村现在更名了，叫南云村。个子高大的村支书看上去三十多岁的样子，很憨厚，且显得有些木讷，一口当地方言，所以和他交谈要翻译。问到竹篙火龙的起源及其有关风俗时，他的回答挺吃力的，看来，即便从小在一种民俗氛围中长大，也未必能知其然甚而知其所以然，或许，是因为司空见惯而麻木了。

此时，半个村子坐在戏场上看戏，台上演的是三角班；半个村子坐在自家门口听戏，都是若无其事的表情。这让我颇感意外。月明时分就要发生的撼人心魄的情景，难道会没有一点情绪的铺垫、技术的准备？

　　我们在村中寻找着连接这个夜晚的细节。从露天戏场出发，穿过村庄，来到坐落在学校操场边的卢氏家庙前。全村的竹篙火龙将汇聚在这里，点燃后从这里出发，开始游村。可是，无论是在村中，还是在村边的祠堂门前，都没有什么特别的发现。作为卢氏总祠的卢氏家庙，和我在村中看到的政凯翁祠、政器公祠一样，看上去气派堂皇，内里却是朽坏了。村中的那两座祠堂里面堆满了柴草，而卢氏家庙则被一片没膝的荒草封住了门，看来，南云村的祠堂已废弃多年了。年年中秋夜在卢氏家庙门前开始的这一民俗活动，难道会与祠堂毫无关联？我不禁有些纳闷。

　　让我纳闷的还有村庄的建筑布局。南云不是一团厚重的积雨云，而是晴日里布满天之一隅的鳞状云，一朵朵，一簇簇，彼此间若即若离，貌合神离，上千人口的村庄该算一个大村庄了，但无论从哪个角度都看不出它的规模，除了主要村巷两边建筑比较集中外，更多的屋舍则是不合群的，稀稀落落的，朝向也是各行其是。若要追究起来，这种散乱的建筑格局或许是风水上的大讲究；但怕也未必。穿过村庄里的田园、树林里的屋舍，不由地，我感觉到了几分神秘。

　　是的，此时的南云尤其神秘，出奇地平常，出奇地安详，没有我想象中的忙碌和喧闹，庄严或欢乐。幸亏我们执着地搜寻，才发现一些与夜晚有关的细节。比如，靠在屋墙上的已经扎着层层竹片的竹篙；比如，三两个坐在家门口摆弄线香的男孩子。原来，这个动人心魄的夜晚是静悄悄降临的。

　　其实，戏台上的演出也与夜晚有关。村中从八月初九日起开台演戏，开演之前，先"打八仙"，然后，敲锣打鼓将当地信奉的东岳、汉帝七太子及火龙、火虎诸神像请到搭建在戏台对面的临时神庙里，让菩萨与民同乐。中秋之夜的竹篙火龙正是为火龙、火虎而点燃。这哥儿俩被村人从火神庙里请出来，和汉帝的七太子欢聚一堂，共同受用虔敬的香火，一道欣赏乡土的戏曲，水与火在这里居然相安无事，其乐融融。它们在初九至十二日每天要看二场，十三日至十五日每天则要看三四出戏，也挺辛苦的。剧团是邻村的信士为许愿、还愿掏钱请来的，据说演一天的报酬是六百五十一元，还得管吃住，之所以要那一块钱的零头，是图个"出头"的吉言。

我们匆匆在农家吃过晚饭后，夜色悄然铺满了村巷，一轮圆月也悄然地从东边的山林里钻了出来。这时的月亮是腼腆的，脸皮很薄的样子，没有如水的月华，只见一个浅浅的圆。村庄似乎不曾感觉它的出现，村里仍然没有动静。这种平静得几近漠然的气氛，是我在别处看民俗活动不曾领略到的，它让充满期待的内心惶惑不解。我们继续在村中转悠。戏场上只剩下两个卖水果点心的摊贩，空空荡荡的卢氏家庙前不过是多了几根竹篙。就在我们几乎确信这项活动没有前戏的时候，忽然发现了一团火光。

开始以为是孩子们玩火。走近才看清，玩火的正是刚才那几个在家门口摆弄线香的少年。他们手持线香在火堆上点燃了，再一根根插在用禾草扎成的把子上。线香呈扇形排列，夜色中似点点流萤，别有一番情趣。后来，村中的老人告诉我们，这叫线香火虎。

自打进村一直纳闷着的相机顿时兴奋起来，竟也奇怪，满村游走的许多相机都精灵得很，片刻间一起涌了过来。它们分为好几拨，分别来自南昌、赣州和宁都。摄影家吆喝：添火！不能打闪光灯！摄影爱好者却是不管三七二十一，只顾生吞活剥，哪里还有那些讲究。我属于后者，我拍的照片根本就看不出流荧点点的效果。

少年们各自插好线香火虎，顷刻间便邀拢了队伍，沿着村巷跑向村边的一户人家。我落在后面，只听得他们喊道："火老虎祝福你家养的猪又肥又壮！"这是进门上台阶时的唱赞。进入人家厅堂，又喊："火老虎进门，有食有添（丁）！"

我追进那户人家时，火老虎正随着少年闯进别人的卧房，转了一圈，又折向厨房。而围坐在一起吃饭的那家人却无动于衷，任由火老虎到处乱窜。

少年们先后唱赞道："火老虎进间，花边银子满罐！"

"火老虎进灶前，老年转少年！"

听说少年们进屋后，首先要点燃人家备好的线香，可惜他们跑得太快，我未能亲睹那场面。从第一家出来，风风火火的火老虎干脆就把我等给甩了。流荧般的星火消逝在背着月光的山坳里，消逝在影影幢幢的村巷里，只有少年稚气的呼喊在夜空中回荡："火老虎进村，生子又生孙！"

"火老虎进巷，有食有剩！"

得知下一个环节是熬油，我们便走进了一户开食杂店的人家等着。陪着我们的是一位自称"南云第一封建头子"的老人。老人说起了竹篙火龙的来历。传说，在四五百年前，此地闹了一场瘟疫，人畜大量死亡，这时，有一对兄弟打山东来，他俩懂医，认为瘟疫流行的原因在于环境太脏，便动员村民"沤火"，意为打扫庭除焚烧脏污。果然，疫情得以控制。这兄弟二人也是做了好事不留名的无名英雄，待他们离去之后，村人出于感激才把他们叫作"龙"和"虎"。以后，每到中秋之夜，南云村就玩起了竹篙火龙，以纪念他们。这是一个现实主义的版本。而我从前听到的则是一个浪漫的传说。相传清光绪初期，有一年农历八月，南岭村瘟疫流行，人们万般无奈，只好祈求天神保佑。八月十五日夜晚，突然，天空出现两条火龙与瘟神激烈地搏斗，战至黎明，终将瘟神击败逃遁，火龙则溶于东方绚丽多彩的朝霞之中。此后，瘟疫在南岭竟奇迹般地消失了。村民认为这两条火龙是两兄弟，一条名火龙，一条名火虎，统称为火龙神，被视为驱邪佑民的福主，在村里立庙雕像祀奉，并每年举行纪念活动。

在那个浪漫的传说中，征服邪祟的火龙、火虎不是人，而是吞吐火焰的神。我喜欢那龙腾虎跃的夜空。我以为，只有想象才能给人们创造竹篙火龙的激情和智慧。所以，我觉得老人自称"第一封建头子"，实在有些委屈自己了。

那是一个固执的老人。讨论着卢氏的来龙去脉，他竟和客人争执起来，那愤怒的表情、那不断提高的嗓门，差不多到了剑拔弩张的份儿，一时间竟让我担心他会动蛮。

赶紧把话题岔开，询问那帮持线香火虎的少年是什么讲究。老人的回答让人颇感意外，他们竟是自个儿闹着玩的。不过，他们的玩耍也不是没来由的。南云村分为七房，每到中秋，每房出七根竹篙火龙，加起来是七七四十九根。从前，从八月初一夜晚起，每房还要各以七名儿童组成小分队，每人手持一个半圆虎头形道具，上插数十根点燃的线香，分别到本房各家游火虎。少年们举着线香火虎逐门逐户唱赞，辟邪纳吉的意义竟赋予了儿戏的形式。但是，如今孩子们很少玩它了。幸亏，今夜有一帮贪玩的少年在不自觉间，替我们保存着、演习着关于线香火虎的记忆。

林梢上的月亮渐渐胆大了，明亮了许多。人们开始熬油。关于竹篙火龙的用油，我曾听得许多说法。茶油、松脂、一种少有的树籽油。还说熬油很费时间，需要技术，讲究火候。身临其境才恍然，能够蕃衍成习的东西，一定就地取材，顺手拈来，技艺简单方便，具有普遍的操作性。其实，它所用的油，很平常，是最便宜的食用植物油；所谓熬油，不过是把油倒进平时做饭炒菜的大铁锅里，加热烧开，再把油浇在一根根裹着纸捻子的线香上，人称火媒子，当它们被扎在竹篙上点燃后，就是一枝枝火把了。

人们攥着油淋淋的火媒子，扛着竹篙，不约而同地从各个方向涌向卢氏家庙前的学校操场。这时，人们要做的是，把火媒子扎在竹篙上，每根竹篙需扎二十枝，于是，只见男女老少都忙碌起来。看得出来，四十九根竹篙火龙来自四十九个家庭，扎火媒子正是以家庭为单位进行的。

按照以往的习惯，七班火龙队要在火龙神庙前拈阄，决定点燃火龙的顺序；火龙集中在卢氏家庙前点燃后，由青壮男丁高高举起，祭拜祖宗，再分别按常规路线绕村游到各房祠堂前，将火龙斜靠在祠堂墙上，任其自然熄灭。

整个过程大约需耗时三个小时。近十几年来，游村的路线被村中随意拉扯的电线给阻拦了，游火龙的活动也就被删节了，变得简单潦草了。得知这一情况，我向村支书提出，让火龙队在场上绕行几圈以便于拍照。

剧团的乐队来到现场助兴，一阵吹打后，竹篙火龙依次被点燃了。四十九条火龙腾空而起，近千枝火媒子迎风抖擞。满目是团团簇簇的火焰，仿佛金龙狂舞，龙睛如电；满目是辉煌灿烂的仪仗，仿佛得胜凯旋，旗旌如阵。那一刻，煞是震撼，全场一片欢呼。为这火树银花的乡村之夜，为这逐疫祈福的浪漫之夜。

可惜的是，尽管村人满足了我的要求，在操场上游走了几圈，但是，他们仍然很快就收场了。我甚至还来不及品味，这是演绎那个神话故事以纪念火龙、火虎兄弟呢，还是表达着人们对火的更为宽泛的情感寄托？

是的，竹篙火龙的美太短暂了。望着人们高举竹篙匆匆散去，我觉得很不过瘾。我在想，为什么有着强烈仪式感的竹篙火龙，其仪式性的内容很少，倒是富有游戏性？比如，虽是在宗祠门前进行，却并没有祭祀的情节；整个活动的始末，也没有仪式性的安排。不知是否在长期的演变中日益简化了，就像布满村巷上空的电线可以截断游村的路线一样？

人们散去。掉落在地上的火媒子仍在燃烧。各自离去的竹篙火龙靠在自家的墙上，依然兴致勃勃。只听得黑暗中有人急切地吆喝：去看戏哦！

听说，中秋之夜的戏要演一个通宵。这时，我给城里的朋友发了个短信，说我正在赏月。朋友回信说，哪有月亮呀。

乡下有。乡下的月亮还很圆呢。

忧伤的"飘老"

以后我得出言谨慎。

元宵节那天，我巧遇"广昌孟戏《长城记》（三夜本）最后的演出"，惊奇之余，以此为题写了一篇散文，发表于《江西日报》2004 年 4 月 23 日 B4版，而在 B3 版上有一则消息《谁为孟戏振旗鼓》，云：4 月 3 日晚 11 时许，广昌县孟戏剧团价值 23 万多元的排练场、道具、服装、音响等设备遭到火灾被毁，火灾是由于剧团隔壁的房屋电线老化引发的。在火灾后的废墟上，数百名群众和剧团演员们声泪俱下，均已年过八旬的老艺人刘挺苏、谢传福和刘宗兴，更是老泪纵横……

从样报上读到这则消息，当时，我并没有把它与甘竹镇大路背孟戏剧团联系起来，与观看三夜本最后那夜的演出联系起来，因为它说的是广昌县孟戏剧团，甚至，我还诧异，县里也有孟戏剧团？

不料，五一节过后，我看到了三张照片。焚后的剧场，自是一片狼藉，砖瓦满地，梁柱成炭，四围的外墙倒是没有全部坍塌，大门上方，保全下来的招牌令我大吃一惊。没想到，这竟是让我等一行人意犹未尽、相约来年再访的地方!

"最后的演出"简直是恶魔的符咒。我真该用一块脏抹布擦擦嘴的。不过,选择这个题目时,虽然是特指三夜本第三个夜晚的演出,"最后"的确在我心里投下了浓重的阴影,我走不出它的笼罩,于是,便包藏了几分警醒世人的用心。因为,从我为《长城记》惊奇的那一刻起,就有一股无奈的忧伤紧紧地攫住我的心。好像冥冥之中我料知了它的某种不测,孩子似的失声惊叫。

我为那声惊叫忐忑不安。仿佛惊叫就是一种过错。值得庆幸的是,我的那篇文章虽在正月里就写好了,直到四月份才交给报社,很侥幸地与火灾打了个时间差。否则,真是乌鸦嘴了。这正是后来大路背孟戏剧团刘先忠、谢良生等三位负责人找上门来,叫我能够坦然面对的心理堤防。

三位农民,三条汉子。他们从包里掏出了那张报纸,翻开了那个让我紧张的题目,述说着那场大火。这时,他们眼里闪烁的,不是叫我心虚着的怪罪,而是感激。好像我的文章是特意为那场火灾而写的。当然,他们不是专程为感激而来的。火灾发生后,剧团的班子为研究剧团的命运,曾开过三天三夜的会。他们的共识是,不能放弃民族民间文化的这一瑰宝,放弃就是断送。为此,他们每人捐资一百元,并向社会发出捐助呼吁,希望通过社会的帮助重建孟戏剧团,让孟戏代代相传。他们需要各方面的支持。不是说到孟戏都如数家珍,都慷慨激昂吗?

作为一个文字匠,我所能付出的还是文字。没想到,他们竟也很满足地离去了。后来,我得知,他们大老远地赶到省城,除了想向有关部门呼吁,还想找一对十分关注孟戏的专家夫妇,指望他们帮着说说话。可是,他们心急火燎地到了专家的家门口,一个愣怔之间,念及人家年纪大了且尚在病中,终是不忍让老人焦心操劳,竟毅然打道回府了。

带回去的,只有自己掏钱买的锣鼓家什!

我是在剧场的废墟上得知他们省城之行的结果的。四下奔波的艰难，倒是让他们更加坚定了自救的决心。议到重建剧场事，六十七岁的老演员罗金定竟提出自己动手上山砍树，以节省开支。

再访孟戏，我才知道，共有三十多位演员的大路背剧团，也演皮黄戏（盱河戏），常演的剧目有二十多个。春节期间，除了一台孟戏，还演了四夜的皮黄戏。罗师傅是老生，十一二岁学皮黄戏，最初在《三娘教子》中扮儿子。为什么不学孟戏呢，他的父亲就是演孟戏的旦角，原先三夜的孟姜女由罗父一人演。没想到，说话有些腼腆的罗师傅回答倒是很男子气，当年他不愿学孟戏是因为不肯扮女性。如今，他在《长城记》中扮演许父等角色，不知是因为旦角有女性充当他无须顾忌了，还是为了后继无人的孟戏不得不挺身而出？

当我得知刘先忠、谢良生与扮演孟姜女的刘妻都是去年才学的孟戏时，忽然感觉到了几分悲壮。因为，看上去，他们已不年轻。仿佛，他们就是为青黄不接而生，为余音绕梁而长，为四百年的《长城记》而活着，而老去。

我得到了三册油印的《长城记》戏文。娟秀的手书，让我想起久违了的钢板、蜡纸和那种古老的油印机。其中两册是用年画做的封面，一册画着慈眉善目的财神爷，另一册是象征着金玉满堂的胖娃娃。随手一翻，恰好翻到孟姜女那长达四十多分钟的唱段——

（唱）【山坡羊】：割同心，鸾凤剖镜，

分比翼，鳞鸿杳信。

泣鏊鏊，秋蝉蟋蟀悲咽哽。

乱纷纷枯枝败叶零尽。

（夹白）：霜冻，予到，大寒又将至矣。

（唱）：伤情，对景撩起思夫恨，

因此上捣秋砧熨帖寒衣亲送行。

（夹白）：孟姜女！不知与我范郎团圆与几时？

（唱）：夫啊！好叫我拖泥带水奔驰道。

也只是，亏煞你执锐披坚，筑长城……

元宵节夜晚的情景历历在目，孟姜女悲悲切切的声腔言犹在耳。可是，随着那场火灾，剧场化作了灰烬，服装道具化作了灰烬，锣鼓乐器化作了灰烬，想必挂在后台墙上的那些绚丽的"飘老"，更是难逃此劫了。

我曾这样感慨那满墙的髯须："飘老，一个叫我怦然心动的词汇。它让年龄爽朗起来，让时间飘逸起来，让身体获得了尊严，让生命的法则获得了摇曳的多彩的魅力。"

飘老无存，刘家班子的孟戏能浴火重生吗？

答案不仅在他们目前所做的努力中，也在他们对那场大火的充满敬畏的描述之中。顷刻间吞没了剧场的大火，居然没有火舌朝大门外蔓延，这让人们甚是惊奇。人们对此的解释是，门外就是紧挨剧场的将军殿，其中供奉着三元将军和清源祖师的神像。缘此，将军殿又称作孟庙。最奇的是，将军殿的后殿是化妆间，与剧场的后台有门相连，剧场里的铜铁都被烧化了，而那道木门却安然无恙。

面对此情此景，也就由不得你不满怀敬畏了。也许，充满敬畏感的信仰，正是人们重建剧场的精神动力。此后不久，我便收到了来自广昌甘竹的请柬，浴火重生的大路背孟戏剧团将举行开台庆典。走进新建的剧场，在那肃穆的气氛里我获知，这开台庆典可是百年难得一见，其程序和讲究谁也没经历过，只能凭着老人靠听说得到的记忆来想象和设计。

人们小心翼翼地忙碌着，神色庄严地招呼着观众，说话都是轻言细语的，而且，议论剧场曾经的火劫是为大忌，进大门时两边的楹联就作了暗示："沧海复桑田喜四方援助弦管重调，楼台易瓦砾看莫论仍美旧貌换新"。竟也奇怪，无论文化程度如何，陆续进场的观众都很自觉地"看莫论"，一个个虔敬得很。

晚饭过后，等到夜色渐深，演员、乐手纷纷登台，此时，有人执笔站在台边一一为他们点额。台下前面的座席留出一片空场，村人相互叮嘱，等下会有鬼从此经过出大门，千万别被它撞到了。主持庆典活动的剧团负责人好像对此也特别在意，不时过去维持秩序，还轻声提醒拎着相机的我。剧场里陡然充满了神秘感。

开台庆典的第一个节目是"跳加官"。将军、道士、僧人依次出场，各自唱念做打一番。我注意到，在节目开始之前，戏台的地上扣着一些小瓷碗，瓷碗间隔一大步，作方形整齐排列。当一手执拂尘、一手举公鸡的道士出场时，随着场外鞭炮大作，一头厉声嚎叫的猪被几个壮汉拖到台前，在他们给猪放血的瞬间，台上一片吆喝，原来前后台的演员、乐手都冲到戏台中央，或以棍击，或以脚踩，把那些瓷碗都打碎了。这个情节发生得很是突然，让人不禁愕然。接着，人们迅速把那头被宰杀的肥猪拖出剧场，地上的一大摊血迹热气腾腾，温热的腥气和辛辣的硝烟味弥漫在剧场里。

方言土语的唱段我听不懂，但后来形象极其丑陋的鬼魅登场时，它们有一段伴着狞笑的念白，让我依稀听出了个大概，鬼魅们是觊觎着"广昌县甘竹镇大路背"呢。小鬼们抬着大鬼，很是张狂，但一个个尖嘴猴腮，分明是一群饿鬼。

就在鬼魅横行之际，庆典演出进入了高潮。随着钟馗的出场，大鬼小鬼匍匐在地，连连叩首，突然间，又是一阵齐声怒喝，演员和台上其他人等各自手持照妖镜，一起出来驱鬼。剧场门外再度鞭炮炸响。鬼魅们仓皇下台，夺路而逃。

在此之前，尽管心存畏惧的观众已给它们让出了道，但那位负责人还是用自己的身体挡在观众前面。据说，万一有人被它们撞到，那人就晦气了。这些鬼魅要捡小路一直奔逃到村外的河边，洗脸卸妆，还原为人模人样，才能回到剧场；而庆典演出之所以要拖到夜深人静才开始，也是为了避免让路人撞见了鬼。

开台的庆典，经过逐疫驱邪祈太平的仪式之后，就可以上演这个乡村孟戏剧团的拿手好戏了。它象征着一次复活，古老的孟戏复活在人们的热爱之中。在第一次领略孟戏风采至剧场"旧貌换新"的这一年里，我屡屡被他们的热爱感动着。我记得刘先忠、谢良生等人曾在我面前夸耀大路背刘家班子往昔的"神气"，说甘竹流传这样的顺口溜：大路背神气，舍上争气，赤溪土气。意指大路背刘姓居住在甘竹镇上，历来乡绅较多，所以演员中不乏乡里的显赫人物，甚至乡长也禁不住披挂上场；舍上戏班没有几位曾氏演员，只是争口气而已；赤溪的演员都是种田人，外出演戏也是穿草鞋，乡土气息浓厚。刘家班子曾经以此为荣，与"争气"的曾家班子当面锣对面鼓地唱起了对台戏，观众就坐在两座戏台之间，任凭两个戏班子争夺。想来，那比拼才艺的场面定是精彩纷呈。

在开台庆典之前，我从剧场旁边的孟庙进去，穿过作为化妆室的后殿上了后台，只见一位戴着老花镜的婆婆坐在窗下，就着一方光亮，把五颜六色的珠子缝缀到凤冠上去。后台的一面墙上挂满凤冠，另一面墙上飘老依在。这时，有人告诉我，官帽上的翎子叫做"跳毛"。像上次认识飘老一样，这个词再次令我怦然心动。

跳毛，这声乡土而亲切的称呼，让神灵凡俗化了，让达显平民化了，那些朴实憨厚的农民因为拥有了它，就可以主宰戏里乾坤，而他们的内心因为拥有了艺术，从此抖擞起来。

不过，在抖擞的跳毛之下，那些浓妆的面目已不年轻。曾经挂在剧场里的几幅年轻的合影照片，在那次火灾中未能幸免。我愿为这喜庆的开台拍一张合影，然而，我相信，在我镜头里，那些让年龄爽朗起来的飘老，真的会因为孟戏的后继无人而衰老，而忧伤……

孟戏的票友都有谁们

2006 年的元宵之夜，我赶往广昌甘竹镇的赤溪曾家村去看孟戏。进入夜的村庄，但见一枝枝路烛伫立在每一户人家的门边，无论是正门、偏门还是厨房门，其两侧的地上都有一团团的烛光。我已知赤溪曾家两夜本的孟戏在第一本演出前需请神，男信士们从村外盱河桥中间的王礅开始，每隔百步插线香和路烛，一直插到祠堂的滴水檐下。然后，由管首唱请当地寺庙、殿观内的菩萨及孟戏历代已故老艺人来村看戏；第二本演完二十三出《金殿对词》后又需送神，这时同样要插路烛，不过顺序颠倒了，是始于祠堂而终于盱河桥的王礅。每隔五十步插烛一枝、香三炷，并燃火纸，放短爆竹。显然，那路香和路烛是为各路神灵照明的，别让他们走岔了，或磕着碰着了。

不，那是虔敬的心愿，照亮了夜色茫茫的旷野，温暖了呼啸着打河面上吹来的风。

而在这元宵之夜的掌灯时分，家家户户门前的路烛又是给谁照亮呢？趁着演员们还在后台化妆，戏班里的一位老艺人把我领进了他家的厨房，只见灶台上也插着香烛，锅里则供着果品，我恍然大悟。原来，门口的路烛在迎候着灶神。

我将在灶神逐门逐户光顾的夜晚与村人一道看孟戏。进得码着一堆木料的祠堂，但见戏台对面并排放着三把盘龙交椅，端坐在上面的是三只大面具，它们面前还坐着一个小人儿，那是清源戏祖的塑像。祠堂上方的神龛大敞着玻璃门和用钢筋焊接的防盗门，显然，面具平时就供奉在里面。祠堂戏台上方仍悬挂着几年前的一条横幅，横幅两侧分别挂上了两条鱼和一刀猪肉，鱼肉却是新鲜，其寓意为生活美好、连年有余。那条陈年的横幅为庆贺曾家孟戏建班五百五十五年而满腔自豪，侧面墙上的标语则为祝贺曾家孟戏第二十六代少儿班健康成长而满怀欣慰。这些文字让人肃然起敬。不仅仅因为它们所透露的沧桑感，还在于潜藏在文字中的神秘感。

传说明正统年间，福建农民起义军首领邓茂七自封铲平王，带领起义军打到广昌，广昌县令下令每户留一人看守家园，其余应避战乱。孝子曾紫华背着双目失明的母亲随族人逃到曾家山寨避难。就在追兵赶到的危急时刻，忽有三员神将从天而降，以飞沙走石击溃大兵，而后神将不知去向。曾紫华与族人向天空拜谢三员神将的救命之恩，随后听得山谷间有锣鼓之声，循声找去，竟发现了两只大红木箱。其母手抚木箱，左右眼竟然先后复明。众人甚是惊奇，连忙敬上香烛，礼拜木箱。拜毕，打开箱子，箱内金光异彩，藏有孟戏剧本一部并大小面具二十四尊，其中三尊大面具与天降神将面目一样，它们便是秦朝大将蒙恬、王翦、白起。曾紫华与族人将木箱挑回舍溪村，组织村人筹建戏班，按剧本和面具分角色排练。自明正统五年起，三元将军被曾氏奉为家神，每家厅堂的神位上都置有"秦朝会上三元将军大老爷宝座"。并且，始于甘竹舍上，继有赤溪、黄泥排等地曾姓在每年春节期间必演孟戏，借以酬神祭祖，为曾姓纳祥祈福，至今不衰。

曾紫华长子曾圣洙名以清，他携家由舍上迁入赤溪居住，其后人为赤溪宗支修建曾以清公祠，并于其侧建有戏台。同治五年重修戏台时镌刻的木匾，即将曾紫华拾戏箱诸事刻录其中，悬挂于戏台屏风之上。牌匾已毁于"文革"，所幸的是，1962 年被古老剧种调查组抄录下来的匾文，作为"封资修的物证"仍存放在档案之中，待到二十世纪九十年代中期，又险些被当作废纸处理掉。就在孟戏开演之前，我得到了一本打印的小册子，从中，我看到那篇《赤溪曾以清公祠同治五年戏台重修捐资花名匾之序》了。

元宵之夜的曾家孟戏，是第二夜的演出。曾家孟戏从正月初三开始排练，称之为"串戏"，正月十二根据择吉日、看天气的情况起戏，若十二日不成，则延后，至十四日非开锣不可。

开锣唱戏的当天，三元将军要出帅巡村。早晨，在吹打班子和各式旗帜的簇拥下，三元将军分别坐在二人抬的盘龙交椅上，从祠堂出发，队伍浩浩荡荡，就像古代将军出征一样，路线则是按规定行进，其中要在经过两座清源庙时礼拜烧香。出帅队伍所到之处，家家门前摆有香案供品，男女老幼上香烧纸，跪拜迎接。香案上还放有红包，出帅队伍中有人会收起来，作为以后唱戏的开支。出帅结束后，队伍回到祠堂，管首赞曰："进得门来笑脸开，香花蜡烛两边排。三位将军齐下马，下得马来坐莲台。"

三元将军上座后，再按次序摆好其他面具。之后，要当场宰杀一头生猪，将猪血盛在大盆里，并放入猪心，置于香案之上，寓意全族一条心、越发越旺。同时，还要用火纸蘸猪血放在香案前，再拿一只木雕金龟压上，其含义为曾氏孟戏像万年金龟一样代代相传，万年不虚。下午，在举行朝神、请神仪式后，演员便开始化妆，准备演出了。

第二夜的孟戏，同样要择吉日，演出当天也必须派员带着香烛到福主祠、清源庙等处朝神。

我端坐在曾家祠堂里听戏。只见台前点燃了烛一对、香三炷，随着打击乐"急急风"骤起，戴着面具的丑角出场了。开场跳的是开山。演员手拿绑好火纸的开山斧，在场上左右横劈，走圆场点燃斧上的火纸，然后挥舞开山斧，待其燃完后亮相进场。之后，才开始演出整本大戏。

在我身后，是以老人和妇孺为主体的观众。看上去，祠堂里显得有些空，但是，我已经知道，此刻所有的神灵都蜂拥而至。请神祷词里便是一番熙熙攘攘的景象。

我不妨把它抄录下来，看看孟戏的票友都有谁们——

日值使者，一请拜请（叩首）拜请秦朝会上蒙恬将军、王翦将军、白起将军三位大老爷。拜请铁板桥下西川路口清源妙道真君（叩首）。玉皇大帝、王母娘娘、金童、玉女。赵、马、温、王四大元帅，太白金星、雷公、雷母、娥皇仙娘、判官、小使、天曹、地府、开山郎君（叩首）。秦始皇，赵高、李斯二相，李信大将、范氏夫妇、许氏夫妇、范杞良、烈女孟姜、张文华、阿单、铁骨王将士、祝德成、长城伤亡民侠依次排坐。

本县城隍，本坊福主，高坑、昌坑、东坑，三圣、山神、土地（叩首）。

瑞相寺、金光寺、南弥山、岳灵寺、万寿寺、九华寺、莲花寺、保寿寺、三官寺、子灵山、地藏寺、慈生禅寺、大觉寺、朱华山、学堂寺、万幸寺、紫霄观、大于殿、龙凤岩、大子岩、白米岩、万陀岩，一切大小佛祖。

仙游观许真君，唐东平王张巡大将军，昆峰山等大小神圣（叩首）。

前五里、后五里、左五里、右五里、五五二十五里，天地上下，一切过往神明依次排坐。

千点公公、万点老人、三伯公公、三伯婆婆、敲锣击鼓大臣依次排坐（叩首）。

曾氏散居他乡列祖列宗；

历代师公、师爷：紫荣公、紫华公、紫明公、连轻公、和轻公、以清公、云洄公、仲安公、德高公、尚义公、协常公、守澄公、贤宝公、贤宝公、忠国公、名接公、文用公、居竹公、子胜公、臣玉公、臣恒公、孔公、孟开公、电恩公、兴公、荣华公、以传公、以昭公、德荣公、百顺公、培孙公、秋福公、秋宝公、华孙公、蛮子公、礼仁公、泉生公、颐生公、宾生公、珍生公、配生公、于生公、波仔公、寿文公、仁仔公、贵云公、风孙公。宗保师父、地雷公师父、邱美仔师父依次排坐，先来先坐，后来后坐，老者上坐，少者两边排坐。

敬茶、敬酒，敬请尽情笑纳。

江西省广昌县甘竹镇赤石渡曾氏长城首夜孟戏开锣，众弟子净身沐浴登台。

敬请众神护佑，众信士、弟子平安吉庆，风调雨顺，国泰民安，禾田大熟，丁财两盛。

原来，人们拜请的除了本县境内各寺庙、殿观里的神灵和过往的神明外，还有孟戏历代已故艺人和列祖列宗的魂灵。通过这份名单可见，祖先的魂灵是与各方神圣在一起的，他们已经属于神明，是宗族天空上永恒的星宿。他们和各方神圣都居住在盱河的彼岸。他们是簇拥着各路神明一起赶来看戏的。

此刻，神人欢聚一堂。我想，那些空着的地方一定被他们占满了，密密匝匝的；或者，他们像顽皮的孩子到处乱窜，有的甚至跑到台上去了，干脆席地坐在乐手的腿边。

我已分不清哪些是本乡本土的菩萨，哪些是过往的神灵，哪些是赤溪曾氏的先人。端着相机离座拍照时，我小心翼翼，生怕碍着他们。是的，在这样的场合，我们必须满怀敬畏。

满场痴迷的目光，开怀的笑声。其中，一定也有他们的目光和欢笑吧？

此地的好戏在今天看来是叫人惊奇的事情。据说，曾紫华与族人在舍溪建立戏班后，曾氏子孙繁衍，后人陆续迁往周边各地。因为孟戏演出是祭神活动，曾氏子孙凡男丁都有上台演出的责任和义务，从少年时期就开始学戏，所以曾氏历代都有童装戏服。每年唱戏，不待别处子孙赶到，舍溪子孙就捷足先登抢先扮装，把剧中角色都给占了，连跑龙套的活儿也没留下。这样，就引起了争着唱戏的纠纷。族中长辈认为这是好事，便决定分戏箱，但不分三元将军金身，神像轮流坐村。至于轮流坐村的三元将军后来如何一直坐镇赤溪，村人只道是"由于种种原因"。

这样，甘竹一带包括赤溪在内的好些个曾姓村庄都可以开台演孟戏了，加上大路背刘家也建起了孟戏剧团，自古以来便有人赞叹：甘竹是个戏窝子。

台上，范杞良于押解途中夜宿娥皇庙，修下血书，望妻子早日寄寒衣到沙场；杞良之举感动娥皇娘，娥皇命判官变鸿雁衔血书送至许府；姜女在花园拾得血书后，赶制寒衣，拜别了二老……

台下，架在我身后的一台摄像机兴奋地工作着，它是北京赶来的。我相信它兴奋着。邻村赠送的一面锦旗说得好：别看农村汉，生旦丑末演得好；吃苦又勤演，观众越看越爱看。而专家经研究考证，认为"曾氏孟戏曲牌一直保持了古南戏高腔的原汁原味，特别是二夜海盐腔风味更浓，打击乐也有很多的海盐腔，它的一板一眼非常标准，唱腔比弋阳腔还要古老，五音符很明显，"剧本则为元代孤本。其价值显而易见。

我从辞神祷词中窥见孟戏能在乡野生长数百年的秘密了。请听管首念道——

天神归天，地神归地，各坊福主、佛主、神主，各归各祠，各归各位。在天者腾云驾雾，在地者勒马加鞭。来得高兴，去得轻松，一路香、纸、明烛敬送众神。

诸神有请有送，只有三元将军、清源祖师有请不送，不离弟子左右，千招千应，万招万灵。拜圆。

自明正统五年即公元 1447 年曾氏始演孟戏起，到我造访它时已经是五百六十年了。五百六十年来，三元将军、清源祖师不离左右，常驻人们心中。尽管，为庆贺举办第二十六代少儿班，墙上高悬着喜气洋洋的标语，我还是不免担心，它们还能在村人心中驻留多久。

清溪梅烛龙

一进村，就见清溪梅烛龙的独特处了。这时，有一支鼓乐队正从村中宗祠门前匆匆走过，绕着祠前的池塘循环往复。乐队由八人组成，前面是鸣锣开道，中间是一面两人抬的大鼓。那神鼓以长出奇，鼓身怕有两米长吧，要知道，它在重新蒙鼓面时还被人锯短了一截，否则，更加了得。鼓面一面蒙以水牛皮，一面用的是黄牛皮，因此，鼓声也就有了不同的音色，鼓的内里贴着鼓面，还置有铜锣，显然，这是为了让鼓声更加响亮。

清溪村地处丰城与高安、新建三县交界处，新建的朋友告诉我，他们那儿也有这种大鼓，鼓身是用樟树主干镂空制成的。

巡鼓大约是为了营造气氛。此时不过才下午三点半，为了这个夜晚而陆续赶来的人们，就开始聚集在鼓声里，聚集在祠堂门前。

李氏宗祠内有联称："廉明理吏商朝利贞始祖避难立李氏，贤德庄主宋代文英太公创业建清溪。"言辞之间，大致透露出清溪李氏的血脉渊源。宗祠大门两侧，贴着好几张用红纸写的告示，包括注意事项、人员分工、程序安排等，落款均为"清溪李佑启堂"。可见，清溪梅烛龙是一种宗族活动。不过，那些告示为这一活动冠上了新名词，叫作"梅烛游园活动"，而在标语和宣传资料上则称"清溪梅烛节"。

游园，一个多么诗意的命名，一个多么浪漫的夜晚！如果把村庄视作一座园林的话，那么，今夜它的游客只有那条梅烛龙而已。所有的人，都是它身上的片片鳞甲；所有的鞭炮、焰火，都是它激起的团团浪花。

相传，梅烛龙起源于唐代贞观盛世。说有一年玉皇大帝规定这一带准降三分雨量，有七分旱灾，因此，田禾枯焦，有种无收。这时，露龙为了拯救苍生，每天早晨偷洒甘露，保住了丰收年成。玉皇大帝知道后，勃然大怒，判露龙斩刑，命文曲星当朝丞相魏征为监斩官。露龙托梦于当朝天子李世民求情，唐天子答应施计刀下留情。监斩那天，李世民召魏征到金銮殿下棋。正月十三日午时三刻，魏征心神不宁举棋不定，晕晕乎乎睡着了。李世民暗喜，以为可以拖过监斩时刻，见魏征头冒大汗，还给他扇了三扇。谁知，这三扇皇风，反而助了监斩官一臂神力，露龙的头因此落地。唐天子好心却办了坏事。

百姓感激露龙的恩泽，每逢正月十三，便照露龙的形状扎成梅烛龙，抬着它举行游村活动。为了瞻仰露龙的丰采，我特意去村外一户人家找到了那盛装待发的龙头。龙头以竹篾为骨架，固定在一块桥板上，饰以五彩缤纷的扎花、贴花和令旗，其上还有一个背插钓竿钓着灯笼而手握金箍棒的纸扎小人儿，想来就是村人说的孙悟空了，可能寓意驱邪纳吉。花花绿绿的纸片纸条中，遍布着照明机关，为龙点睛的，正是一对大灯泡。

龙头将以每户人家的祈愿为身体。听说，在这一天，全村的户主要斋戒沐浴，每户出一块桥板灯，出发前必须漱口洗手洗脸，举行试烛发烛仪式，而后鸣爆扛板出门，在宗祠门前斗板。这样，一条全龙就降临了。

第二次巡鼓的时候，忽然来了一大批摄影家，带来了天南海北的相机。比他们来得更早的是城里的剧团。村中一座破旧的老戏台，正忙着布置灯光音响。场地上却是一片泥泞。

于是，我想到了天气。然而，一位当过村干部的老人自豪地说，自1979年恢复梅烛龙活动以来，其间有九年的此日碰到雨天。雨天也得出灯呀。家家户户都准备好了雨具，可是，当活动开始时，雨竟停了。而活动一结束，马上又下雨了。偶尔如此是巧合，九次这般就是神奇了。老人惊叹不已。

大凡有民俗活动的村庄，都有类似的传说。它为人们膜拜天地、信仰神灵，提供了巨大的精神动力；同时，它也真切地传达出人们祈望天地契合、神人感应的心情。

天色渐暮，我随着那面大鼓出了村庄。鼓队由两个鼓手、一个锣手及其他人等组成，其中有个小伙子挑着担子，一头是火盆，一头是柴篮。他们在村边的一处坪地上停下来，插上一炷红烛，面朝田野，面朝东方，擂鼓击锣。那儿是司王坛旧址，他们还要前往不远处的牛王庙。我想，这应该是参神的仪式，敬请各方的神圣来陪同梅烛龙游园吧？

不过，年轻的鼓手们并不知其所以然。问起来，都一脸茫然，就连村中的老人也讲不清楚。看来，依然活跃于乡间的传统民俗活动，在其传承过程中，已经不知不觉地丢失了许多东西，而逐渐演变为一种更为强调观赏性、娱乐性的民间游戏。这一演变，反映了在社会生活剧烈变化的大背景下，乡村民俗活动发展的大趋势，据此，我以为，我们大可不必对这类民俗活动是否是"封建迷信"存有警戒之心，倒是应该鼓励它们保持原汁原味。那"汁"，是传统文化之汁，那"味"，是来自泥土的气息。清溪赋予梅烛龙以"游园"美称，便是一个耐人寻味的例子。

能够充分体现宗族活动特点的程序，就是在宗祠门前进行的斗板了。不待天黑，就已经有一些桥板灯陆续汇聚在一起。所谓桥板灯，就是在比条凳更长更宽的木板上安装三只花瓶状的灯笼，那灯笼骨架用细竹篾编织而成，裱以棉纸，内置一根蜡烛。一旦点燃，晶莹剔透的灯笼，仿佛饰有点点梅朵。

不知梅烛龙是否因此得名。每块桥板灯的两端凿有插孔，只需楔入木棍，就可与前后的桥板灯连接，而且，也便于自如拐弯。

斗板即为连接成龙，斗板是有讲究的。全村五房十支，以支派排行为序，各个家庭则以长幼为序。先是各家集合在一起，然后按房派排列整齐，最后各个分支依次串联，形成一条灯火长龙。此夜，究竟有多少块桥板灯谁也说不清楚，有说三百多的，也有说多达六百块的。不管怎样，在熙熙攘攘的宗祠前，每个人要准确找到自己该处的位置真不容易。

在一阵阵鞭炮声中，一团团烟雾里，一家家紧紧咬合，一房房牢牢连接，一支支亲密牵手。平凡生活中可能存在的一切芥蒂，在此时此刻都化为乌有，秩序让一个个家族和整个宗族携起手来，凝聚在一起，团结成一支队伍。我注意到，斗板之后，每个人都紧紧地把持着楔入插孔的木棍。那是情感的纽带，也是前进的舵盘。不是吗？

所有的灯笼、所有的眼睛，都在翘盼着龙头的出现。待到龙头与龙身一一相接，气脉相通，这梅烛龙就复活了，就能够腾云驾雾、排山倒海了。

让我意外的是，此时，宗祠里面却是冷清。也许，祖先的神灵早已应邀来到人群之中，正和他们的子孙一道观赏或者翘首等待？

龙头的出现果然气势不凡。它被由远而近的鞭炮声簇拥着，被冲天而起的焰火迎迓着。它吞吐着夜色，在火光中梭巡，在欢声中遨游。巧妙装置在龙头上的大大小小的灯，把它勾勒得轮廓分明却又隐隐约约，威风凛凛却又神秘莫测。也许，正因为如此，这龙头才更有生气和神气。

龙头前面是四盏朝灯引路，龙头的两旁有两人手持钢叉侍卫，还有花炮手和鼓乐手相伴。到得宗祠门前，龙头并不停歇，依然步履匆匆，于是，聚集在这里的桥板灯就要在运动中完成与龙头的连接了。让人惊讶的是，作多路纵队排列的各房支桥板灯，竟在这十分拥挤的场地上，凭着之字形的队列调度，非常自如地拼接起来。就像一条蜷曲成团的巨龙，猛然舒展身体，腾空跃起，呼啸而去。

梅烛龙游向村外。游向黑暗的远处，譬如田野和水圳；游向灯火的前方，譬如邻近的村庄；游向神灵的居所，譬如大庙、真君殿、萧仙宫等一处处殿宇庙坛。在那些地方，早已是灯烛高照。

疾行的龙让我等追撵不上，只好回到村中等候了。听说，此夜，它将三次在宗祠前经过，来回都得环绕池塘一圈，再另路出村。路线是规定的，所以，问起来，人人都可做我们的向导。

梅烛龙出巡去了，村中暂时安静下来。硝烟散尽，宗祠前的四盏红灯笼投映在池塘中，仿佛洗涤着自己。我们守候着梅烛龙回村，村人却悄悄地做好了迎接的准备。

又是鞭炮大作。又是焰火窜空。回村的梅烛龙依然是一路疾行，穿村而去。留下漫空的火树银花，带走遍地的祈祷祝福。

这一去，时间就长了。

梅烛龙无疑表达着风调雨顺、人丁兴旺的祈愿，而将这些祈愿紧紧联系在一起的，却是强烈的宗族意识。但是，没想到，这一宗族活动竟始终有此地的义门十八陈参与。我从村人提供的介绍材料中得知，从前，进大庙上香敬神之后，李氏梅烛龙会迎来邻近义门十八陈的四十八条龙灯，群龙相会在共同的心愿中；当梅烛龙沿古道出村逶迤而去、一路经过庙坛殿宇时，又可遇义门十八陈主事者恭候途中，齐声赞颂恭喜发财。

江州义门陈，曾以累世义聚不分家，"萃居三千口人间第一，合爨四百年天下无双"的奇迹，创造了聚族而居最极端的例子，被宋代统治阶级用旌表"义门"的方式树为社会的样板。此地十八陈源自江州义门，隍城李氏口口声声称之为"义门陈"，言辞之间，充满敬意。我想，这不是一般的睦邻友好关系所能解释的，他们大概以与义门十八陈结邻为荣吧？

这番尊崇，这番向往，恰好从另一个侧面证明，梅烛龙这一民俗活动形式，始终寄寓着凝聚族人、和睦相亲的拳拳之心。

披着沉沉夜色回来的梅烛龙，再次穿村而过。那些焰火、那些鞭炮意犹未尽，那些大步流星的桥板灯却是有些累了。大概是为了给它们鼓劲吧，这时村中鞭炮声此起彼伏，一刻不曾停歇。

我紧随着队伍。我想看看经过近三小时的游灯后，这条灯火长龙将去往何方。听说，待到龙头接近村边的社公庙，闻得一声号炮，人们便会迅速拆开桥板灯，各自争相竞跑。其中的说法是，先跑回家的先发财，后到家的财神催。此时，家家户户燃放鞭炮迎接，压阵的鼓手把那面神鼓擂得震天响。然后，全村开斋大宴宾客，吃个酒醉饭饱，就该去看戏了。

眼看龙头已抵达我傍晚时曾到过的司王坛旧址，我听得有人从后面一路追上前去，要求人们听号炮再拆板。可是，他这一督促却起了反作用，龙尾巴上有人擅自拆板了。呼啦啦，像传染似的，从尾巴开始，队伍一截截解散了。一时间，人散灯乱，乱中听鼓，鼓声也乱。这会儿，龙头还没有到达规定地点呢。

人们都想首先富起来吧。但是，且慢，扛着桥板灯的人们紧跑一阵，又放慢了脚步，显得不急不慌的。也是，何必着急呢，即使晚回家又如何，让财神催着岂不更得意？

回村时见戏台那儿灯火通明的，心想，今夜人们果真就坐在泥泞中看戏吗？

得胜之鼓

如今的石岗镇是不甚起眼了，可是，在二十世纪曾经一度声名显赫，它几乎成了南昌的卫星城，三线工厂纷纷搬迁落户于斯，学校也纷纷转移定居于斯。那是为了战备的需要，一旦和美帝、苏修打起来，不得已可以从那儿重上井冈山。我年轻时就听说石岗，当年有下乡插队的同学被推荐去读中专，校址正是那儿。

去年八月底，我造访古村途经石岗，得知那里还是一个出银匠的地方，凭着祖传的手艺，石岗籍的银匠师傅走遍天下。也是一时兴起，我竟建议道：利用已废弃的厂房、校舍，建一座银器博物馆如何？

镇里的干部点头称是。接着，又向我绘声绘色地介绍了石岗正月里的民俗事相。他们用语言为我建造了一座民俗博物馆。他们的馆藏是鞭炮声震耳欲聋的狂欢之夜，是板凳龙逶迤游走的灯火大地，是被鼓声摇撼的漫天星斗……是的，在他们的描述中，最为动人的就是人们竞相擂鼓的场面了。所以，我一直在想象着那个场面，并期待着走进那个场面。

真正走进它的那天是正月二十，在石岗街对岸的锦南村。正月二十是一个让人疑惑的日子，一般来说，乡村正月里的民俗活动过了元宵节也就结束了，可是，锦南村却不然，锦南村在这天举行盛大的龙灯庙会。为什么呢？传说男丁被抓去修长城了，迟迟不能回家过年，许多村子都在等着盼着，直到全村家家团圆才开始玩龙灯，于是，一片片村庄便有了不同的喜庆之日，比如，石岗街是在正月十三游板凳龙。虽然，传说当真不得，不过，传说倒是让古朴的民俗变得更为厚重了。

鼓声大约是团圆的欢笑。不待天断黑，锦南村外便传来咚咚的鼓声。鼓声来自锦河的圩堤下面，来自灯火通明的戏台旁边，来自近年重建的土谷祠里。关于这座庙宇，村人叫法并不一致，有称观音庙的，也有称陈吴庙的。入内才明白，这座庙宇有前后两个神殿，前殿供奉着土谷祠众神的牌位和神像，主祀的是鄱官大王和清源真君，后殿正是观音殿。至于村人如何称之为陈吴庙，可能因为当地陈、吴等姓把土谷祠众神及观音娘娘当作了自己的村坊神吧？

土谷祠前殿的墙上嵌有一块石碑，记载着它的来历。说的是，原先这里没有庙宇，村人平时祈祷和元宵节请神、送神要涉水过河到远处的拿湖庙去敬香求神，虽然河窄水浅，终有不便，于是，便与拿湖庙分神立庙。乾隆皇帝巡游江南时曾路过此地，进庙一看，顿时龙颜大悦，敕命其为"敕建土谷祠"。这座庙宇也就成了此地六保七姓共同信奉的神圣所在。

庙内庙外的对联都是藏头联。什么"土沃千里绿，谷丰万民欢""土育壮苗翻绿浪，谷收黄金醉春秋""土也者植物悠赖也，谷兮焉黎民本食焉"，如此等等。庙中主祀的鄱官大王和陪祀的土地神当然都与"土谷"有关，它们是先民通过想象创造出来的自然神，借以寄托自己对五谷丰登、人畜平安的祈望，这也是人们抚慰自我、实现心理平衡的最好方式。

在民间传说里，鄱官大王本是一个名叫"鄱官"的农夫，他心地善良，老实巴交，农家活样样在行。有一年，庄稼遭受蝗虫侵害，鄱官急了，手拿竹梢帚拼命地在田地里扑打蝗虫，蝗群飞逃到了山里，落在树上就吃叶子，没几天工夫，又把大片的树林祸害得只剩秃枝。鄱官又上山追打，蝗虫一窝蜂地飞进山洞躲藏起来。鄱官拣来干柴杂草堆在洞口处，撒上辣椒粉，然后，点着火摇动风车，浓烟直往洞里灌，蝗虫被熏得四下乱窜。鄱官忍不住冲进洞中扑打，岂料，浓烟呛得他喘不过气来，最后竟被闷死了。治了虫害，那年百姓依然获得好收成，为了感谢鄱官为民除害，农历六月初六吃新节那天，家家户户都端出香喷喷的白米饭，炒几道好菜，又烧纸钱、放爆竹，磕头敬他。恰巧，天上的姜太公下凡巡察路过，得知鄱官为民除害而丧命，不禁自叹弗如，因为，他自己作为管米谷的大神竟没能管住虫害。羞愧之余，他封鄱官为"虫神"，并决定农历六月初六为"鄱官"日，或称"鄱官节"。鄱官被封为虫神后，他四处奔走，为民除害。每年一到这天，他借助太阳神的威力，镇妖除邪杀虫，天下百姓都知道鄱官专治虫害，再也不担忧了。每年的六月初六，百姓则要把家里的东西搬出来晒，逐渐形成了民间习俗，相传至今。

而土地神则是民间供奉最普遍、知名度最高的神祇之一。尽管它的地位不高，其职能却广泛而又非常具体，既可保佑五谷丰登、六畜兴旺，也可保佑人丁平安、香火绵延，同时，兼具了魁星、财神、行业神的神能，甚至，它还可以充当红娘，或扮演安抚亡灵的角色。可见，土地神的神能与人们的生活起居息息相关，它是人们日常生活的保护神。

在生产力水平低下的条件下，世代以耕作为本的先民，真正是靠天吃饭。这个天，也许是风调雨顺，也许是灾荒饥馑，大自然的暴戾无常愈加反衬出人的渺小和脆弱。我曾在一座老房子的檐头上看到这么两句诗："一世英雄到白头，无伤害虫蝗鼠起。"英雄无奈小虫的感伤，非常传神地道破了人们无法把握自己生活命运的悲凉心境。如果说，丰富驳杂的民间信仰，体现了相信万物有灵的先民面对灾害时惶恐无措的窘态，更多地反映出他们祈望通过祷告、祈求的通融方式来驱邪消灾的心情的话，那么，在那个关于鄱官的传说里，我们也看到了先民企图控制强大自然力的主观努力，或者说，它在真诚地呼唤着一种能够庇佑自己的力量。

人们礼拜神明，为的就是保佑自身，非常实际的功利考虑支使着他们，见菩萨就磕头，见庙便烧香。因此，在人们的信仰世界里，形形色色的神灵分工也不甚明晰了，许多神灵都成了万能之神，人们把一切祈愿都委托给了它们。比如，在这里与鄱官大王们一道受用着香火的清源真君，既是入水斩蛟的水神，又是生殖崇拜之神，也是百戏艺人崇拜的行业神。

大概正是因为有清源真君和观音娘娘入主，如今的土谷祠对于人们来说，更重要的意义应是求子添丁。所以，在这个夜晚，我眼前尽是人丁兴旺的景象。

大大小小的男孩，三五成群地来到庙里，他们围着一面大鼓，轮番上阵，比试身手；锣鼓声中，只见一对对年轻的夫妻进入后殿，敬香叩拜于观音神像之前。

悬挂在前殿的两只大灯笼上，也是人头攒动，那灯笼以竹篾为骨架纸糊而成，红红绿绿的，上面画着一组组练武习艺的小人，他们或舞刀弄枪，或踢腿行拳。画笔虽然只作粗粗勾勒，稚拙得很；一个个形象却是姿势生动，憨态可掬。这是一幅百子图，寄寓着多子多福的传统思想，也洋溢着尚武精神；而表现尚武精神的民俗活动乃至装饰艺术，在以耕读为本的江西乡村是比较少见的。绘画中的百子题材倒是源远流长，是民间喜好的吉祥图案，俗传周文王百子，皆聪慧有才识，后人画作《百子图》以象征文王治世祥瑞，民间则以此题材表达麒麟送子、瓜瓞绵绵的祈愿。我断定，灯笼上的百子，无疑是《百子图》的一种摹写。

对人丁兴旺的祈求和感恩，还靠着前殿墙壁摆放了一堆。我发现它们时，很是新奇。像是一只只风筝，又似人形，确切地说，更似妇人微微隆起的肚腹。也是以竹篾为骨架，花纸为底，上面粘贴着三行小人，其间点缀着一些贴花。每行四五个小人并排站立，作拱手作揖状。这些小人的脑袋是面捏的，身体却是纸扎的，作揖的动作通过衣袖的处理显得很是传神，形象也因此富有立体感。经再三打听，才知道这叫捏面架，是添丁户为还愿敬献神灵的供品。捏面架上额分别写着"百子图""福寿图""状元图"等字样。

随后，我看到的是活生生的百子图。

鼓声越来越热闹了，鞭炮声越来越近了，夜空不时有团团簇簇的烟花绽放，一支支龙灯队伍出现在这个送神之夜。听说，来自附近村庄的龙，共有十一条。它们是陆续抵达土谷祠的，除了提头灯、敲锣打鼓的为成年男子，举着一节节龙灯或一只只牌灯的，尽是小伙子或半大男孩。

龙灯队伍进入土谷祠，经过前殿，从后殿神台背面穿出，回到前殿时稍作停留，由头人焚香叩拜。之后，队伍出门，在庙旁新建的戏台前集结。每支队伍所举的牌灯上面都标明了各自的姓氏和村名，有唐、陈、吴、熊等姓，以唐姓为多。大大的姓氏两侧，还写有"风调雨顺，国泰民安"之类的祝福文字；有一只牌灯上写的却是"自己动手，丰衣足食"，久违了的语言，令人忍俊不禁。

等十余支队伍到齐，游龙灯的活动就开始了。群龙将前往土谷祠众神庇佑下的每座村庄，依次围着那些村盘绕行一周，然后，再回到出发地表演一番。在等待龙灯回来的时间里，人们可以观看县剧团的文艺演出。听说，锦南段的圩堤下，建有三座戏台，今夜都是灯火通明，不过，另两座戏台上演的是地方戏，吸引的是曾当过公社社员的人们，这里却是为年轻人喜欢的歌舞节目。坪地上、圩堤上挤满了男孩、女孩，许多脸甚至贴在了戏台的台沿上。密密匝匝的脸，让我联想到捏面架上的那些面捏的小人头。

此夜，家家户户都要在土谷祠门前燃放烟花、鞭炮，仿佛比拼一般，一家赛过一家，那烟花大的如茶几，那鞭炮大的如圆桌桌面。因此，这时的演出，是在隆隆雷鸣中进行的，是在滚滚硝烟中进行的，堪称天底下最勇敢、最忘乎所以的演出。居然有一把二胡也敢登台，长时间地为炮声、鼓声伴奏。也许，二胡知道自己是微弱的，但它必须忠于职守。

我在土谷祠中的那面大鼓边逗留了许久。那种长长的大鼓，我头年在丰城的清溪村见识过，鼓身是用一截樟树主干镂空制成。让我好奇的，是簇拥在鼓声中的壮汉和男孩，是那些跃跃欲试的表情。在这里，没有固定的鼓手和锣手，人人都可以接过家什，敲打一番。有的发着狠劲，一阵乱拳；有的仿佛学徒，鼓声中似有羞涩；有的则是高手了，铿锵的鼓点却蕴有丰富变化，跌宕起伏的，滚滚雷声中依稀有车辚辚、马萧萧。无论技艺如何，鼓声总是庄严的。鼓声和游走于田野上的龙灯，应是向苍天和大地展示人间的百子图吧，以求得风调雨顺的年成？

在我看来，当晚最好的鼓手就是那个叫金义发的中年男子了。可是，他谦虚地声称自己算不上，在这里比他强的鼓手很多。话虽这么说，但看到我翘起的大拇指后，他嘟哝着抱怨了锣手一句，接着，又很投入地抡了起来。

我相信这里遍地鼓手。因为，每一条龙的后面都跟着一副锣鼓，我发现其中有好几面鼓都被擂破了。

这是催春的锣鼓。经历了这个夜晚，土地就会醒来。隆隆鼓声中，一路有腾空而起的烟花伴随的龙灯队伍，回到了土谷祠门前。戏台上的演出停了下来，把时间交给了更为热烈的鞭炮。地上是金蛇狂舞，夜空是火树银花，时间被浓烟呛得停滞了。

最后的龙灯表演却是简单，龙们各自扭摆了一阵，猛然间散去。只有一条龙没有走，它横卧在土谷祠门前的池塘边。

听说，从前在龙灯散去的这一刻，现场乃至周围的世界会出奇地寂静，人不语，犬不吠，流水无声，每个村庄都屏声敛息，静得庄严而神秘。而如今，鼓声依旧，龙灯依旧，神圣的寂静却是不再了。

就连池塘边的那条龙，也得陪着人们通宵达旦地看演出呢。

水边的萧姓

惊奇地发现赣江边多有以打鱼为生的萧姓村庄，忽然联想到京剧《打渔杀家》里的主人公萧恩及其女儿萧桂英，虽然萧恩乃梁山英雄阮小七招安后所易名，但选择这个姓氏应该不是无缘无故的巧合。要知道，萧姓还出了一位水神呢。

那位水神就出自赣江边，叫萧公，明永乐年间被诏封为水府灵通广济显应英佑侯，"大著威灵于九江八河五湖四海之上"，萧公崇拜逐渐发展成为从官方到民间普遍祭祀的神祇，"凡通都巨镇，省会京师，仕宦商贾，舟车往来之区，莫不立庙以专祀侯"。

镇守在于都寒信峡的水府老爷，不叫萧公，而叫温公和金公；坐落在梅江中段的寒信村，却恰好是萧姓村庄。

寒信村每年农历七月二十四举行盛大的水府庙会。我起了个大早，从县城赶到那里时才七点钟，然而，江边为大榕树所覆盖的道路，已是人声鼎沸。道路的前方鞭炮大作。前方就是水府庙，与之相邻的是萧寿六公祠和萧玉新公祠。

梅江应是赣江源头之一。梅江通过一道山峡奔涌而来，在水府庙前产生回流，又向山峡流去，扼守峡口的将军山与旗形山兀然而立，呈狮象把关之像，无疑这里就是村庄的水口了。比邻而建的水府庙与两座祠堂并非整齐排列，而是渐次突出，参差错落。听说，萧氏两房兄弟曾为一块风水上佳的葬地作出约定：谁先作古，那块地就属于谁。岂料，为了后世的发达，为兄的等不得寿终正寝，竟自杀身死，从而为子孙谋得了风水宝地，其弟无奈且不甘，终于横生一计，建萧玉新公祠时比寿六公祠突出一截，以抢占风水。看来好运是从对岸层层叠叠的青山上来的，是从江上登船靠岸的。

人们在水府庙前燃烛放炮，杀鸡宰鸭。宰杀前后，手提鸡鸭的男女老少都要对着水府庙再三叩拜。然后，把鸡鸭放在祠堂门前备好的热水里泡一泡，褪了毛，一个个蹲在古码头上或在船上清洗起来。地上，红烛如林，禽血横流；水里，一团团红色洇散开来，汇流而去。

只有少数信众会进入水府庙敬香，大多数人是在庙门口完成祭祀仪式的。也许，因为这座庙太小了，来的人太多了。以祭神仪式为纽带，这一天成了周边同宗萧氏团圆的节日，四乡八邻以及在外工作的萧氏族人齐聚寒信，到了上午九点钟以后，人们将齐聚在萧氏祠堂里的八仙桌上。

把人心凝聚在一起的，正是温公菩萨和金公菩萨。传说该村萧氏开基祖寿六公某日在寒信潭里捕鱼，见一黑脸大眼的木制菩萨漂浮水上，他屡次用竹篙拨开，却再三被水冲到船边，仿佛天意。于是，他捞起菩萨，在自己居住的房屋旁建了一座简陋的小庙供奉，并依菩萨身上的字迹称其为温公菩萨。不久后的农历七月二十四，寿六公又在捞得温公菩萨的地方，捞得一尊全身泛着金光、脸朝上的小菩萨，因它身上没有字迹，便取泛金之象命名为金公菩萨。寒信人将这两尊菩萨泛称为"水府老爷"，并定下水府庙会日，相沿成习。

水府老爷显灵的故事举不胜举。有一则说，在于都的横石埠渡口，有两个男人过渡后对渡工说：我们没有带钱，你可在七月二十四日到寒信峡来收，人们还会请你吃宴席、看大戏，我们一个姓温一个姓金。后来，渡工果然来收钱了，那天寒信村真的是人来客往，热闹非凡，然而，问遍全村也没有温、金二姓人家，只打听到水府庙有温公、金公。进庙一看，菩萨们的面容神韵与那两位过渡客无异，撩起菩萨的衣袍再看，下面放着几枚铜钱，正是过渡该付的数额。渡工当即虔诚叩拜，祈求神灵保佑。此后几百年间，直到二十世纪五十年代初期，横石埠渡工年年此日来寒信收水钱，而那个渡口也从来不曾淹死人。

由这则传说亦可证明，水府老爷正是当地百姓敬仰的水神。庙门两边便有对联赞颂它们保佑舟楫平安的功德："水源古峡来舟楫频繁十里险滩赖护佑，府庙前朝建神灵显赫八方信众沐恩道。"水府庙主祀温公、金公，附祀赖公、杨公、龚公等神像。

在寒信村，一年到头，以祭祀水府老爷为内容的民俗活动频频举行。每年正月初一，人们要抬着水府老爷出行，把吉祥带给家家户户。初一子时开始，由十六位青年男子抬着温金二位菩萨出庙，沿着寒信峡的沿河岸游遍村庄。年轻人争先恐后地抢着抬菩萨，视之为大吉，没有抬上的就跟在后面敲锣打鼓放鞭炮，整个寒信峡热闹非凡；正月初十，寒信村由德高望重的"十老子"出资，在祠堂里举行襄灯仪式。"十老子"，即十位七十岁以上、夫妻健在、儿孙满堂、经济条件好的老者。所谓襄灯，则是宗族在祠堂里举行的喜庆添丁仪式，十老子负责请剧团演戏、请灯彩队伍舞灯、安排酒菜，凡是头年的添丁户都会送果子和菜肴到祠堂。与人们同宴乐的除了祖灵外，自然少不了水府老爷。在寒信萧氏开基祖寿六公的祠堂里，设有温公、金公菩萨灵位，可见这两位水府老爷与萧氏开基祖缘分匪浅；元宵节前后的某个吉日，寒信村要举行别具一格的送船仪式。这天，由十老子的晚辈打扮成文官、武将、差役等角色，带上"刑具""印章"、签筒和龙头凤尾的小纸船，敲锣打鼓地去各家收"种子"。所谓"种子",竟是邪气,人们可以把头年遇到的一切不幸不祥迁怒于某种植物,在此日用纸把这种植物的种子包起来,做成蓄意纸包,将它放入纸船,让送船队伍带走,由文官武将们押送到水府庙里。到了半夜,举行送船仪式,队伍依次是;一人手持火钳开路,一人洒水,一人用红绳牵着一只鸭子,接着是装有种子的纸船、道士、抬菩萨的队伍以及乐队。到了河边,道士带着纸船登上木船,一同上船的还有牵鸭子者。纸船被送到河中央,点燃香烛后入水任其漂流,并放走鸭子,这意味着所有的邪气都已经顺水流逝;农历五月初六是温公生日,人们要到庙中祭拜,请道士为温公做香火,而五月初七、初八则要举行朝仙活动。先是在初七日吹吹打打将水府庙里的所有菩萨送到高山上的水灵寺里去做香火,第二天再把菩萨接回来在田野上巡游,祈求五谷丰登、六畜兴旺。整个寒信峡家家户户门口放着神饭、三牲和供果,点香燃烛放鞭炮,迎送祭拜。田野巡游之后,巡游队伍将菩萨抬到一个叫铜锣坪的地方"下营",分别在东南西北中五个方位各插一面旗,水府老爷分别到五个方位上"坐诊",通过"准告"的办法接受关于预卜人丁、年成、牲畜的咨询。若有不如意事项,人们就得给菩萨点香燃烛烧纸钱,祈求菩萨保佑。五个方位咨询、祈求之后,再把插在各处的旗放在一起继续坐诊,然后各自卷旗回各方,此时旗只能卷着不得打开。

最为壮观的就是七月二十四的水府庙会日了。自清明时节起,村人便选出理事会开始筹备,人们把活动的总管称作"总理"。这时要召开缘首会议,发放缘簿,深入民间写缘。五月初七汇集缘簿、汇集资金,汇集有关情况,制庙会日的活动方案。据说,每年都能收到四五万元现金。到了七月二十一日,庙会拉开帷幕,信士们奉戏、奉电影在庙里和墟上演出、放映。温公、金公二位当然也要被请去看戏,它们要到二十三日下午才回庙做香火。二十四日一大早,菩萨们就在尽情受用着人们虔诚的香火,到了半上午的十点钟,则要去"练营""下营"。练营是训练的意思,下营指的是在萧氏祖坟山所在的铜锣湾驻扎下来，与萧氏的祖灵会晤叙旧。也是，萧氏开基祖与温公、金公情缘天定，寒信村世世代代得二位庇佑，每年找个机会让神明和祖灵坐在一起畅谈一番，也是人之常情。

约摸九点钟，流水席就在萧寿六公祠和萧玉新公祠里早早开席了。在阵阵鞭炮声中开怀畅饮，饮的正是手足之情、同宗之谊。在这两座可同时摆上七十桌的祠堂里，这一餐要翻三四回台，那就是二三百桌了。"家家扶得醉人归"，清醒着的大概只有那些菩萨了。

练营、下营的仪式准时进行。先后被人们从庙中请出的菩萨依次是温公、金公和赖公，还有康公元帅的神位。这和我从文字材料上看到的情况有异，并非所有的神明都参加。等到三尊菩萨在庙前坪地上聚齐了，又是一阵热烈的鞭炮，它们端坐在四人抬的木轿上，在人们的簇拥下去往村后的祖坟山。

下营时，赖公居中，温公、金公分列左右，前面置一张方桌作供桌，设"得道康公元帅"神位并摆放着供品。不时也有信士来此敬奉香火的。不过，相对水府庙前，这里很是清净。也许，更多的信众愿意让神明与祖灵好好地共叙友好吧？毕竟，一年只此一回，到了下午三点钟，神明还要去看戏呢。

神明应是戏迷。它们要在坐落于农贸市场里的戏场上，没日没夜地看到二十七日下午方兴尽回府。戏是信士们献给神明的还愿戏，每场六百六十元，二十四日全天的剧目有《凡事由天》《巧配姻缘》、歌舞和《加寿图》。戏台两侧的对联恰好道出了庙会日盛况的真谛："峡水滔滔在传颂温金神灵八方显应救苦难，鼓乐悠悠是迎接你我宾朋四面会聚呈吉祥。"

我搜索资料得知，南方多有水府庙或萧公庙，其中邵阳水府庙大殿祀奉的水府神，为铁铸神像，高丈许，外涂以金，该位尊神正是英佑侯萧公。寒信的温公、金公别是萧公们吧？要知道，老百姓只管保佑自身，并不在意神灵的来路和出身，张冠李戴、移花接木等情形比比皆是。寒信的族姓、庙名及水神的神迹，都让我相信，此处或为萧公崇拜的变异。

水边的萧姓，祈望着邪气顺水飘逝，飘逝在水天尽头、大海彼岸……这也是于都以及更多地方，萧姓以及更多族姓共同的祈愿吧？只是那些从前以打鱼为生的萧姓村庄，很少有打鱼的了，再说，鱼也很难打得到了。

很漾的节日，很黑的半夜

多年前，我就听说了石城山乡的过漾。对这个"漾"字，我并不陌生，在距石城三四百公里远的地方，一个属于我的童年小镇，每年中秋节过后的农历八月二十日要举行为期三天的漾会，这是民间的叫法，官方称物资交流会，交流的是布匹、百货、农具、种子、耕牛以及各种土特产。所谓"漾"，当地方言是人多的意思，比如形容大街上人多，便称"街上蛮漾"。人名多有叫"漾财""漾生"之类的，图的也是满溢、富足之意。漾会和过漾，其实都是庙会，只不过在那个交通便利的小镇，漾会早已剔除了信仰的内容，而演变成为新中国成立以后延续三十多年、一年一度的县际大型商贸活动。

上柏的过漾令我兴致勃勃，却是年年失之交臂。因为石城岩岭上柏村的过漾日是农历五月十三，此时农闲着，而对于我等，正值琐事缠身的年中。我之所以对它好奇，原因在于我把过漾想象为乡村情人节了。据说，在很山很山的山里，在很漾很漾的节日，在很黑很黑的半夜，对上眼的青年男女，可以悄悄离开古老的祠堂、离开戏台上的剧情，去往莲田边或树林里，执导自己的爱情故事。对此，即便在婚姻不自由的万恶旧社会，男女双方家庭也不会棒打鸳鸯。因为，在封建思想严重的乡村，男女有防，平时难得相见，唯过漾时候可以百无禁忌，此时，长辈又多在准备祭祀、准备待客，青年男女颇可以趁此机会私相约会或成就好事；何况，人们认为过漾日定下的姻缘，就是关帝赐给的美满婚姻，有情人为了沾关老爷的福，还要选择在这一天成为眷属呢。汉族人何曾如此浪漫？

连续几年错过此日，无奈，我不得不通过石城朋友拍摄的视频来感受上柏的过漾。非常细致的拍摄，从头到尾记录了过漾的全过程，下载这些视频得用两三个小时。

坐落石城北部山区的上柏村，与福建宁化交界，全村人口三百多，村盘三五成群地散布永宁桥边的山坳里。永宁桥扼守着上柏的水口，它始建于清乾隆三年（1738 年），同治五年（1866 年）于桥上增建亭阁。这是一座建筑风格独特的楼阁式廊桥，桥基全部由麻条石砌成，单孔结构，横跨溪流，全长约三十三米，桥面宽五米余，桥拱跨度达十米多。桥上加廊，廊阁分为十二间，为单层桥廊，有倒板彩绘。中部两间为两层亭阁并曾建有寺庙，庙内供奉三国时代的关羽神像。亭阁两边逐级降低，呈对称状态。廊桥两侧专门设有靠背栏栅木凳，供行人憩息倚坐，廊顶盖有特制青瓦，以遮风挡雨。整座廊桥与桥身珠联璧合，浑然一体，坚实牢固，古朴大方。

永宁桥西端的武圣庙，正是过漾请神仪式的发生地，自然，也是过漾活动的起点。武圣庙的神龛中央摆放着红脸关公的坐姿塑像，两个副将站立其左右，周仓奉刀，关平托印。此庙还附祀许真君与观音菩萨。庙中有柱联道："大义在春秋慷慨一言成骨肉，丹心悬日月艰难百战识君臣。"另一联称："偃月宝刀斩妖除怪人民受福，镇武演法搜邪捕精保卫和平。"关公原为三国时期蜀国名将关羽，宋以后他忠义勇武的精神被朝廷渲染利用，历代皇帝多有加封，至明万历年间更是被封为"三界伏魔大帝神威远镇天尊关圣帝君"，佛道两家也竞相罗致关羽为本门神祇，明清时关羽被列为国家祀典，以"三国演义"为题材的话本、戏曲、小说把关羽写成"义薄云天"的神人，凡此种种，使得红脸关公成为家喻户晓的万世人杰，成为中国老百姓最喜爱的神明之一。民间对关圣帝君顶礼膜拜，不仅表现为普遍建庙祀奉，不仅表现为对关公故事的津津乐道，对它的形象的喜闻乐见，还表现为笃信它的神威，凡司命禄、佑选举、治病除灾、驱邪避恶、诛伐叛逆、巡察冥司等等职能，都交给它了，甚至将其作为保护商贾的武财神。当关圣帝君成为一个地域、一座村庄的福主时，它更是有求必应、无所不能的灵神。

关公成了护佑上柏的福主。上柏为熊姓村庄，据说其先祖于北宋初期为逃避战乱南迁至此。遥想当年，置身于万山重叠、交通闭塞、陌生而孤独的生存环境，面对因天灾人祸、虫媒猖獗、瘴疠流行而随时带来的生命凶险，这"丹心悬日月""大义在春秋"的关公，无疑就是这方土地的保护神、就是上柏人最可靠的心灵慰藉了。当得知有古驿道经此去福建后，我想，关公崇拜所体现的那个"义"字，其实也是上柏人联络异姓的介绍信、沟通四方的通行证。因为，历史上民间格外崇拜关帝，本身就反映出在社会生活变化的背景下，随着经商活动的日趋频繁，人们对"义"的崇尚和追求。

过漾日为五月十三日，因为这天是关公过五关斩六将的日子，也是关公的生日。当天早饭后，便有村人在武圣庙等候着八仙的到来，八仙是由乡村戏班的演员扮演的，神龛前的供案上燃着几支红烛，三台神轿已经摆放在庙堂中央。过海的八仙在吹打班子的引领下，从永宁桥东端脚踏实地一步步走过来。他们一进庙，便在神像前分列两行，鞭炮声中，随着一声吆喝，一起躬身行叩拜礼。接着，便是"打八仙"的仪式。所谓"打八仙"，不过是双双出列手持道具对着神像、前方和彼此各躬身一拜，末了，另有两个角色念《封王拜相》奏词，如此而已。八仙的身份可凭着各自有别的道具来判断，如铁拐李的拐杖、汉钟离的芭蕉扇、张果老的鞭子、蓝采和的花篮、何仙姑的莲花、吕洞宾的长剑、韩湘子的笛子、曹国舅的玉笏。我从以前的资料上看到，此时应该还有一位身着长袍、头戴官帽的封王臣，然而，此次仅见八仙。过漾的请神仪式很是简单，参与的人员也不多，八仙们的亮相表演比较随意。

人们将关公及关平、周仓逐一搬出神龛，请入轿中，然后由一长者用清水为其洗脸擦身。出巡时，万民伞在前，依次是周仓神轿、关公神轿、关平神轿、吹打班子和八仙，殿后的是举着各色三角旗的一群男孩女孩，总共有十来个吧。出巡队伍出门一拐弯，由永宁桥过河，去了溪河对面的水口处拜社公。参拜社公时，三尊神像面朝社公摆放，关公居中，人们焚香、点烛、放爆竹，八仙喝彩："八仙下山来，鲜花满地开，福山对福海，福寿万万年。"然后，八仙对着社公行叩拜礼。

不知是否接受邀约，出巡的队伍折返时竟冲着一栋装修尚未全部完成的新楼去了，三抬神轿直接进了人家的厅堂。每到一处，神像面朝大门进厅堂，出门又面朝前方。菩萨去新房坐案，让我联想到春节期间在邻县宁都乡村看到的抬菩萨游村的队伍。那支队伍专为去年所建的新房驱邪祈福，端坐于神轿上的菩萨是"汉公""汉婆"以及汉高祖麾下的几位将军。在上柏，出巡的关公也为新房驱邪祈福来了，其仪式与在武圣庙里的"打八仙"完全相同。整栋三层的新楼有好几家住户，关公光临的只有两家。

关公接着要前往上柏村内十三座熊氏古祠。依然是厅堂上方摆放好神轿，八仙们捉对行叩拜礼，最后由两个角色念《封王拜相》奏词。其间，人们纷纷上前上供敬香。听说关公老爷依次巡游的路线是外屋、里屋、红井、东风、长城、石灰头等村小组，最后抬回熊氏总祠供奉。所经之处，家家户户燃香、点烛、放鞭炮迎送。

临近中午，各家各户开始设酒宴，款待来自各方的亲朋好友。客人一拨未离，一拨又至，流水宴席直至夜晚方罢，其中午宴最为热闹、丰盛。据当地人称，过漾当天，普通人家待客五六十人，多者二三百人，过去以亲戚为主，现在朋友比例渐大。此日，户户酒肉飘香，高朋满座，主人不亦乐乎。

即便路人经过，也会受到热情接待，受邀者一定要入座，否则会让主人觉得没面子。客人来得越多，酒喝得越多，主人越光彩、越高兴。

午宴尚未结束，熊氏总祠那边铁铳、爆竹轰鸣，锣鼓喧天，戏班子要开始演大戏了。古旧的祠堂分上下两厅，中间一天井相隔，上厅设熊氏先祖神位，下厅搭有戏台。此时，为出巡一路颠簸的关公、周仓和关平，与熊氏的祖灵一道，端坐在上厅等着看戏呢。演出的剧目有《桃园结义》《刘备招亲》《玉堂春》《狸猫换太子》等。过漾这一天及其前后，要在熊氏总祠安排演戏三天，下午、晚上各一场，过漾日最为隆重。演员有本村人，也有邻村人以及来自宁都县的，是戏曲爱好者组合而成戏班子，戏价每日两千两百元，戏款由家家户户自愿摊出。十四日戏演毕，将神像送回庙中，活动结束。

听说，上柏的过漾打明代起就有了，连"文革"期间也未曾中断，只是在三年困难时期停了两年。每年二三月间，上柏村还要在武圣庙组织打醮活动，时间多为三天。其时，请道士十人许，诵经念咒、坐坛做法，以祈消灾得福。据武圣庙张榜公示，2014年春间打醮，善信助款收入九千一百余元，道士工资为每人每天一百六十元，支后节余千元。资款多为村中每户人家三五十元零散募得。

过漾，在石城更多的地方叫菩萨出巡、案期日、出神日、漾会等。叫过漾的只有岩岭，相邻的福建宁化县也叫过漾。全县各地主祀的福主菩萨不同，有关公、七郎案神、华光菩萨、汉王神、后稷菩萨、许真君等。菩萨不同，庙会日也就有所区别，从正月到年底，一年四季都有神明游走在人们祈福的视野里。庙会日也是有短有长，短的一二天，长则数月之久。抬着福主菩萨出巡，前往各座祠堂或村中各户去坐案，其原始动机是让神明巡察民生福禄及灾祸疾苦，奏与天庭玉帝及各路神明，降福禄于村人，保佑全村风调雨顺，五谷丰登，丁财兴旺，百业昌盛。如有灾祸，则举剑斩除，保佑村人吉祥安泰，招财进宝。同时，也让福主菩萨在巡察时品尝人间烟火，享用美味佳肴，与民同饮同乐。

我曾在农历五月初七走进坐落在石城县城的东岳庙和城隍庙。比邻的两座庙里，其神席上的供品还没来得及收拾，城隍庙的内墙上，仍贴着日前游神活动的安排。我索性把出巡队伍的顺序抄下来了，东岳大帝、城隍福主出巡的盛况可见一斑——

鞭炮，彩带引路，大圆灯笼，西皮锣鼓，"时和岁""民富国强"横幅，庙旗，直锦联，彩旗，管弦乐队，客家文化横幅，雄鸡报晓古史，仙女散花古史，观音送子古史，腰鼓队，秧歌队，长龙队，文艺乐队，打连枪，蚌壳，西皮锣鼓，神席，花船，腰锣，长喇叭，回避肃静牌，执事，吊炉香盘，小乐队，印箱，城隍神像（左右扇），百叶伞，东岳神像（左右扇），百叶伞。

这些文字是一支浩浩荡荡的队伍，穿行在我对庙会的记忆之中，穿行在我对石城文人所描述的往年上柏过漾的想象之中。相形之下，今年可够不上浩浩荡荡哟！虽然，仍有"家家扶得醉人归"的意境，然而，请神、迎神、坐案甚至看戏时，人数已简化，程序已简化，道具已简化，甚至连表情也简化了……许多民俗事相在恢复、在蔓延，与此同时，许多民俗事相却被抽空了精神性内容！这是怎样的悖论？

人神同宴乐。人倒是醉了，神呢？很漾的节日，怕是不会有很黑的半夜，以及半夜发生的故事了。

六月六，晒红绿

　　傩是庞杂而神秘的文化复合体。当傩从宫廷、从寺庙流布于广阔民间后，它便逐渐和各地在历史上不断形成的俗神崇拜相融合，逐渐与地域的集体心理、传统观念以及民间风习相契合，逐渐受各地其他民俗事相所影响而吸纳其为老百姓喜闻乐见的某些形式，或被他者所拆卸拼装、分解熔化。所以，傩的呈现纷繁绚丽；同样，异彩纷呈的各种民俗事相中也常透露出傩的意味、傩的姿影。

　　我描述着各地的傩事活动，曾经情不自禁地惊呼：傩就像乡村一群群涂黑脸蛋的好奇顽童钻进了一个个狂欢的现场。其时，恰好我收到铜鼓朋友寄来的一组反映近年铜鼓傩的照片。在此之前，我曾在该县的一座宗祠里看到祀奉其中的一尊大大的傩神头像，村人称之为先帝，其形象却颇似赣西北普遍崇祀的欧阳金甲将军。我收到的照片上也有酷似这位尊神者，包括它，大大小小的头像共九尊。凭着出现在照片上的正在抽穗的稻禾，我猜想其时令应为农历六月初六婆观节，亦称杨泗晒袍日，民间有藏水、晒衣、晒宗谱、晒经书，以及妇女回娘家、人畜洗浴、祈求晴天等习俗。

　　关于婆观节，各地均有大同小异的民间传说。传说一个名叫"婆观"的农夫，为民除蝗而丧命，被姜太公封为"虫神"，并定下六月初六这天为"婆观"日，或称"鄱官节"。婆观被封为虫神后，天天四处奔走，为民除害。每年的此日，婆观都要借助太阳神的威力，镇妖除邪杀虫，百姓们则把家里的东西搬出来晒，逐渐形成了民间习俗，相传至今。

　　铜鼓县的西向村却称此日为天贶节，须举行庙会、祭祀、舞龙、游神、演戏等活动。"文革"中被毁的西溪傩神殿于前些年得以再建，为村人藏匿下来的傩神终于重见天日，端坐于正殿的傩坛上。傩神殿有联云："神灵有感焚香进表求年阜岁稔五谷丰，惠泽无疆驱虫逐疫保合境士民四享福。"此联倒是道出了天贶节与虫神婆官的关系。西向村的天贶节大致有以下内容。首先是烧香燃纸放爆竹拜傩神，其时有道士在锣鼓唢呐的伴奏下做法事，道士念念叨叨，或擎香画符，或点燃黄表纸，信士敬香祭拜后，从香案上包一些茶叶带走，茶叶也是辟邪物；接着，要举行杀猪祭傩神取血花和恭请傩神入轿仪式，人们将钱纸铺了一地，马上拖来一头猪，在凄厉的猪嚎声中，把热乎乎的猪血洒向每张钱纸。从傩坛请下九位神灵，一字排开，它们面前是一滩滩新鲜的血迹；随后，九节草龙在傩神面前蹁跹翻舞一番，便开始盛大的游神活动，游神队伍从傩神殿出发，依次为：灯笼开路，五个女孩撑彩旗，九个男孩举稻草龙，鼓钹和九抬神轿，打锣吹唢呐的殿后；傩神归位时，还得演戏娱神；至于那些洒有猪血的钱纸，则被人们用来祭田地了。县志记载此地有婆官节旧俗，农家喜用竹片夹上洒有猪血的"花纸"，插在田头地角，祭祀土地神，谓之"婆观烛"。而照片上的情景是，那些花纸飘荡在青竹竿的顶端，被集中插于某一丘禾田里。傩神无需附着于人身上，而是优哉游哉地坐在神轿里游走田园和山岗，为一方土地逐疫驱邪、纳吉祈福，它的神威、神力应在林立的竹竿上吧？

　　这洋溢着山野气息、简朴的仪仗，令我心神往之。我赶往六月初六，赶往天贶节。没想到，西向村距离我两年前去过的那座祠堂所在地很近；没想到，天贶节已经更换为一个艳丽的名字，叫"晒红节"，典出民谚"六月六，晒红绿"；尤其难以想象的是，层层叠叠的群山深处，居然有摄影家蜂拥而至，即便一大早就实行了交通管制，狭窄的乡道上仍是进出两不易。

　　非常有必要交代一下铜鼓的历史，因为它置县的历史很短，"民国"二年（1913年）7月才废厅建县。铜鼓在汉、吴、晋、南朝均属艾地，后来艾入建昌县，再后来艾入武宁县，以后则是分宁县、宁县、义宁军、宁州、义宁州等等，这些地名包括它和如今修水、武宁两县的大片土地。这是属于赣西北的山区，赣北客家人的聚集区。《修水宁河戏》的编著者，是为探究宁河戏的渊源而走遍赣西北山区的可敬的音乐家，该书中有一节叙述乡人傩与宁河戏的关系——

　　古代，修水乡间旧俗多敬傩神，据《义宁州志》载：傩神，逐瘟疫之神，在人们心目中享有极高的威信。元明时期，修水境内凡姓氏宗族均兴傩立庙，竞立傩案，用于酬神还愿的傩歌傩舞风行全州。明代中叶，受江西弋阳腔的影响，傩歌傩舞逐渐衍变为傩戏，凡有傩案的地方均建戏班，即傩戏班，又叫"香火班"。傩戏班有两种，一种是阳戏傀儡戏，"由心愿者擎掣傀儡，始为神，继为优，各家有愿演之"（清同治十年《万载县志》卷十一）。另一种是变娱神为娱人，由演员扮演角色的大戏班，这两种案堂班所唱曲调都是傩弋混交的傩歌高腔，即一唱众和，以鼓为节，唢呐包腔，所以又叫"打锣腔"，演唱剧目为《目莲传》《征东传》。自此，原始的傩歌仅用于酬神还愿演出的请神和辞神的专用曲调，傩舞便由这种勃勃兴起的弋阳腔所取代。据小溪三帝案神咒歌词记载，三元大戏班建立的时间是"若问开傩几时起，隆庆元年菊月兴"。隆庆元年即公元1567年，菊月即九月。九月廿八日三帝菩萨的生日，是日"庆生会"开傩唱戏，并将普济雷坛改名为三帝普显堂，戏班定名为"三元大戏班"。至万历以后，又有"春林""凤舞""同庆""舞云""鸿云""双合""春喜"等班社相继建立，至清光绪的鼎盛时期，修水建有傩案四十八部，戏班达三十多个，由是可见修水戏曲起源于依附神祖而创建的傩案是血肉相连、不可分割的。

此书编著者在二十世纪七八十年代做过宁河戏重点班社调查，老艺人的追忆中仍有傩的记忆。如：三元班称，自创班后，三帝案年年开科，岁岁行傩，傩案班香火达三百六十多处。三年两届的行案香火，每年除夕打筶定来年出行日期。出行前，唱起马戏《满堂福》，再定何处过年唱下马戏，行案香火路线分内外线，贯穿了许多村庄；春林班称，上源傩案始建于元仁宗时期，傩神祀余姓一大王金甲将军，明代建春林班，1979年余姓老艺人在重新主班时，曾打破宗族界限招收学员，教戏五十六本；舞云班称，其系周姓傩戏案堂班，相传创傩的周銮公与邹姓联姻，其岳丈以使者菩萨赠女儿陪嫁，后建使者傩案。于明末清初创班的舞云班，因使者菩萨"两角头上朝日月，一双赤脚走风云"而得名；鸿云班则传有三君神咒歌词，云——

> 若问噪月肖王神，敕封都府有其名。
>
> 老坛立在板坑内，因民史火烬金身。
>
> 先皇顺治寅子岁，肖帝县身起鸿云。
>
> 辛丑年间重邀集，雕彩玉像建坛庭。
>
> 己未八月初十晚，巨杨树下掘傩神。
>
> 又掘三君神奇像，大显威光果然真。
>
> 乐助红袍陈祖及，兴傩立庙显神通。
>
> 添置衣箱科弟子，香火阐扬到如今。

以上材料在揭示宁河戏渊源的同时，也勾勒出古时赣西北山区傩风盛行的情形，以及演变的脉络。

至于傩在西乡的演变却是难以查考。傩神殿有《重修西溪傩神殿记》石碑，记载西向乡民长久以来有信仰供奉傩神的传统，前清年间傩神殿曾毁于火灾，后重修，但何年始建无从可考。建殿后，先是由西溪十甲土籍乡民轮流供奉，明末清初又有部分客籍乡民参与其中，民国之后西溪境内不论土客乡民皆以供奉。每逢冬闲腊八，请班唱戏，驱邪逐疫；及至新春岁首，十甲首士轮流迎接，家家户户行香还愿，祈福禳灾。此殿于"文革"再毁，唯傩部大王雕像被乡民隐藏保护，得以留存。重修的傩神殿，于2006年冬竣工。傩神殿的祭祀活动除"文革"期间被迫中断外，自建殿以来一直延续至今，主持活动的司祭代代相传，已传承二十六代；那么，历二十六代的司祭传承下来的是什么活计呢？介绍称：司祭身穿长袍，头戴花帽，手持法器，口里喃喃吟语，似说非说，似唱非唱。器乐者，有鼓、唢呐、大锣、小锣、大钹、小钹。锣钹鼓乐与司祭的吟唱时高时低地配合着，司乐者不时和唱，声韵悠扬。在当地提供的第五届"六六晒红节"活动安排表上，看到起始的程序有傩坛响鼓、觋公请师、杀猪打花纸、摆轿祝愿、傩舞亮相等。我等一大早从县城赶到西乡，赶上了所安排的时间，却没有赶上所安排的节目，节目走在时间的前面。我看到的应是伴有草龙表演的摆轿祝愿。傩神殿院内，围出一块表演场地，上方高高架起一只大大的米斗，内插一杆秤、一面旗和一根多节的鞭状物。米斗下设供案。两位老者扎红头巾、系红腰带，一人双手持法器念念有词，一人吹起牛角号。接着，一阵草龙舞。随后，有人在东南西北中五方摆好竹椅，每把竹椅上各置一幅神像和一面三角小旗。傩神殿里的供案上有多幅画在纸牌上的神像，那都是道教的神仙，而我在修水、武宁看到的此类神牌，画的是社公社婆。此后出场的是着蓝长袍、戴红头巾的年轻男子。他点燃纸钱，托着放有两对笤的盘子，边舞边唱，向四方祈祷，并将米撒向四方。后又一手托盘、一手握有带弯的喇叭状法器，站在凳子上依然朝向四方叨念着祈祷。他是道士、司祭，还是觋公，人们的回答是含混的，就像那些文字介绍也是暧昧的一样。

觋公即男巫。跳觋是一种由觋公主持的民间祈福禳灾、降妖驱鬼的活动。据我所知，至今在赣南客家地区的兴国仍有遗存，其跳觋除了有一整套程式外，还伴有山歌演唱。赣北客家由赣南、闽西、粤东迁来，跳觋或许是他们从故园带来的记忆吧？

此处傩神殿供奉的傩神，上方中央神龛里是七尊半身头像，一概称西溪岳帝傩部大王合案尊神；上方两侧神龛各供奉一尊较小的坐像，此二位亦称傩部大王。而参与傩神巡乡的除了它们九位傩部大王外，还有一尊巨大的纸扎傩神像。某位坐进神轿的傩部大王，此时被任命为"鸣锣开道带路先锋"。

这山野里的仪仗曾经令我神往，此时，我忽然间兴味索然。我准点赶到西向，想看的杀猪打花纸居然提前完成了；巡乡的队伍该出发了，却被一群相机没完没了地纠缠着，正如傩神殿院内面向四方的祈祷，可以应相机的要求不断摆 pose 一样。顿时，我感觉，西向的天贶节被镜头绑架了！

此念一出，再回味我以前曾看过并被吸引的某些作品，就颇为可疑了。比如，一丘禾田里，密密地插着飘扬在竹竿上的洒有猪血的表芯纸，煞是吸引眼球。那表芯纸，即杀猪后以猪血洒在整张表芯纸上，形成碧血如花的花纸。杀猪洒血后，人们把花纸收起，一分为四裁开，《铜鼓县志》记载，六月六婆官节这天，农家用小竹片夹上洒了猪血的花纸，插在田头地角祭祀土神，谓"婆官烛"。显然，将插向田头地角的花纸，为了艺术而集中到镜头里去了。

傩神巡乡去了。一群傩部大王出发时，傩神殿旁送行的鞭炮声并不热烈，附近一些农家门前倒是有些男女老少隔着禾田在观看，仿佛他们只是观众而非拥有一个节日的主人，更非理应享受这个节日的创造者。巡乡的傩神在这个绿意葱茏的山间盆地里，会得到人们虔诚如昨的香火吗？我不知道。

傩神殿院门前新贴的对联道："晒台放彩天贶太阳除污秽，红运当头只因诚信入傩门。"而我记得别人文章中记叙此前此处的对联是："西霞映彩黎信聚首叩福生，溪水欢歌神圣降福赐平安。"看看，颇有镜头感的晒红节强硬地楔入了嵌头联不是？我不反对乡村的民俗文化旅游。然而，其前提必须是尊重民俗，尊重创造此俗的老百姓仍有"黎信聚首"的权利，仍有尽情享受自己节日的权利，而不是让他们中的一些人当演员、当模特去，再布置一个分会场让他们中的大多数真的当观众去。

我记住了西向变幻的云雾，拧得出水的绿色，散布在盆地和山坳里杂姓混居的大小村盘。巨大的神秘感笼罩在这个盆地上空，也一直缭绕在我的心头。要知道，浅薄的盲目的镜头是会破坏神秘感，更会消解神圣感的哟！

青铜和酒

　　青铜和酒，人类创造的两件多么伟大而神秘的作品。其伟大处和神秘处都在于，在空旷深邃的时间远方，在辽阔苍茫的大地之上，人类哪怕在地理上天各一方，在文化上迥然有异，却是不约而同地投入了自己的创作。而且，仿佛神示，他们心有灵犀，心无旁骛，其作品体现出惊人的一致性。

　　铸铜和酿酒。两种奇妙的世界共生文化现象。莫非，青铜和酒，原本就是上苍鸟瞰普天之下而一视同仁的恩赐？或者，青铜和酒，是土地对立足于土地辛勤劳作的人类的丰厚馈赠？

　　人类使用铜的历史，可以上溯到新石器时代晚期，当时所用的是天然红铜，故史称"红铜时代"，因中国古代通称金属为金，这一时期又叫"金石并用时代"。传说，蚩尤曾冶铜造兵器；黄帝也曾采首山之铜，铸鼎于荆山之下。大量的考古发掘证明，中国新石器时代晚期，确有一个铜石并用时代。冶铜铸器工艺阶段的到来，标志着人类文明历程进入一个新时代——青铜时代。中国的青铜时代包括历史上的夏、商、周三代，公元前两千年前后的河南二里头文化，大概就是它的起点。

所谓青铜，实为铜、锡合金，因色呈灰青而得名，它具有熔点低、硬度大的特点。铜锡原料不同比例的配合，会使铸器具有不同性能。青铜器的出现和随之增加，提高了农业和手工业的生产力水平，物质生活条件因此渐渐丰富。于是，青铜时代成为以使用青铜器为标志的人类物质文化发展阶段。大约从公元前四千年起，世界各地年代有早有晚，却是朝向一致地进入这一时代。

同样，世界许多地方都会用高粱、大麦、大米、葡萄或其他水果，通过发酵而制成饮料，并有自己的酿酒历史和文化。

中国酒文化的历史悠久。考古发掘证明，早在新石器时代晚期，人们就已掌握原始的酿酒技术，出现了发酵水酒。至夏代，酿酒技术正式见诸史籍，史书中有"仪狄作酒""少康作秫酒"的记载。仪狄是大禹之臣，是造酒的鼻祖。少康即杜康，他改进了造酒技术。殷商时，人们已学会了用曲造酒的技术，酿酒业大发展。甲骨文中除许多地方提到酒外，还有种类繁多的酒器，如尊、壶、爵、卣、觚、斝等，这在商墓中也有大量发现。商代的贵族平民饮酒成风，商纣王嗜酒如命，《史记·殷本纪》说他"以酒为池，悬肉为林，为长夜之饮"，终于导致亡国。以后，关于酒的故事浩如烟海，它们的主人公可以是帝王将相，可以是才子佳人，也可以是平头百姓。

因为李白，因为陶渊明以及其他，在中国人的意识里，诗人都是好酒的，写诗是必须饮酒的。也是，从某种意义上来说，在中国，酒的史话几乎是诗的史话；而在古希腊，酿酒的风习和传统创造了信仰、创造了艺术。

狄俄尼索斯便是古希腊色雷斯人信奉的葡萄酒之神，他不仅握有葡萄酒醉人的力量，还以布施欢乐与慈爱在当时成为极有感召力的神，他推动了古代社会的文明并确立了法则，维护着世界的和平。此外，他还护佑着希腊的农业与戏剧文化。在奥林匹斯圣山的传说中，一说他是宙斯与忒拜公主赛墨勒之子，另一说称他是宙斯与普赛芬妮的儿子。赫拉派泰坦神将刚出生的酒神杀害并毁掉尸身，却被宙斯抢救出他的心，并使其灵魂再次投生赛米莉的体内重生。于是，关于酒神重生不死的故事遍传希腊各地。有人认为，古希腊悲剧正是起源于"酒神颂"，悲叹酒神狄俄尼索斯在尘世遭受的痛苦并赞美他的再生。关于悲剧的词源，或解为"山羊歌"，因为酒神颂的合唱队披着山羊皮扮演半羊半人的角色，或解为在表演比赛中歌者争取的奖品为山羊。公元前五百六十年，僭主庇士特拉妥为了讨好农民，把农村盛行的酒神祭典搬到雅典城中，举行祭典时的表演就是悲剧的前身。随后发展起来的希腊悲剧，题材逐渐由酒神颂扩大到神话和英雄传说的范围，却仍保留了酒神颂的合唱队形式和抒情诗的特点。而古希腊喜剧起源于祭祀酒神的狂欢歌舞和民间滑稽戏。这种滑稽戏产生于公元前六百年左右墨加拉城邦民主制建立的时代，后来流传到阿提刻，具有了诗的形式，成为喜剧。公元前四百八十七年，雅典正式确定在春季酒神节庆中增加喜剧竞赛项目。

即便是随意的追索，我们也能从中发现，青铜和酒都闪耀着人类智慧的灵光，只不过映现在青铜上的是金属的光泽，荡漾在酒里的却是粼粼波光。前者，威严、峻峭而神秘；后者，壮美而热烈，抑或，柔情而亲切。想来，见证了人类不断进步的青铜和酒，一定常常在月明之夜为它们自己杯盏交错。

我看见了它们于某个月夜遗落在一座古堡里的酒杯。确切地说，那是铜斝，一种温酒器；那古堡叫吴城，是江南商代的方国都邑。

蕴蓄着当时的风俗习尚、意识形态、工艺水平、文明进程的青铜，频频在这里与酒邀集、与酒把盏吗？

我在堪称"古国名邑""中华药都"的樟树，饮着清香醇纯的四特酒，借着惺忪醉眼，认识了斝——青铜和酒的信物。在那里，我还认识了鬶，它则是陶制的。

鬶和斝，两件需要从地下文化层发现、从众多出土文物中辨认的器物，两个因距离我们非常遥远而甚为陌生的古老汉字。是的，任何一个汉字都会因为我们的疏离而变得古老，何况是发掘于岁月深处的如此稀罕的这两个字？

鬲，我国新石器时代的陶制炊具，《说文·鬲部》："鬲，三足釜也。有柄喙。"确切地说，它是一种温水器，也有学者考证为温酒器。陶鬲的造型结构由口、腹、底三部分组成，其制作十分科学，器底部三足等距离支撑，便于下面放柴薪煮烧，三足为与腹部相通的空心袋状，可以用来盛水或酒，所以，此三足既是支撑物，又是容器，使得容积增多，受热面扩大。设计可谓精巧之至，且造型生动自然，启人联想。

斝，盛行于商代和西周时期的酒器，青铜制。基本造型为侈口，口沿有柱，宽身，下有长足。斝的形制较多，器身有圆形、方形两种，有的有盖，有的无盖；口沿上有一柱或二柱，柱有蘑菇形、鸟形等不同形式；腹有直筒状、鼓腹状及下腹作分档袋状几种；有的是扁平素面，有的用兽头装饰；底有平底、圆底；足有三足、四足、锥状空足、锥状实足、柱形足等。斝作为礼器，常与觚、爵等组合成套使用。

我所认识的鬲和斝，来自樟树的地下，前者来自距今四千五百年至五千年前的新石器时代晚期，后者来自距今三千年前的奴隶社会时代。其实，在樟树发掘的包括容器、酒器在内的日常生活用具以及各种文物，数不胜数，足以令人眼花缭乱。而我却刻骨铭心地记住了这两个生僻的汉字，是因为它们依稀散发出幽远而神秘的酒香。或者，那种酒香原本就飘荡在田野上、江风里，它是从泥土里蒸馏出来的，是从草木间蒸发出来的，是从千顷稻花中漫溢出来的。

那是我熟悉的酒香。在二十世纪八九十年代，我无数次走昌赣公路穿过樟树城市中央，沿着赣江去往赣地的南方，去往赣江的源头。每每进入樟树地界，便有酒香扑鼻。我记得当年的酒香就像在路边候车的一大群旅客，一招手，等不得长途班车停稳，就哗啦啦一起扒上车来。其实，更多的时候，酒香根本就不招呼过往车辆，而是强蛮地通过车窗蜂拥而入，毫无理由地把车厢里塞得满满当当。酒香弥久不散。酒香陪着我一路颠簸，陶然入梦，梦了又醒。也许，就是从那时起，我和樟树的酒香结了缘，和酒香里的樟树结了缘。

近些年，我频频前往樟树，去朗诵"药不过樟树不齐，药不过樟树不灵"的民谚，去吟哦朱熹们留在道教福地阁皂山的诗词，去拼读从筑卫城等历史大遗址出土的一些古老的汉字，比如，鬵和罞。

造访次数最多的就是筑卫城。随朋友去，引朋友去，带着自己的影子去。是的，我被它震撼了。它果然是一座恢宏壮阔的古城，一座用原始工具修筑的匪夷所思地留存至今的土城。据说，这是迄今发现的中国乃至世界最古老、保存最完整的土城，而在世界城市发展史上，与筑卫城遗址同时代的只有石头城，并没有土城。

对我而言，筑卫城遗址的震撼力正是在于"土"。土能生长，土城生长于大地而依偎着大地；土能孕育，土城孕育出了草木，孕育出了秀色，孕育出了宁馨与和平。据考证，筑卫城得名于清同治年《清江县志》的记载，其称"乡民筑城自保"。亦有传说云，原始社会末，黄、炎两帝发生战争，黄帝打败炎帝，炎黄合为一家，成为中原地区最强大的部落联盟。蚩尤在江淮流域构筑高大城郭，以备大战炎黄，各地城垣称为"筑卫城"。后黄帝胜利，城垣依存。有人认为筑卫城是蚩尤的城，筑卫城人是蚩尤的后裔。然而，土城把历史深藏起来了，生长在这里的一片绿茵茵的静美，湮灭了我企图追问的许多远古之谜。我惊讶于城内的绿、城上的绿与城外辽阔的绿那么和谐地融为一体，绿的高墙仿佛为绿的原野降低了高度，以至于令人很难相信：呈梯形堆垒、顶部一米多宽的城墙，高度竟相当于三四层楼，最高处达到七层楼高。

有一位作家朋友这样赞叹："原以为土城已在宏阔的时间河流里销蚀成荒芜之美、颓败之美，像庞贝古城、楼兰古城一样，处处是'断垣残壁''满目疮痍'的景象。然而，筑卫城不是。它好像不是人类创造，而是大自然诞生的，人类不过是其匆匆过客。若千年时光，人去了，城空了，城却穿越岁月获得永恒气象。"

说得真好，土城仿佛大自然的造化，土城仿佛依然活着。那么，杳无踪迹的匆匆过客在这里留下了什么呢？该城址总面积十四余万平方米，有六个城门可以进出，其中包括一进一出两个水门。城外东面、北面依傍芗溪河而为天然屏障，南面、西面有人工开掘的护城河。城内是较为平坦广阔的土地，其中有一条内河与外河相通，内河西南部有祭祀房屋遗迹现象及祭祀广场，内河东北部有三米多的文化堆积，是居住区。城外有河，城内有河，城中有城，城外有城，城的东面还有陶窑的遗址。

过客匆匆。他们把布局合理、功能齐全、防御性强且复杂迂回的原始城市遗址以及大量遗迹，遗留在赣中腹地的田野上，这是他们带不走的。至于成批的文物，一定是他们馈赠后人的礼物，一如记载他们生活情状的光碟。他们用石铲、石锛、石刀等生产工具，以及出土数量较多的网坠、石镞，显示了当时尚处于原始农业阶段的刀耕火种并以农业为生、渔猎为辅的生活形态；他们用已较为广泛使用的陶器，陶器以夹砂和泥质红陶为多，如鼎、罐、豆、碗、盘、壶、杯、缸、簋、鬶等，传达了当时食能充饥、衣能蔽体而安居乐业的生活气息。

其中的鬶，是红陶鬶，属于大约五千年前新石器时代晚期的器物。此鬶三足鼎立，三足尖的间距大体相等；三足臃肿，内部中空，足与鬶颈、口沿之间没有过渡体；鬶表面比较粗糙，没有纹刻。有专家说，从粗糙的制作工艺来看，它应是筑卫城人的温酒器。最后温热的酒，灌醉的不知是谁。

鬶在樊城堆遗址的发掘中也有出土。令人大为惊奇的是，在现今樟树市境内蒙河、袁河、赣江两岸的低丘岗阜上，居然静静地横亘着已经发现的营盘里、筑卫城、樊城堆等十一处新石器时代遗址！樟树的土地之下，曾经是一个怎样神奇瑰丽、波诡云谲的大千世界！

历史遗址考古资料证明，远在新石器时期，原本穴居野处于丛林中的先民们，逐渐定居下来，因而形成了原始村落。樊城堆遗址是原始村落中颇有代表性的一个。遗址的时代从新石器时代晚期延续到商周时期，它的文化风貌不仅与樟树市境内其他新石器时代遗址属同一类型，甚至与湖南东部、广东北部等处的新石器时代遗址有许多相同之处，考古学者认定它的主人是一支分布在赣江中下游并与湘东、粤北有联系的原始部落，称之为"樊城堆文化"。樊城堆人的社会经济形态是由母系氏族社会进入父系氏族社会，随着生产工具的改进，农业、畜牧业、渔猎等经济的繁荣，逐渐学会构木筑土，建造房屋。其定居后的社会经济是以农业为主、捕鱼狩猎为辅的生产形式，同时也发展了制陶和纺织手工业，过着男耕女织的生活。如果说，出土的大量陶炊具证明，樊城堆人不仅告别了茹毛饮血的生活、学会了熟食，并且已经由直接烧烤进而通过器皿煮熟、炖烂食物的话，那么，出土的陶鬶或许能体现他们对饮酒的讲究、对酒器的重视吧？

樟树的犀来自吴城。吴城，本是一座不大的村庄。明隆庆年间《临江府治·卷三十三·古迹》记载："吴城在县西三十里，其地有敌楼、冲敌楼、吴王庙。"发掘前，吴城村周遭一道土城，大部分城垣尚存，有城门口、堞楼遗迹。吴城村即以土城得名，据说民间也自称为铜城，大约与此地古代曾冶铜、铸铜著称有关。商代遗址发现后，便命名为吴城商代遗址。望着村外那长草的残垣，我情不自禁想起海子的诗作《亚洲铜》："亚洲铜，亚洲铜／爱怀疑和爱飞翔的是鸟，淹没一切的是海水／你的主人却是青草，住在自己细小的腰上，守住野花的手掌／和秘密。"

吴城的发现，是一次改变中国历史地图的重大发现。1973年秋，当地博物馆在配合吴城乡修建水库进行考古调查时发现遗址，将采集和试掘的标本逐级上报后，立即引起上级文物部门和考古学家高度关注。面对丰富的文物，陶刀、陶纺轮、陶豆，几何印纹陶片，青铜锛、青铜凿，石刀、石镰等，以及大量的照片，专家们断言吴城遗址是江南地区首次发现的大规模商代人类居住遗址，对于研究南方文化以及探索中原文化与南方地区文化的关系具有重要的科学价值，而长期以来，为传统观念所束缚，不少学者把古代的南方设想为蛮荒落后，认为江南地区进入奴隶社会要晚于中原地区。吴城遗址的发现彻底推翻了"商文化不过长江"的论断，它以无可辩驳的事实证明，赣江流域的先民与中原地区的人们一样，也经历了原始公社的解体阶段，同时进入了奴隶社会。远在三千多年前，这里就有一支与中原殷商文化关系密切的土著青铜文化，有着一个富有鲜明地域特色、在一定意义上又可以与中原殷商文明媲美的发达的方国文明。

　　这个大规模的人类居住遗址，城址平面近圆角四方形，其中心地段六十一万平方米的土城内，城墙周长约两千八百多米，现残存高度约三至十五米不等，整个城址轮廓尚清晰可见。城墙一周有六个缺口，其中东南缺口似为水门，东、南、西、北、东北五个缺口两侧有门垛，大约是昔日的城门，千百年来当地老表还直称为东门、南门、西门、北门和东北门。城中可以明显区分为居住区、墓葬区和大片的制陶区、窑区、冶铸铜器区，并且发现了宗教礼仪建筑的遗迹。宗教祭祀场所由道路、建筑基址、祭祀台座、土台地、柱洞群五大部分组成，红土高台位于整个吴城遗址的中轴线上，依据山形地势夯筑而成，不宽的路面两侧是对称分布的柱洞群，路面用鹅卵石、陶片、黏土混合而成的"三合土"铺成，踏上台阶便是走向庄严的祭祀高台。想必，祭天敬神所用的器皿，不是陶制的器物，而是能与天地鬼神对话的神圣的青铜器！

　　要知道，对古人而言，青铜器的人文政治意义远高于技艺价值。铜鼎是象征王权、揭示礼乐制度的最重要的一种礼器，"问鼎中原"成为夺取政权的代称。鼎和其他青铜礼器通称为"彝器"，即意为"常宝之器"。超越日用的神圣社会意识形态意义，使这类铜器每每以超人的尺度、雄厚的造型、精繁的纹饰和严正的铭文傲立世间，令人感到一种神秘狞厉的威力和崇高峻峭的美。商周青铜器还有炊具、食器、酒器、水器、乐器、兵器、工具和杂器，品种多形制丰富，功能区分明显，纹饰则是气象万千。

从吴城商代遗址及附近商墓等地出土的青铜器数量之多，品种之全、造型之奇、工艺之精、纹饰之美，为我国南方罕见，堪与中原青铜器相媲美。先后对吴城遗址进行的十次考古发掘，历时三十年，揭露面积六千余平方米，清理了城墙、房址、陶窑、墓葬、水井、道路、铸铜遗迹、大型祭祀广场等重要遗迹，出土了石器、陶器、原始瓷器、青铜器、玉器等遗物六千余件。五百余件青铜器中，有鼎、鬲、豆、簋等礼器，有戈、矛、钺、刀、剑等兵器，有乐器，有生产工具，还有生活用具，其中包括酒器铜爵、铜尊和铜斝。一批青铜器铸造工具石范、泥芯以及铸铜木炭、铜渣的出土，说明这些青铜器是在当地生产的，吴城先民已经掌握了冶炼、铸造青铜的技术，和中原地区一道进入了青铜时代。

所谓石范，即印模子。吴城先民在石头上打制红铜工具，石块上的凹槽给他们启示：在槽内灌入铜液，冷却后即铸成器具。铸铜工具石范由此诞生，后来才有了泥范、陶范。吴城的青铜酒器斝足石范，一定铸造了无数的青铜斝；无数的青铜斝，一定温热了无数尊佳酿；而无数尊佳酿，大约一半用来敬神，一半用来醉心。

在吴城附近大型商墓中出土的一只大甗，人称甗王，是青铜的炊具兼祭祀器物。一米多高的甗，上有甑，中间有镂孔甑箄，下为四只大袋足，足中空，可以盛酒，亦可盛水。四足以下可燃火，有如而今的蒸锅，既可蒸酒，也能温酒。凭此，可以想见当时此地的酿酒水平和饮酒风气。

文字和青铜器的发明和使用，都是人类进入文明时代的主要标志。吴城恰恰是江南出土陶文最多的地方。吴城的陶文是将陶器胚胎做好后，直接刻画在陶胚上，然后入窑烧制而成。有一件陶文有"入土材田"四字，专家考释，"土"为社，社是古代传说中主管田地的神，"材田"即犁翻地里的杂草以便播种。这件陶文意为"祭祀田神，犁翻田地"，说明吴城地区的农业生产已进入犁耕农业阶段，日益丰足的粮食生产为先民利用谷物酿酒提供了最基本的物质条件。于是，从前盛在陶鬶中的酒，遭遇了青铜，与铜罍相会在某个被篝火映红的夜晚，或有神灵从东天飘然而至的朝霞里。

鬶和罍以及其他酒器告诉我们，樟树这"古国名邑""中华药都"，其实也是酒国醉乡。它怎能不醉呢，当酒投怀于青铜，或者，当青铜温暖了酒？

樟树的地下博大精深。樟树的地面辽阔壮美。翻开樟树的民俗志、艺文选、工商史、中医药史、道教名山《閤皂山志》，到处弥漫着酒香。甚至，我看到，众多的历代名人虽早已远去，他们的身影却仍然流连在酒杯中。于是，我常常恍然：不知是酒孕育了樟树的悠久历史和璀璨文化，还是樟树丰富绚丽的历史和文化，酿造出了这冠以四个"特"字的回味悠长的美酒？

我不由地想起铸造青铜罍的石范。也许，就是那只石范，在铸造青铜罍的同时，就为樟树铸造了属于其特有的弥散着浓郁酒香的生活习俗、文化风貌，以及大众心理和集体性格吧？要不，樟树怎会成为一个清香醇纯的地名，一个芬芳远播、声名远播的地名？

曲尘扬古今

水把大地养成了沃野。有一首诗，应该是古人献给樟树之水的赞歌。它朗朗上口，又娓娓道来；它清丽如画，又婉转如曲。这首诗就是宋宝祐元年状元姚勉那起句就是"夹岸桃花燕子飞，一江春雨鳜鱼肥"的《清江曲》。

我喜欢它，是因为里面有一江春雨，一叶扁舟，一川锦绣，一笛风清，于是，便有了"一萍买断黄金屋"的慷慨、"一任长年醉则休"的潇洒。它铺展的是一幅天人合一的山水长卷，而劳作在天地之间的人，是这幅长卷中的主体形象。他们是绿蓑青笠，他们是载月扁舟；他们是野船烟火，他们是老树残烟。他们可以烂醉春风里，也可以酒醒绿阳深处。至于那"一任长年醉则休"的，恐怕只有诗人自己了。在古老的遥远，有好些诗人都在酒里一醉长年。

比如，生活在东晋的大诗人陶渊明。他为彭泽县令时，终因不愿为五斗米折腰，上任八十余天就解印挂职而归隐田园，过着亲自劳动、躬耕自给的乡居生活。酒是陶渊明赋诗的重要题材，酒仙陶渊明因此成为中国文学史上第一个大量写饮酒诗的诗人。陶渊明鄙夷功名利禄的志趣、守志不阿的节操和对田园生活的热爱之情，深刻影响了后世文人，正如王国维所言，"其人格亦自足千古"。甚至，中国古代的文人有嗜酒的共性，这也与陶渊明的影响是分不开的。白居易便在诗中坦言："先生去我久，纸墨有遗文。篇篇劝我饮，此外无所云。"杜甫在安史之乱之后，过着颠沛流离的生活，他把陶渊明视为知己，称："浊酒寻陶令，丹砂访葛洪。"李白更是仰慕陶渊明的人品和诗作，他写道："陶令日日醉，不知五柳春……何时到栗里，一见平生亲。"欧阳修则说："吾爱陶渊明，爱酒又爱闲。"

说到陶渊明，我不由想起玄学盛行的魏晋，想起嗜酒成癖的玄学名士，想起"竹林七贤"的醉态。置身于动荡的社会，他们其实是一群智者，因无法施展才华且时时担忧生命，故而崇尚老庄哲学，到虚无缥缈的神仙境界中去寻找精神寄托，用清谈、饮酒、佯狂等形式来排遣苦闷的心情，醉态是掩护自己的伪装色，是逃逸现实的通行证，醉态也是走向自然、高蹈山林的精神旗帜。

我想起这批"醉汉"，是因为通过他们的"醉生梦死"，可以发现那时的人已经掌握了较高的酿酒技术，那时的酒已为人们生活不可或缺，并且，人们在不断发展和发掘酒的作用，酒以治病，酒以养老，酒以成礼，酒以成欢，酒以忘忧，酒以壮胆，如此等等。

酿酒需要粮食。那时的江西境内已广泛种植水稻、麦、粟、菽、桑、麻等各类粮食作物和经济作物。至于水稻，江西有着悠久的种植历史，而且，赣鄱地区是亚洲和世界稻作农业一个重要发祥地。关于稻作起源，考古界一直争论不休。1993 年与 1995 年，其源起有了新发现。中美农业考古队对江西万年仙人洞和吊桶环的两次合作发掘，在距今一万两千年前、属新石器时代早期的地层中发现了人工栽培稻植硅石。经植物学家研究，这种水稻兼具籼、粳稻特征，是一种由野生稻向人工培植稻演化的古栽培稻类型，它是迄今所知世界上最早的栽培稻遗存之一；而在汉代，南方稻田生产中已普遍采用铁农具和推广牛耕，一整套农机具如犁铧、耒、锸、铲、锄、镰等铁农具和杵臼、碓、风车、磨等脱粒加工木石农具，已能适应水田精耕细作技术体系的要求。至迟到东汉时期，长江流域的水稻种植已基本摆脱"火耕水耨"的落后状态，开始走上精耕细作的道路，江西地区也不例外。西晋时，豫章郡的水稻生产已远近闻名。史载，太康年间，"有嘉禾生于豫章"。晋怀帝即位后，甚至把年号都改名为永嘉。经东吴、东晋近两百年的开发经营，江西农业快速发展，至南朝刘宋时，江西已成为江南稻米的重点产区之一，不仅稻米质量好，而且产量高，粮储丰富。豫章郡的大量土地被辟为良田，水稻广为种植，以味道精美而享誉四面八方，家家都储藏了粮食，人们不愁吃喝；丰年则向商人和游客提供粮食，即使荒年也不必告求于人去购买。豫章郡江之西岸多良田，极肥沃的土地竟能亩产稻谷二十斛，大约相当如今四石多，在当时的生产技术和生产条件下，算是高产纪录了；且生产出的稻米放在容器中，竟如白玉一般闪闪发光，其质量之高可想而知。隋唐的筠州辖如今包括樟树在内的诸县（市），其所产稻米在南朝时已极佳，"州内有米山""生禾香茂，为米精美"。

想来，归田后，"方宅十余亩，草屋八九间"的陶渊明，"夫耕于前，妻锄于后"，其种植的自然少不了糯稻。他还要靠收获的糯谷，自家来酿造美酒呢，他说："春秫作美酒，酒熟吾自斟。"这种糯米酒，江西民间一般都会酿造，其方法是先将糯谷舂成白米，洗净后煮成饭，再加上酒曲，然后放在瓮中让其自然发酵，并掌握一定的温度。待酒熟后还要进行过滤，将酒糟滤去才能饮用。方法虽然不很复杂，但要酿出香醇的美酒，却需一定的技术。

粮食的充裕为酿酒业提供了大量原料。魏晋南北朝时期，酿酒业已十分发达，仅《齐民要术》中就记载有十几种酿酒的方法。此时，樟树邻近的宜春县生产"宜春酎"，颇为有名。该县西四里有宜春水，水质甘美，是酿酒的上等水源，加之当地生产的优质稻米，故能酿出好酒。《晋书·地道记》云：

"宜春美酒，隋岁举上贡，刺史亲付计吏。"由于宜春酎是著名的美酒，到了隋代，已成为贡酒。其实，在同样有地产嘉禾记载的樟树，也是处处好酒。更何况，那些筑卫城人、吴城人早就用上了陶鬶、铜斝！

我在一部厚厚的《江西通史》里，循着四面八方袭来的酒香，依稀看到另一位醉汉的身影——

元丰三年（1080年），苏辙因兄苏轼以诗得罪，受连累，由签书判官谪监筠州盐酒税，五年不得调。这个税务原有三吏共事，苏辙到时，二人罢去，由他一人包办，"昼则坐市区鬻盐、沽酒、税豚鱼，与市人争寻尺以自效；暮则筋力疲废，辄昏然就睡，不知夜之既旦。旦则复出营职"。监税吏，不仅征收豚鱼之税，还卖盐、沽酒，是市场中的税吏兼商人。官府把酒看得和盐一样重要，垄断专卖，故酿酒之盛，酒税收入之丰厚，可由此窥见。苏辙终日与酒打交道，对酿酒行情自然熟悉，知道"江西官酿惟豫章最佳"，所以无人往豫章寄送酒。苏辙终日守在糟缸边，闻其香，品其味，不知足，结果"饮酒过量，肺疾复作"，他深自悔恨，"不知逃世网，但解忧岁课"。一个责监盐酒税者，必须为完成酒课定额而操心。

五年间苏辙与酒为伴，想来一定是酒，让他倍觉"安心已得安身法，乐土偏令乐事多。千里筠阳犹静治，还家一笑定无他"。筠州所在的高安，与樟树山水相依，导致他饮酒过量的肯定有清江好酒。

南宋绍兴三十二年（1162年），张孝祥出任抚州知州，其后去长沙，路过临江军清江县界，在地名九段田一带农村，见快要收割的稻田"沃壤百里，黄云际天"，十分感叹，称："他处未有也。"他认为，九段田的价值即便是岭南的富商巨贾也买不到，真想弃官隐居在此。这时，小小的临江军只辖三县，每年税米却有十二万五千多石，其中上供十一余万石，运往镇江、建康、池州交卸。

梅尧臣《送临江军监酒李太傅》中的诗句："雾气多成雨，云蒸易损衣。白醪烧瓮美，黄雀下田肥。"形象生动地道破了清江盆地的自然环境和气候的特点，并勾勒出因土肥水美而自足惬意的生活景象；曾在临江府任职的范成大，则为赣江中游清江等地沿江一带的橘林风光赋《清江道中橘园甚伙》，诗云："芳林不断清江曲，倒影入江江水绿。未论万户比封君，瓦屋人家衣食足。"并写道，"沿岸居人烟火相望，有乐郊之象"；曾任临江知府的王庭珪有诗写道："田头作谷催入场，一半白者输官仓。庐江主簿喜怀檄，放船椎鼓开帆樯。萧滩老农公事毕，夹道欢呼罗酒浆。笑言归去唤妻子，今年租米两平量。"诗中竟是一派官民同乐、喜庆丰收的幸福景象。尽管已有"一半白者输官仓"，老百姓仍然能够"夹道欢呼罗酒浆"。凭此，我眼前仿佛有一片秋熟的田野，满畈满垄的金黄，秋阳下，是叽叽喳喳的鸟叫，鸟翼如云疾走，投下一团团阴影。

我指的是黄雀。成群的黄雀飞过古人的诗词，我禁不住好奇。解剖黄雀，果然有所发现。请看王安石的《送吕嘉问赴临江守》一诗："黄雀有头颅，长行万余里。想因君出守，暂得免苞苴。"原来，宋代临江军盛产黄雀，俗称黄绵雀，因其肉味鲜美，居民多网罗黄雀为食，并腌制成"黄雀鲊"作为上等礼品馈赠亲友，此俗风靡一时。临江军官员起初以黄雀鲊上贡皇帝，后来扩大到馈赠朝廷显贵，作为进身之阶。久之成例，耗费大量白银购买黄雀鲊，每年数量多达三万余只。滥肆捕杀致使黄雀日少，百姓更苦于官府派购、吏役勒索，于赋税外又增加了一项沉重负担。吕嘉问出守临江军时，决心革除这项弊政，遂下令禁止网罗黄雀，结果却是禁而不绝。这位太守，后擢工部判官，宝文阁待制，知开封府，成为宰相王安石推行新法的助手，不过，他在"禁罗雀"一事上，到底还是辜负了王安石指望黄雀"暂得免苞苴"的心愿。"苞苴"为包裹之意，纳贿于人亦曰苞苴。后来，又有王郡守再次下"禁罗雀令"，以黄雀鲊献给朝贵的故例终于废除。此事传至京城，朝廷下令将王郡守召还京师任职，官迁户部侍郎。宋代诗人李大异为其禁罗雀作诗，并称王郡守为"美守"。其诗曰："清江有奇馋，飞爵金染裙。但为挟绵纩，不能保头颅。纷纷堕毕弋，往往充苞苴。"诗中更赞道："下令禁罗雀，遐迩皆欢呼。"该诗一秉王安石诗意，亦有苞苴之叹、仁爱之颂。由两位太守禁罗雀的故事，可见黄雀如此之多，应是此地田野丰稔而致；而罗雀为食以致酿成时弊，则可窥见当时酒桌风习之一斑。

有位叫钱顺则的，是临江府城内人，清乾隆年贡生，有诗句称："市语喧腾滚曲尘，万家灯火接鱼鳞。"其实，在钱诗之前的遥远，樟树早已是"市语喧腾滚曲尘"。

因为，曲尘飞扬在历代诗词里。黄庭坚有诗《次韵答清江主簿赵彦成》云："已作齐民寻要术，安能痛饮读离骚。"陆游在隆兴府通判任上，得清江名酒，喜不自禁："名酒来清江，嫩色如新鹅。"杨万里以白话入诗，道"先生笑问有酒么，醉来得句自长哦"；朱熹则是以哲理入诗，曰"煖热惟须酒，平章却要诗"；曾巩却是情感真挚，称"双烛纵谈樽酒绿，一枰销日纸窗深"。他们喝的，应该都是"嫩色如新鹅"的清江名酒吧？

曲尘还飞扬在宋应星的《天工开物》里。明代杰出的科学家宋应星为奉新人，他曾任袁州府分宜县学教谕，奉新和分宜都与樟树是近邻。《天工开物》中卷共七章，都是手工业技术。其中的《曲蘖》记述酒母、药用神曲及丹曲（红曲）所用原料、配比、制造技术及产品用途，其中红曲具有特殊性能，是宋朝以后才开始出现的新品种。《曲蘖》指出，因酗酒闹事而打官司的事件越来越多，是酗酒造成的祸害，而非酒母的罪过，文中道明了酒母的来源及酒母在祭祀、宴饮、医药、美味、养生等方面的功绩。

传统工艺不仅仅是单纯的生产技术手段，其中还充溢着中国传统文化和哲学的基本精神。中国最早的工艺典籍《考工记》中有言称："天有时，地有气，材有美，工有巧。合此四者，然后可以为良。"原来，工艺就是合天时、地气、材美、工巧四者的造物过程，工艺，本是一个蕴有天地造化的生动而美妙的名词。这种工艺创造观，是"天人合一"精神的阐释和体现，显示了一种力图全面把握、协调宇宙万物相互关系的高远意图。

传统的酿酒工艺显然也浸润着这一工艺思想。所谓"惟是五谷菁华变幻，得水而凝，感风而化"，说明酿酒的生产时空与自然顺应不悖，其行工技艺与物材性理顺应不悖，酒的质感品性与人格身心也是顺应不悖的。追求清香醇纯、回味绵长的那番匠心，何尝不曾渗透对风雅而高洁的人生境界的崇尚呢？

在樟树这个酒国醉乡，自古以来，民间普遍喜好用稻谷酿蒸白酒，这种白酒俗称谷烧酒或土烧酒。春秋季节，大部分农家都要酿蒸谷酒。有些地方，不少农户常年酿蒸质量上乘的谷酒出售。酿蒸谷烧酒的工序，一般是先将稻谷洗净，浸泡一二天后倒入饭甑中，蒸至谷壳裂开后起甑散开凉冷，再按量拌入酒曲，装入缸内密封发酵，七至八天后，再倒入甑中蒸馏成酒。新酒酿成后，封缸一个月左右便可饮用。谷酒的特点是酒力适度，酒色清亮，香醇可口，饮后不打头，适量饮用能强身健体，驱除疲劳。农家男子几乎都有每天喝几盅谷烧酒的习惯。

循着酒香，我造访了乡间的几处谷烧酒作坊。简陋的场所，简易的器具，简单的人，酿造出来的却是回味不尽的香醇甘洌。城郊有一处将要动迁的作坊，守着一只甑和十多口大缸的酿酒师傅是个中年人，他每年出酒是三万斤。不知樟树有多少这样的作坊，不知这些作坊灌醉了多少日子？

诗穿行在酒里药里

宋末词人宋远邂逅友人，题词樟树镇华光阁志别，其中有句云："更与谁，题诗药市，沽酒新丰！"据说，这是樟树医药史上最早直接记载药市的文字。

到了明正德年间，樟树镇成为全国三十三个重要税课城镇之一。至成化年间，随着赣江与袁水交汇于樟树镇，当地的药业加工贸易更趋活跃，外地商人云集于樟镇，此地成为全国性的药材贸易集散地。

请注意那"随着……更……"的句式，其中包蕴着一个大事件。明成化二十一年（1485年）夏，江西连降大雨，赣江水位陡涨，洪水直泻樟树，沿岸村落及良田几千亩毁于一旦。此后，赣江便不再绕经临江府城而直接沿蛇溪故道北流樟树。是为江西历史上著名的"赣江改道"之灾。赣江改道之后，五百年间凭借袁河、赣水之利而成为"舟车孔道""四达之地"的府治临江镇，其交通枢纽地位大大下降，而位于临江下游三十里处的樟树镇，却因袁赣之汇而日趋繁荣。

也是在正德年间，宁王朱宸濠在南昌叛乱，起事前，鱼肉商民，不少人纷纷逃离南昌至樟树镇。南逃的商民恍若另一股水，又为樟树注入了滚滚财源。到了万历年间，樟树"在丰城、清江之间，烟火数万家，江广百货往来与南北药材所聚，足称雄镇"，其时，"列肆多食货，若杉材、药物、被服、器械，诸为民用者，百里环至，肩摩于途，皂矾、赤原、綦巾、大布，走东南诸郡"。

百货中最具特色的是药材。樟树港口，终年有成百只专载药物的船只停泊，它几乎成了全国专用药材码头，"吴商蜀贾走骏驰""帆樯栉比皆药材"，药商"百里环至，肩摩于途"。明崇祯《清江县志》记载："地产白芍、玄参、苦参、粉葛等药材数十余种。此外，有粤蜀来者，集于樟镇，遂有'药码头'之号。"可见，樟树码头，是荟萃全国的药码头。

南药、北药络绎不绝，滔滔涌来。郑和下西洋之后，从广州引进交趾、暹罗、苏禄等国的药材，如木香、丁香、藤黄、没药等，品种众多，数量巨大，越大庾岭沿赣江北上至樟树，分别运销川、鄂及中原各省。其盛况，反映到明朝宫廷里，朝廷特地派太监专程到樟树采购宫廷所需药材，这就更加使得樟树药材身价百倍。

至清康乾时期，樟树镇再度步入繁盛发展阶段，"商民乐业，货物充盈""山水环绕，舟车辐辏，为川广南北药物所总汇，与吴城、景德称江西三大镇""虽通都大邑，无以复过"。南北药材纷纷总汇樟树炮制转运，樟树码头终年千帆林立，茶楼酒馆座无虚席。随着樟树成为南国药材集散加工中心，樟树镇药行林立，本地及其周边数县从事药材贸易的人数迅速增加，外地药商开设了五十多家药材行号，本地人开设的药材行、号、店、庄达一百五十余家。其中，仅代客买卖、转运的药材行有三十六家，从业人员三千余人。

樟树不仅是全国各地药材汇集之地，还是药材加工制作的中心。樟树药材制作有一套完整的加工炮制技术体系，分为分选、洁净、切制和炮制等过程。故有民谚"药不到樟树不齐，药不过樟树不灵"，代代相传于口碑中，流芳于天下人间。

天南海北蜂拥而至的外地药商，时常在镇上逗留三五月之久。樟树迎接客人的有好酒，也有颇为生动的好称谓。药界习惯将各地客商主营的药材品种名称，分别尊奉于各地客商。比如，四川药商为"附片客"，河南为"地黄客"，湖北为"茯苓客"，安徽为"枣皮客"，浙江为"白术客"，湖南为"雄黄客"，福建为"泽泻客"，广东为"陈皮客"等。有位枣皮客，名江志华，自十八岁起，随父亲到樟树兜销药材，直到七十三岁时止。五十五年间，他总是年底押货而来，次年春脱销而返，从未间断，成为樟树药界的一段佳话，至今仍有老一辈药人感念江氏之诚信。

外地药商逐渐结成帮派，在樟树兴建会馆，联络乡谊，如山西会馆、陕西会馆、新安会馆等。仅淮帮独立经营的药材行号牌号就有十多家，著名的有德圣全、协圣和等，几乎垄断了樟树淮药市场。当年，樟树药商兴建三皇宫时，淮帮药商拟投资共建，被婉言谢绝后，淮商竟在三皇宫附近独资建起药王庙，与樟树商人相抗衡。清道光《清江县志》便称："市人多异民杂处，有客胜主之患。"

我想，最初的那一拨水客，那些附片客，或地黄客、茯苓客、枣皮客、陈皮客，大约是在某座酒楼里拍板成交的；他们经过一番讨价还价，最后令他们慷慨击掌的大约是一碗樟树的好酒；他们相约来年的承诺，大约都带着三分醉意；他们后来果然践约而至，大约也是聚会在去年的酒楼上，聚会在去年的酒杯里，聚会在弥久不散的去年的酒香里。有明代周京《书清江酒楼》一诗作证："落日照江浦，轻帆过酒家。醉乡真可托，鹢首是天涯。"

想当年，诗沿着赣江或袁水飘然而至，泊岸于樟树码头，它上岸后，一定是穿行在熙熙攘攘的药里，跻身在纷纷扰扰的酒里。它一定会经过迎风招展的酒旗之下，去往药行；或经过药香袭人的药行，去往酒家。酒家在药行隔壁和对门，酒家在码头附近和远处，酒家在酒乡处处，酒家在酒巷深深。

诗和药和酒，对饮成三人。我听到了杯盏碰撞之声，听到了它们的酬唱应和之声。南宋时曾任临江知府的王庭珪，有感于"活人堂"的医药声望，留有七绝《题清江张氏活人堂》；清人刘人骏的《泊樟树镇》云："樟树归舟边，停桡问酒沽。病轻求妙药，市闹知通衢。"有位才女，名杨韵兰，二十五岁卒，著有《晼香楼吟草》，《酒旗》一诗有"远傍山城近水湄，提壶有客望青旗。恰适酒市风飘处"句。如此这般的诗词，勾勒出一幅古色古香的风俗画，其中有市井街衢，有水光山色，有酒旗猎猎，有药草飘香。

我以为，最是《次庄定山清江杂兴》一诗，堪称樟树风俗画卷的精品。其作者为官至翰林院检讨的明代理学家陈献章。诗云："竹径旁通沽酒市，桃花乱点钓鱼船。平生独爱孙思邈，自古高人方又圆。"竹径，酒市，钓鱼船，孙思邈，高人……这些形象，正是樟树的特有，正是樟树的特点，这些形象融汇在一首诗里，简约而醒目地勾画出了樟树的独特风情。

作者尊崇的唐代著名医学家孙思邈，作为闻名天下的药王，也是樟树药商顶礼膜拜的行业神，可以说，其神圣俨然就是樟树地方的保护神。学术界认为孙思邈开创了樟树药源普查和方剂整理的先河。清康熙年间，为纪念孙思邈在樟树的贡献，樟树将原来的药王寺改为药王庙，组织庙会，由原传统的每年九月在樟树举办的药材交流会改为每年四月二十八日举行，此日正是孙思邈的生日。庙会为期半个月，全国各地药商云集于此。我数次拜谒过端坐在三皇宫里的孙思邈，其神像赤面慈颜，五绺长髯，方巾红袍，仪态朴厚。

题诗药市的不只是诗人，还有平头百姓。当年名噪长江中下游地区的"临清帮"木排帮老大，放排时怀揣一本《揉怀歌》，内中有一首专咏樟树药业的《赞药乡》，不无自豪地赞道："樟树镇上光景好，南北川广药材行。"

纷纷题诗药市的诗人，更有甚者，索性投入医药研究，乃至药材种植。如，北宋著名学者刘敞，自佛老、卜筮、天文、山经、地志，乃至金文、方药、医籍，皆究其大略，都有很深的造诣，尽管其没有医学专著行世，却是樟树医药史上最早研究医籍方药的学者；南宋史学家徐梦莘在研究史学之余，又研究历代医家生平和著作，学习岐黄之术，著有《集医录》行世，徐氏因此成为樟树最早有医籍传世的名家；元代著名学者杜本，当时以文学知名，不料，他称疾隐居乡里，在樟树行医施药，专门研究舌诊，撰成《敖氏伤寒金镜录》，那是我国最早的舌诊专著之一……

翻开樟树医药群英谱，令我惊奇的是，不少精英都有仕宦经历，即历代医学、药学名家均出身于儒林，而又弃官从医。官宦士绅习医种药蔚成风气，可谓樟树社会一大景观。它既反映了特定历史环境中士人的现实态度，也证明了中国古代的读书人、士人和医生之间原本就是"燮理相通"，所谓"达则为良相，不达则为良医"是也。明代妇幼科专家聂尚恒，以乡进士出任县令，卓有政声，可惜当时他以儒臣显赫，而未列入名医林。而名著《奇效医述》，正是他当县令时医治疑难重症的诊籍。他虽为官，勤于政事，仍博取精研，刻意医述，医学著述颇丰；清初眼科专家邓苑同样当过县令，尽管他为官清正，爱民如子，却对仕宦生涯并不在意，而认为"为人子者不可不知医"，所以经常研读医学书籍，潜心学医。卸职回到家乡，即杜门谢客，致力于"素问之学"，编著完成《一草亭目科全书》，是为清初三大眼科名著之一；清初的熊家骥，在四川一带为官，却以医药驰名四川，在重庆有"药王"之誉。他是治痢专著《治痢慈航》的编者；而清代的毛上薄，虽为举人，却不慕仕途，编撰了一部包罗伤寒、方脉、本草直到外科、妇科、儿科、痘疹等方面内容，共有二十四卷的医学巨著，名《无底编》。如此等等。

安徽桐城人方以智，明崇祯进士，曾任翰林院检讨，是天文学家、地理学家、物理学家、生理学家、文学家、音乐家、医药学家、中西医结合学家。清兵南下广东时，他到阁皂山出家，其间，致力于经营药圃、驯虎种药，将土茯苓、菊花、紫苏、射干、白术、吴萸、八棱麻等野生药材引入药圃种植，首开樟树药圃种药之风气。他居住的"茅茨"前后，均编竹为篱，种药养花，四时不绝。他还研究药材炮制，亲自进行试验，并以"药地和尚"自号，撰成《药地炮藏》一书，对樟树药材栽培和中药加工炮制有着重大影响。因此，阁皂山附近村民从事种药、制药的人渐渐多起来。清光绪年间，临江府实业学堂也开办了药物种植试验场，种植紫苏、薄荷、吴萸、远志、白术、白芍、半夏等三十八种药材，并以《药地炮藏》一书为教材。樟树药帮尊称方以智为樟树第七文章药王。

著名诗人范德机，与虞华、揭奚斯、杨仲宏一同，号称"元初四大家"。范德机曾官翰林院编修，福建闽海道知事。他晚年以母老为由不奉诏，归隐家乡，有诗云："田园虽尚远，未肯效凄凉。药就篱成蔓，花因径作行。"

就是说，他也在房前屋后栽花种药了。吸引他归隐家乡的，是"驱鸡不过墙"的安适，还是"药就篱成蔓"的恬美？不管怎样，他倒是开了樟树官绅仕宦种药养花之先声，并影响到清代的临江府官厅。清初著名诗人施闰章，康熙年间曾任江西湖西道分守，驻临江，其赠临江府知府诗《临江太守行》中写道："官斋种药兼种蔬，厨中但有武昌鱼。"

就像酒把药商邀集在一起，药商把药材邀集在一起，诗人也兴致勃勃把药材邀集在诗圃里，把药名邀集在酒桌边。请看王安石的《和微之药名劝酒》——

赤车使者锦帐郎，从容珂马留闲坊。紫芝眉宇倾一坐，笑语但闻鸡舌香。药名劝酒诗实好，陟厘为我书数行。真珠的烁鸣糟床，金罂琥珀正可赏。使君子细看流光，莫惜觅醉衣淋浪。独醒至死诚可伤！欢华易尽悲酸早。人间没药能医老，寄言歌管众少年，趁取乌头未白前。

这首诗描绘了歌坊瓦舍把盏笑语的场面，抒发人生易老、趁时醉乐的人生观，诗中把药名巧妙地熔于一炉，毫不牵强而别有趣味。唐人权德舆的药名诗，则是每句含一药名："七泽兰芳千里春，潇湘花落石磷磷。有时浪白微风起，坐钩藤荫不见人。"

樟树人孔平仲也有一首《药名体诗》。说起孔平仲，须提及宋元祐年间的"二苏三孔"。孔平仲与其兄文仲、武仲"皆以文声起江西，时号'三孔'"，或称"清江三孔"，与苏轼、苏辙兄弟的"二苏"并称，而黄庭坚则有"三苏联璧，三孔分鼎"的赞语。然而，就诗歌成就而论，"三孔"远不如"二苏"。在"三孔"中，孔平仲文学才能稍胜，作为与"二苏"同时并受其影响的作家，孔平仲诗虽畅快，仕途却不怎么畅快，被参劾，被削官；又被弹劾而徙官；上书辩解，被再贬；好不容易被起用，接着改任，再出任外官；党论再起，又被罢官，不久去世。如此跌宕起伏，真不如寻芳于山野！其《药名体诗》云——

鄙性常山野，尤甘草舍中，钩帘阴卷柏，障壁坐化风。客土依云实，流泉架木通，行当归去夷，已逼白头翁。此地龙舒骨，池隍兽血余，木香多野桔，石乳最宜鱼。古瓦松杉冷，旱天麻麦疏，题诗非杜若，笺粉腻难书。

诗句中嵌入了诸多药名，然而，其"题诗非杜若"，意不在药，而主其情，诗人"鄙性常山野"的志趣充溢在字里行间。不知孔平仲善饮否。倘若把他写进诗里的那些药，全部浸泡在酒里，每日小酌三二盅，是否能保他再被罢官后不至于丢了性命呢？

我忽然由药想到了酒，并不奇怪。因为，我相信，在药都，酒注定要和药发生亲密关系，酒和药注定要联手抚慰天下的身心。

酒的发明其实也是医学史上的一大贡献。"医源于酒"，这从汉字"医"字可以证实，医是"醫"的简体字，"醫"，会意，从"殹"，从"酉"。"殹"，治病时的叩击声；"酉"，用以医疗的酒。《说文》云"医之性然得酒而使"，

"酒所以治病也"。《汉书·食货志》云："酒，百药之长。"随着人们用药经验的增加，发明了以药浸酒的办法，成为药酒，可以饮用，可以治病，针对不同病痛用不同药物浸渍药酒。由中药炮制技术，亦可能窥见酒与药之亲密关系。

我曾领略如今樟树药材交流会盛况，抚今追昔，戏作歌词一首称《药过樟树药才灵》——

婆娑儿，水东哥，使君子，醉宾郎。浙贝川军纷纷来，海马河车路路通。用药如用兵，妙手能回春。天下有药八百方，哪怕人间四百病。

山慈姑，珍珠母，黄花女，雪衣娘。生地熟地一见喜，客无远近百般亲。和气能生财，济世靠仁心。弄玉合欢望当归，茴香含笑盼迎春。

鹿衔草，马兜铃，下山虎，过江龙。连翘百步红娘子，独活千年白头翁。心宽为良方，人和福临门。秤杆一字两头平，药过樟树药才灵。

见笑，见笑。

民间乐事宽

捧读樟树，我忽然喜欢上了一位举人的诗。乾隆年间的举人，叫张志泰。我无从探问他的故事和结局，品味其诗作《端午书感》，忍不住妄加揣测，想来他虽取得赴会试资格并有了做官的正途出身，恐怕还是未曾发达吧？不信，有诗为证——

近况闲愁逐序过，且当佳节一高歌。蒲樽有意延端午，角黍何情吊泪罗。终日对书凝拙惯，老年被鬼戏揄多。畅怀好饮开聋酒，醉看当窗翠髻螺。

好个"蒲樽有意延端午"！诗里虽有几分委屈几分怨愤，然而，更多的却是释怀于心的洒脱，寄情于酒的快慰。酒可以让闲愁的日子变成佳节，也可以让佳节延宕为畅怀好饮的每一天。我乐见这首诗，并不在于诗人所表现的豁达心境、所传达的乐观态度，而在于，这位举人老爷在传统节日里端起端午酒，不经意间道出了一种民俗心理，即因"被鬼戏揄多"而祈望"蒲樽有意延端午"的心态。是的，此言一定蕴含着属于作者个人的具体人生内容，然而，酒的确是人在困厄、迷茫、烦愁、愤怒时可以倾心的挚友，甚至，是可以膜拜的神！或者说，有酒，就可以在自己的心灵大地和天空中创造出神灵！这是一位主宰欢乐、主宰平安吉祥的尊神。毋庸讳言，酒与节日，酒与信仰，酒与礼仪，的确有着极其密切的关系。

酒是迎神的微笑，酒是通神的语言，酒是酬神的心情。

不知道是否因为早在数千年前就受用了樟树佳酿，就领略了在当时堪称高贵典雅的酒具陶鬶和铜斝，诸神似乎格外青睐这祥云捧月的风水宝地，这里成了众神狂欢的地方。真个如清人王愈扩登就亭面向阁皂山、俯视袁河水所看到的情景："官冷诗篇富，民间乐事宽。江云无定影，醉里几回看。"

众神欢聚在古人的诗词里。"正是日斜春社散，邻翁归去醉如泥。""百亩庆西成，社祠秋报肃。""朝闻社鼓集神祠，报赛逢时乐事滋。"……诗词里，有春社、秋社，有社祠、社鼓，有报赛、赛神，字里行间，更有"家家扶得醉人归"的其乐融融，它们分明就是一幅幅神人同宴乐的风俗画。

春社日照例要置鼓以聚众，要备酒，祭毕饮中和酒、宜春酒，自古相传，社祭饮酒治聋，故而又称之为"治聋酒"。难怪张举人把端午酒也当作了"开聋酒"。

端午节的樟树，牛也要开聋，即在节日早上，拿一些粽子、米糕或糠拌饭喂牛，谓之给牛开聋。接着，将两条活黄鳝从牛的左右鼻孔灌入胃中。据说，如此这般，可使牛在投入夏收夏种紧张繁重的劳役时，不怕热，不怕累。随后，再给牛背脊和额头涂抹雄黄酒，使之在天热的晚上不怕蚊子叮咬。春插时节，有的地方作兴送开秧门饭。下田拔秧叫开秧门。这天早上要备好干鱼、腊肉、盐水蛋和封缸酒，拔秧前，烧纸钱，放爆竹，燃香，再朝南作揖，人们高举饭碗和酒碗，念道："秧秧禾禾快快长，秧秧虫虫快快走。"念完，将饭和酒倒入田角空处，下田拔四把秧上岸，就算开了秧门，可以回家吃开秧门饭了，要请酒，还要用小碗盛饭菜，给左邻右舍送开秧门饭。

在樟树留下大量题咏的清代诗人、江西布政使参议施闰章在《临江杂咏》中写道："更无罗绮艳江边，高种茶园低种田。一岁繁华灯下尽，满城歌管送神船。"关于"送神船"，他更有《神船词》一诗对这一民俗事相作了细腻描写，难能可贵地为后人留下了古时地方风俗的记忆，其题记写道："清江县旧俗，上元昇彩舟行地上，罗载百神，服饰甚盛，鼓吹三日夜，乃送而焚之江浒。"他的这一题记让我联想到江西乡间名为"送船"的送神活动，其意在驱邪保平安。据说，凡是张天师足迹所到之处都有送船，尤以赣江中游的吉安一带为盛，而樟树与之紧邻。

凭着遗存在各地的线索，不难描摹出送神船曾经遍及江西乡间的景象。在迎来新年的时刻，在土地苏醒前夕，人们以本坊福主的名义，郑重地请来各路大神，为的是"村中但有邪妖魔，一齐拿他上船装"，然后，在"龙抬头"之际，再送走各方神圣。同样的民俗形式，被各个村庄打上了各自的印记，或者是在传承的过程中变异了，或者是在传布的过程中被改造了。不管怎样，它们传承和传布的过程，本身就是一条地缘的纽带，把一个地域众多的信仰着的心灵串联起来了，也把人们对世界、对自然的认识串联起来了。

樟树乡间显然也有送神船的遗存。听说，早些年，洲山村有周三庙，正殿坐着主神周三将军，还配祀不少菩萨。相传，周三是三国时期东吴大将周泰。每逢新年，村民要请菩萨出庙坐船巡游，坐在船上的菩萨叫作"船老爷"，故此活动称"船老爷出行"。

芗溪张家的记忆里，也有旧时送神船之一斑。每逢农历正月十三的迎神会，必燃放巨型爆竹，大者如水桶粗细，名曰"桶子爆竹"；小者如量米升筒大小，曰"升子爆竹"。神会期间，四方乡民均赶来观看。关于缘起，有传说称，古代有仙人乘铁船浮游至此，人去而船留，村人遂将船请至村后供之。有显灵故事传开，前来拜祭许愿者愈来愈多，逐渐衍变成大规模的迎神会。直到新中国成立前，芗溪张家村后还有一小石屋，乃传说中的埋藏神船之地，屋前有一幢神屋，专门存放迎神用具，但所迎之神为一纸船。迎神仪式结束之后，即由乡绅护送到溪边焚毁。

我说，有酒，就可以在自己的心灵大地和天空中创造出神灵。此言不虚。在这酒国醉乡，在昔时的临江府、今天的樟树地，真的出了两位声名显赫的尊神。除了从道教神坛走向民间的许真君，他俩大概可以算影响最大的江西籍民间俗神了。他俩分别叫萧公、晏公，是江西的地方水神，明初因朝廷推崇而成为具有全国性影响的水神，职司平定风浪，保障江海行船，因此南方诸省乡间纷纷立庙奉祀。

威震赣江的萧公、晏公，影响随着南来北往的船只泊港上岸，他们自然而然一定会拥有四面八方的"粉丝"。有些地方索性将萧、晏二公同祀一庙。新余与二神家乡邻近，因而立庙较早，仙女湖钟山峡东口北岸的萧公庙，便是将萧公和晏公一并供奉。据说二神灵气惊人，来往船家经过此处都要敬香祈福，否则难保平安。当地百姓传说，严嵩衣锦还乡时，船到钟山，自认为是当朝一品宰相，竟不愿去庙中烧香。神灵勃然动怒，当即呼风唤雨，大施法术，霎时间天昏地暗，狂飙大起，暴雨倾盆，船只受阻。严嵩恼羞成怒，指使随从捣毁了神殿。不承想，厄运随之降临到他头上，没几年严嵩就被革职抄家，落得个孤愤而死的下场——这样的传说，坚定了人们的信仰。

相比起来，许真君才是在江西民间影响最为广泛的水神，其神迹不仅遍及全省各地，在南方多省也有传说。许真君是个被神化了的历史人物，其俗名许逊，在四川旌阳县县令任上，近贤远奸，居官清廉，实行了不少利国济民的措施，辞官回到故里，组织百姓治水救灾，兴修水利工程，取得显著效果。许逊被人们想象成为仗剑布阵、擒斩孽蛟、法力无边的神奇人物，对许逊事迹的颂扬，之所以能逐渐发展为许真君崇拜，就因为其能御大灾，能捍大患。

如此赣江、袁水相汇之处，自然少不了许真君的神迹。传说，他弃官远游，经过此地，凿井得泉，饮而甜。遂于其地建观修道炼丹。相传，当地有妖蛇作怪，经常夜晚吞吃人畜。每年春汛季节，都得选童男童女祭祀，请和尚设坛超度。许逊闻知，决心为民除害。当深夜狂风大作时，许逊披甲持剑与妖蛇战于赣水之滨。妖蛇败走，逃至临江镇南边的溪中。许逊追到溪边，张弓搭箭，应声射中妖蛇两眼，紧接着，手起剑落，砍掉了蛇头。从此，全境平安。百姓为纪念许逊灭妖之功，在溪旁建大元观祀许真君，如今封溪巷、蛇溪脑之地名，皆出自此传说。

我造访临江镇，当然得去看看为数不多之古迹万寿宫。位于南昌西山的万寿宫，历来香火极盛。由于传说八月初一为许逊全家四十二人升天之日，南昌民俗定此日为西山庙会日。庙会前后两个月，方圆百里各县前往万寿宫敬香朝拜者车水马龙，络绎不绝，据称整个庙会期间信徒可达百万之众。始建于明洪武年间的临江万寿宫却是门庭冷落，其宫深五进，面积一千四百多平方米。就着晦暗的光线粗略看去，似多菩萨而少神仙，其柱联也多佛寺意味。想来，它也成了"信仰超市"。不过，这座万寿宫大门侧边的宫墙上，倒是赫然标榜着——"临江府万寿宫"！

遥想当年，这里当如西山万寿宫，也是个熙熙攘攘的所在。说到庙会，我不禁探问，得知樟树过去圩镇上多有庙会，如今尚存的大约有：农历六月初二的刘公庙庙会，七月廿三的昌傅太平庙会，五月十八的店下天王庙会，七月廿八的义成黎圩庙会，八月初九的中洲庙会。庙会时间一般为三天。

庙会是集群性的人神交流场所，在长期的历史演变中，具有了多种社会功能，它为四方百姓探亲访友、聚会交往、了解世事和娱乐创造了重大机会，樟树旧时的庙会即是如此。要开台唱大戏，要举办打拳、舞狮等娱乐活动。庙会还通过逐渐形成的庙市，为民间的商品交流提供了重要场所，尤其新中国成立以后，庙会逐渐演变为纯粹的物资交易活动。不过，樟树庙会日的牛市颇有特色。如，店下等处庙会期间，本地和周边农民、牛贩子纷纷牵牛到交易市场，参加交易的牛，有时多达千余头，连赣州、吉安以及周边诸县也纷至沓来。可见，庙会以信仰为纽带，在村落之间、地方之间架设了交流融汇的桥梁，让人们共同拓展出蕴藏丰富的乡村文化空间，并贴上了鲜明的地方标识。

这片能够造神的土地，一定收藏着绚丽多彩的民间艺术。果不其然，除了"滚龙""节龙""扮故事"等，樟树还有独特的观上蛤蟆舞和程家老虎舞。据说，蛤蟆舞至少有二百余年历史。是为双人舞，扮演蛤蟆者穿蛤蟆衣，捕蛙人为渔翁打扮，腰吊篾篓，肩扛蛙钩。通过蛤蟆与捕蛙人的巧妙周旋，表现蛤蟆的灵巧、机智、无畏。舞蹈动作活泼多变，诙谐有趣。表演"双脚挂颈""旋空转体""盘膝卧行""抱脚滚团"等动作，以脚见功力，要有相当的柔性和韧劲。南上程家老虎舞，为三人舞，两人扮虎，虎头用樟木雕成，竹竿做成长长的虎尾，黄栀子染布做虎皮；一人扮社公，头戴木雕面具，身穿长袍大褂，脚着草履。舞虎时，社公手摇折扇大摇大摆地在前面引路，虎在社公的指挥下，进行各种舞姿表演，显得庄重逼真。更为有趣的是，舞虎时，老虎要挨家挨户地串房，尤其是新娘和当年生子女的人家，串房时还要将石子、泥沙撮撒在床上，以示赐给吉祥如意。该舞形式别致，风格独特，深受人们欢迎，影响颇大。程氏祖先是宋末从河南嵩县迁移过来的，其故里在佛教圣地嵩山少林寺腹地，程氏祖先原先就是舞虎的。据称，南上程家的老虎舞始兴于清嘉庆年间并流传下来，可能跟该村位于道教名山阁皂山脚下，与这块道教"福地"有关。而我以为，在处处傩乡的江西，或许，它更有可能是傩舞的变异。

神明们在这里作为偶像受用着虔诚香火的同时，大饱了口福、眼福、耳福，他们带着几分微醺在倾听或允诺。酒是通神的语言。千奇百怪的神灵，因为人们的祷祝，其实也成了寄托着美好的生活理想、可以给人莫大心灵慰藉的吉祥物。

寻找洛阳桥

请神容易送神难。因为送神时，人们祈望神灵把一切邪祟押走。于是，各地便有了形形色色的隆重仪式，这种仪式多以送神相称。送船得歌之咏之和之，而几乎所有送船唱本，内容相同，唱词却是各各有异，唯有"洛阳桥上花似锦，洛阳桥下好划船"的咏叹，千篇一律。

送神必须送到洛阳，这个洛阳在哪儿，为何送神去那里？各地说法莫衷一是，或称洛阳是千年帝都，或道客家人心系河洛。所以，在有些地方的唱词里，洛阳则是方向不明，比如枫树塘，虽然"洛阳桥上花似锦，洛阳桥下好划船"，可送船的路线却是"八送众神到省城，九送众神到南京，十送众神到北京"，那神船好像是跟着唱词的韵脚走的。要知道，神船上押解着地上的一切邪祟，如若真的送往帝都或故园，那岂不是嫁祸于别方了吗？不错，民间祷词里确有企望灾祸远离、去往别方的内容，然而，那个"别方"是泛指。

其实，大多数唱本里的送船，指向是茫茫大海。万安顺峰乡版本，更是将行船经过的地方一一道来，其中多有我们熟悉的地名：惶恐滩、泰和、螺洲、白沙、峡江、新干、太阳洲、樟树镇、丰城、西山、吴城、朱溪左里、大姑小姑、池州、安庆、芜湖、南京，接着是金山、仪征，然后就是"满树桃红花似锦，洛阳桥上四时春，行船行来到洛阳，船上儿郎喜气洋"。可见，那神船由赣江经鄱阳湖入长江，随着浩浩江流消逝在海天尽头。

被人们年年正月间"唱"着、"喊"着的洛阳，莫非在大海的波涛之上，在大海的彼岸之畔？

我无意中翻得广昌县民间故事《洛阳桥》，它叙说的就是万安唱船《捷报状元》的故事。故事说：从前的洛阳没有桥，要过渡。某日渡船装满人行至河中间，眼看就要翻船，半空中有人说："蔡状元在船上，不能翻。"船靠岸后，有人问何人姓蔡，无人回答。最后问到一个怀崽三月的叫花婆，她丈夫姓蔡。于是，大家说她儿子今后会中状元，叫花婆许愿道，如若果真，自己一定在此建桥。二十多年后，儿子中了状元，可建桥所需的银子让叫花婆一筹莫展。儿子见母亲愁眉不展，问明真相后，执意要帮助母亲还愿。建桥最困难的是起桥墩。海龙王托梦给蔡状元，要他派个下得海的人到海底取宝去做桥墩。蔡状元出告示征选无果，结果差役带来了一个名叫夏得海的人。夏得海受蔡状元派遣，只好天天到河边去，终于被海龙王接走。海龙王送他七个小石头，夏得海随手扔掉一个，河里突然冒出一座桥墩。其余六个石子被他带到建桥地点，建起六座桥墩，后来观音娘娘用蚌壳变了一座桥墩，这才建起了有七座桥墩的洛阳桥。

广昌甘竹大路背孟戏《长城记》第十一出《姜女观灯》里，一句"洛阳桥头花似景"，顿时把古老的孟戏剧目同送船活动联系起来了。其实，洛阳桥的故事流传甚广，洛阳桥甚至进入了沈从文的小说，成为小说的人物语言。比如《边城》中写道：龙舟竞渡时，老船夫被一个熟人拉去看水碾子。撑渡船的若想有座碾坊，那简直是不可能的妄想。熟人说到碾坊的将来，便问船夫孙女翠翠年龄。熟人随后说——

"十四岁多能干！将来谁得她真有福气！"

"有什么福气？又无碾坊陪嫁，一个光人。"

"别说一个光人，一个有用的人，两只手敌得五座碾坊！洛阳桥也是鲁班两只手造成的！……"这样那样地说着，表示对老船夫的抗议，说到后来那人自然笑了。

老船夫也笑了，心想："翠翠有两只手，将来也去造洛阳桥吧，新鲜事！"

文中写到顺顺家请人来做媒时，翠翠弄明白了，人来做媒的是大老——

见翠翠总不作声，祖父于是笑了，且说："翠翠，想几天不碍事。洛阳桥不是一个晚上造得好的，要日子咧……"

小说中还披露当时傩风盛行的情形。掌水码头的顺顺，"做父亲的当两个儿子很小时，就明白大儿子一切与自己相似，却稍稍见得溺爱那第二个儿子。由于这点儿不自觉的私心，他把长子取名天保，次子取名傩送。天保佑的在人事上或不免有龃龉处，至于傩神所送来的，照当地习气，人便不能稍加轻视了。傩送美丽得很。茶峒船家人拙于赞扬这种美丽，只知道为他取出一个诨名为'岳云'。"

原来，洛阳桥不只是矗立在节日的庄严唱赞里，它还构架在老百姓的日常语言生活中。有关洛阳桥的民间故事以及取材这一民间故事的文学艺术创作，应该也是送船的遗存，它启发我们：无有更开阔的视野，难以探寻完整的历史真相。

其实，民间唱赞的洛阳桥坐落在福建泉州城东，它与北京的卢沟桥、河北的赵州桥、广东的广济桥并称为我国古代四大名桥。早在唐宋之前，泉州一带居住着越族人，到了唐朝初年，由于社会动荡不安，大量的中原人南迁，迁到泉州及闽南一带的，多数为河洛人，他们认为这里的山川地势很像古都洛阳，便为此地取名洛阳，把此地"水阔五里，波涛滚滚"的一条滨海大江命名为洛阳江。之前，渡江靠渡船，每逢大风海潮，常发生翻船灾祸，为祈求平安，渡口称"万安渡"。

北宋时，两次出任泉州太守的蔡襄主持了洛阳江跨江接海的建桥工程，工程起自皇祐五年（1053年），至嘉祐四年（1059年）完成，历时七年之久，耗银一千四百万两，据说这些银两是人民自动捐献的，为捐赠，蔡襄也卖了家里的一百六十多亩地。据史料记载，初建时桥长三百六十丈，宽一丈五尺，有桥墩四十六座，两侧有五百个石雕扶栏、二十八尊石狮，兼有七亭九塔点缀其间，武士造像分立两旁，桥的南北两侧种植松树七百棵。

洛阳桥的造桥工程规模巨大，结构工艺技术高超。其桥址位于江海汇合处，江潮汹涌，浪涛搏击，近千年前的桥梁工程师们，就是在这么困难的条件下，首创了直到近代才被认识的新型桥基，即"筏形基础"。它是用船载石块沿着桥梁中线抛下，大量石块使江底形成一条矮石堤，然后在堤上建桥墩。洛阳桥的桥墩全用长条石交错垒砌，两头尖，以分水势，减轻浪涛对桥墩的冲击。为了巩固基石，首创了"种蛎固基法"，即在基石上养殖牡蛎，使之胶结成牢固的中流砥柱。这是世界上把生物学应用于桥梁工程中的先例。洛阳桥的建造，使洛阳江天堑变通途，为南宋时期泉州出现的大规模造桥工程，提供了丰富经验，也是对世界桥梁科学的重大贡献，洛阳桥成为中国造桥史上的一座丰碑，成为千古传诵的佳话。文人墨客为此写下大量诗文，连京剧传统剧目也以此作为题材，描述当年建桥之艰巨，以及桥建成之后"三百六十行过桥"的欢乐情景，使得洛阳桥更加名闻天下。

我想，洛阳桥之所以声名响亮，还在于主持造桥的蔡襄与苏轼、黄庭坚、米芾并称书法"宋四家"。蔡襄，字君漠，其效法过王羲之、颜真卿等，天资既高，积学深至，取法争上，超然脱俗，达到古雅优美的境界，人称"追配前人者，独蔡君谟书"；而他书写的碑文《万安桥记》，全文不赘一词，不脱一意，精简凝练，抑扬铿锵，充分体现了蔡襄文风上要言不烦的特点。此碑因文章的精炼与书法的浑宏遒丽、刻工的精细传神，世称"三绝"。

《万安桥记》全文仅一百五十余字，是一篇绝妙好词，曰：

泉州万安渡石桥，始造于皇祐五年四月庚寅，以嘉祐四年十二月辛未讫功。累趾于渊，酾水为四十七道，梁空以行。其长三千六百尺，广丈有五尺，翼以扶栏，如其长之数而两之，靡金钱一千四百万，求诸施者。渡实支海，去舟而徒，易危而安，民莫不利。职其事：庐锡、王实、许忠、浮图义波、善宗等十有五人。既成，太守莆阳蔡襄为之合乐宴饮而落之。明年秋，蒙召还京，道由是出，因纪所作，勒于岸左。

蔡襄书写碑文时，表现出谦虚的品格，并不吹嘘自己的功劳。这篇杰出的碑文，为蔡襄赢得了更多的声誉。《皇宋书录》说："蔡公万安桥记，大字刻石最佳。"南宋周必大说："蔡忠惠公大字端重沉着，宜为本朝第一。洛阳桥上皆入书法冠冕也。"而明代王世贞则说："万安桥天下第一桥。君谟此书，雄伟遒丽，当与桥争胜。"

蔡状元的碑文等于是为洛阳江又再造了一座洛阳桥，这是一座文化之桥、精神之桥。于是乎，关于洛阳桥的民间故事层出不穷且不胫而走，这是老百姓的口碑。"蔡襄母亲渡江发愿""蔡太守移檄海龙王""八仙襄助建桥"等传说，将建造洛阳桥之功归于蔡襄，把蔡襄与洛阳桥之间的传说编排得出神入化。据了解，泉州地区的洛阳桥传说故事，大体可归纳为建造洛阳桥的传说故事、洛阳桥风物传说和与洛阳桥有关的传说三大类。中国著名桥梁专家茅以升教授曾赞叹道："在我国古桥中，神话传说最多、几乎举国皆知的，北方有赵州桥，南方有洛阳桥。"

我由厦门前往福州途中，于泉州下火车打的士赶往洛阳桥，来回仅一个多小时。不巧遇上施工，在那乱纷纷的现场自然也就待不住了，有来来往往、尤其是发狠使劲上坡的翻斗车破坏观赏的兴致，更有猎猎飘扬的企业蓝色旗帜和层层叠叠的网罩阻碍镜头。尽管如此，宽阔的江面、坚固的石桥，还是给我留下了深刻印象。驻足这江海相衔之处，曾经的风浪险恶不难想象。而如今的施工工程，却是属于景观建设的清淤工程。裸露的河床很高，北岸下游一侧的河床上竟长满了一种小叶片的灌木，红树林乎？蔡襄的塑像就站在北岸的桥头，他的身后就是那片翁翁郁郁的灌木林。

蔡状元始终微笑着。好像在玩味宋代诗人朱正中的《洛阳桥观水》："点点风帆底处还，似有似无海门山。白鸥却怕潮头恶，闲卧汀花野草间。"又好像含笑眺望着一个远去的背影，那是余光中打《洛阳桥》经过的背影——

刺桐花开了多少个春天

东西塔对望究竟多少年

多少人走过了洛阳桥

多少船驶出了泉州湾……

这座千年古桥，孕育了千古流传的故事传说。洛阳桥的故事传说之所以能够广泛传布、世代传承，除了蔡状元的事迹和洛阳桥本身的影响外，我想，也与这类传说的主题切近老百姓朴实的生活理想和愿望有关，更何况，传说里多有人们喜闻乐见的吉祥形象出现，载有孕妇的渡船，怀有状元郎的母亲，喜剧角色夏得海，变化为美人的观音菩萨，可从此岸通达彼岸的桥……如此等等。既然融汇了许多的美好，洛阳桥被人们年年唱赞着，也就不奇怪了。

所以，我认为，洛阳桥到了送船的唱本里，它指示的是江海相衔处，就像真实的洛阳桥一样；而人们祈望神明将邪祟押解所往的那个洛阳，在洛阳桥的那边，在海天茫茫的远方，那应该是一个具有谐音意义的地方。

对了，落阳，冥界的胜境。送船歌本对"洛阳"总是极尽美化之能事，这大约是企图诱惑邪祟跟着神灵去往那里而一去不复返吧？

索图记

有个成语叫按图索骥，我做的事情却是按骥索图。我说的骥，是一种纸扎神船；我说的图，是用以祭祀的元宵图。

年年去看吉安陂下村名曰"喊船"的送神活动，我注意到活动全程有人抬着一幅彩画，很大，但画面内容比较简单。来自遂川的一则报道里却有价值不菲的"喊船画"："6月8日上午，家住遂川县雩田镇塘背乡的康某拨打110报案，说是雩田镇塘背村祠堂里一幅价值5万元的古画昨晚丢失了。遂川县公安局刑警大队接警后，侦查民警火速赶到案发现场，对案发现场进行现场勘查。据了解，丢失的古画名叫'喊船画'，系清朝乾隆时期的古画，长约2米，宽约1.4米。因祠堂近期在修葺，古画被拿下来后放在祠堂的神台上，不料不翼而飞。6月20日上午，民警通过周密调查获得重要线索，遂川县城一名从事古董生意的梁某前几天在该县碧洲镇见到了一幅古画，且特征与被盗古画十分相似，民警迅速寻找梁某并找到了那幅古画，经确认，这幅古画正是被盗的古画，民警顺藤摸瓜，抓获了犯罪嫌疑人方某。"

这事发生在2011年6月。不料，三个月后，还是在雩田镇，又出了一则新闻《彩色巨幅古画现江西遂川　上绘 292 个人物》，称："日前，江西省遂川县雩田镇衡溪'古南乡蒋氏宗祠'在进行拆旧维修时，工作人员在宗祠中厅的屋檐下，发现一幅彩色巨型古画。该画长 2.2 米，宽 1.98 米，画工笔法细腻，线条明快流畅，色彩瑰丽鲜艳，人物栩栩如生。画上绘有人物 292 个，衣着纹饰精美，面部神态逼真，表情丰富多彩，神态动作各异。目前，衡溪蒋氏家族已将古画移交该县博物馆保存。由于没有题跋印章，该画的具体绘制年代还有待于进一步考证。"

这两则报道不仅披露了赣江沿岸的青原、万安、遂川、赣县一带送船活动遍布乡间的现实，也令我对所谓"喊船画""彩色巨型古画"兴致勃勃。后来，我终于看见了纸上的江海、纸上的龙船和凤船、纸上的此岸和彼岸。那是在万安的展厅和乡间。

吉安市的万安县是赣州的紧邻，境内多有客家人口。早先，我从未注意到万安有送船这类民俗事相的报道，大约在 2013 年 10 月，该县提出申报"农民画艺术之乡"，便应邀前往考察。探究万安农民画的形成，其源头无疑是民间美术，比如，祝寿贺喜的礼镜、家具的雕饰和彩绘、庐陵一带最为讲究的檐头画及其各种建筑装饰，事实上，当下活跃的农民画作者恰好大多都有乡村漆匠经历。问起来，不少人喜爱画画竟是受乡间绘制《元宵图》的影响。《元宵图》用于每年元宵节的送神活动，为大幅的纸质绘图，天长日久，难免毁损，于是过了多久，便要请画师重新绘制，画师们有的是道士。绘制《元宵图》需要一些时日，于是，从小就耳濡目染的，一些孩子终于成了农民画家。

我在农民画展上看到了《元宵图》。此图又叫《元宵盛会图》，唱船、祭祀时需要悬挂墙上，游神、送神时则要抬着它游走。在万安，至今仍有许多村庄保存着这类神画，就是说，唱船等民俗事相至今仍普遍存活于万安乡间，即便有些村庄不再唱船，其神画仍被珍藏着。老百姓视之为神圣，使用时须举行仪式，收藏于祠堂或庙堂的神龛之上，即使由村民保管，也应安放在厅堂祖龛之上或大门梁上。想必相邻的遂川也是如此，这才会有接连发生的新闻。

元宵图分全堂画和半堂画两种。全堂画高两米六、宽两米，画中上部是斗姆老君、日月之神、玉皇大帝、天始元尊、雷公电母、送子观音、福禄寿星等，天上诸神腾云驾雾，飘然而至；中间部分画有宽阔的水面，水上有二十四艘半神船，俗称二十四船。每艘神船大小不同，形状各异，其中有帅船、龙船、凤船，神船上画有各路仙人二百多位，如十二年王、十二月将、七十二煞、屈原太守、青黄二仙、瘟神收毒、竞渡三郎、游江五娘等等；下部画的是人间恭敬相送的场景，各色人物，百般形态，仪仗的队伍前往一座门楼，门楼上书"洛阳胜景"。洛阳正是送神的目的地。半堂画稍小，中间部分所画只有十二艘半神船，俗称十二船，其余与全堂画基本相同。

同治十二年《万安县志》记载了元宵节唱船之盛况："悬所画神舟，日闲祀以牲醴，曰叩神；夜间群执歌本曼声唱之，曰唱船；持挠执旗回旋走，曰划船；每次加吉祥语，曰赞船。金鼓爆竹之声不绝于耳，既乃饮而罢。"

我在正月十五日清晨赶到沙坪村跃龙自然村，跃龙为管氏村庄，新建于旧址上的管氏宗祠里，上方张挂春秋时代齐国政治家、哲学家管仲的画像，传说祖堂后龙山是一只向前起飞的鹧鸪，根据地形形容此地为"鹧笼"，又依着谐音定名为"跃龙"，意为此处乃钟灵毓秀之福地，跃龙人只要有能力出去谋发展，就能前程似锦。

一大早，人们就来到祠堂集合，换好服装，带上锣鼓家什、节龙和彩旗，沿着一条彩旗招展的路，前往水口处的康王庙迎船。到了庙里，先取下高搁在神台之上的元宵画、高悬在头顶之上的神轿，再请下大小不同的各位菩萨，庙外的人们则将元宵画舒展撑起，那正是一幅全堂画。二十四船的旗帜上分别写有"帅""五谷丰登""青黄二仙""招滩引水""五显灵官""竞渡二郎""晏公元帅""游江五娘""本坊福主""萧老官人""屈原太守""五瘟收毒"等字样，其中还有载着狮与象的"回回进贡"船，凤船上人数众多，舞旗的、划桨的、敲锣打鼓的，均为妇女，果然如唱船歌本里唱赞的那样，"篙工舵师皆好姝"。此外，还有一艘女性之船，叫"游江五娘"船。

迎船的队伍前有"回避""肃静"牌、吹打班子，接着是三抬神轿、元宵图，后面是舞龙队和彩旗队。迎船进了祠堂，待三位菩萨在祠堂上方安坐、元宵图在左侧墙上挂好，但见妇女纷纷涌来，分别向菩萨和元宵图敬香。此日下午，便是菩萨出行。坐落在深山里的跃龙村，村舍三三两两，散布在一个个山坳里，这就辛苦了人们盛情请来的船神和本坊福主。

十五日夜，村人聚集在祠堂里唱船、划船、赞船，唱赞程序如前所述。此夜也是老百姓的狂欢之夜。三四个男子坐在元宵图下，面对摊在香案上的歌本唱着，其唱腔和伴奏比较简单，伴奏乐有十个小节，唱腔分上下句，共有八个小节。他们的"曼声唱之"，淹没在人们的喧腾声中，此时的祠堂成了娱乐场所，开了好几张牌桌，观战者甚众。人们齐聚祠堂，也是为了等着赞船。此夜，他们要三次面对元宵图排排站定，大声赞船，还要围着纸扎花船做三次划船表演。每次划船临近末了，忽然有人从外面悄悄关上祠堂大门，而在划船结束时，大门猛然打开，众多举着旗帜的划船者猛冲出来，其气势应能威吓世上的一切邪祟，其寓意在于让神船把邪祟载往洛阳。熬到深更半夜，唱船方告结束，此时祠堂里外摆满了八仙桌，全村男女老少都来喝元宵酒、元宵羹了。酒是自家酿的米酒，羹是由炒香的米磨成的米粉掺杂芹菜、豆腐、肉末、大蒜、萝卜、大青菜、葱花等食材熬煮而成，又称八宝羹，其味清香诱人。万安民谣"喝完元宵酒，工夫不离手""喝完元宵羹，落心落肠做营生"，即出自此俗。这元宵羹是在祠堂的厨房熬煮的，从白天起，就有妇女为此忙碌着。

正月十六是送船日，早晨人们在祠堂里取下元宵图、请菩萨入轿，然后，抬着纸船、元宵图和神轿，在仪仗队伍的护送下，前往水口处。纸船和节龙被送到庙后的溪边焚烧，而元宵图和菩萨神像被抬回庙里，元宵图要收藏起来，神像则要归位。听村中老人说，跃龙明代即有唱船活动，新中国成立以后停止，1981 年后恢复。跃龙村有讲究：送神之后三天内不得放爆竹，以免把鬼神召回来。回望村庄的水口处，但见青烟袅袅。诸神已经随船而去，顺风而去，无论经过哪些地方，它们的终点必定是洛阳……

跃龙村所藏元宵图为近年所画，其作者为赣县道士，名许才棚。虽说是两个县，村庄却相隔不远，等晚餐的工夫，就约得作者骑摩托赶到。他住在赣县沙地镇石鼓村上坪组，善画元宵图，好些村庄的元宵图都出自许师傅手笔。

许师傅家乡的村子面积小，人口不多，所以在祠堂内供奉的元宵图为半堂画。请神时间一般是农历十二月二十四至二十五，若村民需要提前把诸神请回家，也可定好提前的特殊日子，送神则是规定的每年正月十六。其唱船活动比较简单，鼓、锣、镲、唢呐等乐器组合演奏作为背景音乐，有唱船歌本。需要把元宵图、龙船请回家的主家需备好鸡、鸭、猪肉、香蜡等供品，择吉日鞭炮迎接诸神回家，安置元宵图于大堂后，由送神来家的四位帮忙村民对照元宵歌本唱歌。主家不需要封红包给帮忙人，但需宴请他们。元宵图和龙船在主家供奉一二天，随后再安放祠堂内，只要元宵图在祠堂，每晚都需要组织村民来祠堂唱元宵。如此等等。

那次采访后，我意犹未尽。第二年深秋，途经沙地，被探访的念头支使着，一拐弯，沿着一条小道钻进偏僻的深山里。路越来越窄而村落越来越松散，石鼓和上坪好像在路的尽头。路的尽头有一种植物叶子阔大，开着一簇簇黄色的花朵，连当地人也叫不出名字。进村却见土砖砌的民居前，晒场上半边是稻谷半边是油茶子。而许师傅家里，门前摞着两筐晒干的油茶子，屋里墙上挂着两幅几乎相似的神像，只是一幅已经上色，另一幅刚勾勒出诸神的轮廓。元宵图画成，还得举行开光仪式呢。许师傅的书案上摆满了笔墨印和各色颜料，有一本《神祇腹脏神药名录》读来颇有趣，如："右丞相 象皮，万年灵 灵仙，孩童竿 大吉，小将军 及小，家下竿 大发，金瓜超 瓜蒌子，万年灯 尾乡，后勇 百子草，求名竿 伏水，求子竿 桂子，左将军 糜子，蛇将军 蛇皮，大将军 大黄，千里车 车前子，过山龙 江虫，令旗 黄芪，后玄武 玄明，前朱雀 朱雀……"所谓神药，药名也被赋予了神威。

上坪有座新建的龙王庙，庙里贴有一张褪色红纸，是喜报——

捷报

太上玉皇上帝诏曰

　　兹接本坊龙王福主合庙文武烈神功勋浩大，特加升为皇门太保忠烈灵王之职，其余官将连三级荣恩之后，大彰显扬护国佑民，各尽其职，有功之日再加升赏，勿负朕命。钦此。

皇上壬辰年科十一月十三日颁行

值日功曹陈安　上呈

神恩浩荡。原来，有神荣升，大家伙儿也沾光连升三级，真是可喜可贺。

在上坪祠堂高阳堂里，我看见写在红纸牌位上居中的是"天符都天总管金容元帅仁圣大帝众烈神王左前"，其左右为"年王月将二十四七十二侯众圣，康王福主运水龙王赖公元帅将军，屈原相公五谷尊神五瘟使者，水府扶桑丹霞大帝代天宣化神祇，麻豆仙姑金花小姐晏公元帅，划船儿子竞赛郎君杨泗将军，合坊社令君官土公土母尊神，元宵会上一切大小神祇"，牌位两侧有联"合坊五谷丰登，各户男女安康"。牌位上供奉着的神圣，几乎也都端坐在送船的唱歌本里，年年被人们"曼声唱之"。

2017年的元宵节，又被索图的念头驱遣着，裹挟在年后返粤的车流里，去到遂川县。只想看看那幅因修祠堂而被发现的"彩色巨型古画",有关人员很是为难,因为古画被贴了封条。是有领导发话,我才得以见识古画。正是元宵图全堂画。古画边缘虽有破损,画面倒是很清晰,形象众多,层次分明,场面壮阔,其艺术特点果然如报道评价的那样。

屈指算来,从 2004 年发现于都乡间瓽竿舞并追索它的渊源,到不断见闻各地陆续涌现出来的喊船、唱船、送大神等叫法有异的送神活动,再到充分领略最能反映送神习俗本真的元宵图,不觉间,十多年过去。乡间还有什么,值得我再追索十多年吗? 不知道。

王船化吉

江边的神船到了海边叫王船；神船有画在纸上、布上的，也有纸扎的、木雕的，王船可是真正的大船哟！

作为王爷乘御官船，那是被称为"福船"的三桅帆船，船首前有长方形开口，其上方置绘有兽头的"免朝牌"，两侧装置彩绘的"龙目"，船上还设有官厅、尾楼、厨房、指挥室和炮台等。

在厦门，我看到了一艘正在建造的王船。那是为助力中国和马来西亚两国共同为送王船向联合国教科文组织"申遗"，由厦港龙珠殿组织建造的观赏王船。就是说，这条王船的使命并非为了在某个日子里化吉，而是向市民和游客永久展示。

龙珠殿送王船每逢农历闰年举办。闽南依然送王船的那些地方，活动周期大多是三四年，最长者选择牛年，十二年一轮，最频繁的唯有后村，每年四月间送王船。各地送王船主祀的王爷也大有不同，有主祀李、池、朱、温、密五位王爷的，也有三位的，或池姓王爷一人的，甚至没有主祀的，而后村主祀的却是岳飞。

打造王船可谓浩大的工程，需历时数月，而后巡游到海边，以火点燃送之游天河。担当主斧建造王船的是钟庆丰师傅，他如今已是七十七岁高龄，十九岁时便跟着龙海石码的造船名师周份学艺，而周份师傅是龙海的造船世家，技艺精湛。钟庆丰师傅后来当过造船厂的厂长，通过长期观察和摸索，于 1984 年为钟宅村建造了第一艘木质王船。我手里的宣传册，翻印有反映清代中国人在日本长崎送王船之情景的绘图。

建造观赏王船的地点在一座简易的厂棚里，王船已经基本成形，厂棚前悬挂的两条横幅道出了它的意义所在，而门口的横幅则把此处叫作"造王船体验工场"。

在闽南，在台湾，在马来西亚，或许还有更多的国家和地区，王船风风光光地建造着，王船将威风凛凛地巡境。最终，它们都要按照预定的日子，在锚地顺应着人们的期盼和欢呼，化作吉祥的熊熊火焰，化作落在人心深处的"吉"字。

厦门钟山村的水美宫，是造王船的所在地，也是送王船仪式的重要发生地。好几位会长不无自豪地向我夸耀此庙的风水。它坐东朝西，每天下山的太阳会将阳光直射到王爷身上，而每到八月十五夜晚，月光又恰好洒落在王爷身上。人们言之凿凿地声称，因为汲取了日月精华，故水美宫的王爷非常灵验。然而，水美宫祀奉的朱、池、李三姓王爷并无金身木雕神像，而是上书"代天巡狩"的牌位。人们对此虔诚笃信，大至结婚盖房，小至物品遗失，遇事必到此求神问卦，阴阳筊一掷，令可行，禁必止。据说，水美宫信众遍及闽台各地，村中蔡氏宗祠檐下拉着的一条横幅，便是证明，上书"欢迎马来西亚沙捞越美里蔡氏公会宗亲回乡拜祖暨参加'送王船'文化节庆典"。

中山村送王船每三年一届。农历八月十六日，先在村中心的福仁宫门前广场上启动造王船仪式，立杆升旗后，理事们去到村南端的水美宫，大家一道把放在外面的造船木材搬入宫内。在建造王船期间，宫内王爷牌位被请到会长家供奉，而腾出正殿作为造船场所，几个月内都不允许闲杂人等随意出入。

造船的第一步程序叫"安栈"，即安装船的龙骨。王船的所有部件都是以龙骨为基础，肋骨为辅，向船体前后延伸、往龙骨两侧展开，安栈是造船的重要环节，意义特别。所以，安栈需要一个郑重其事的仪式，需要一个吉祥的好日子。每次造王船，都确定于农历八月十八举行安栈仪式。仪式的头一天夜里，水美宫附近非常热闹，因为仪式定的时间是凌晨零时三十分，恰逢月明风爽，村民索性熬夜等着。同样等着的理事们换上湖蓝色长衫马褂，戴上黑色礼帽，披上绣有"钟山水美宫理事会"金字的大红绶带，他们和穿黄衣的"彩莲头"一起列队于宫门前。"彩莲"指的是水手，那么，所谓"彩莲头"就是水手长了。

吉时一到，鞭炮震耳欲聋，理事们跪在草席上面对水美宫三叩九拜，礼毕，进入宫中。这时，腰缠大红绸布的造船师傅对着罗盘指挥大家调整龙骨头部的朝向，并在龙骨上安装四块横向的木制部件，那是船的肋骨。安栈仪式结束时，人们点燃早已布置在宫外的焰火，火树银花把夜空装点得缤纷绚烂。

接下来，还要挑选吉日举行安龙眼仪式和立桅、进水、请帆等一系列仪式。到了农历十一月初六，送王船活动进入最高潮。首先是王船出栈，即将王船从安栈所在的水美宫正殿内移出至广场上，竖起主桅杆并挂上船帆，为游境做好准备。

初六零点一过，彩莲头即在广场上竖起五米多高的"代天巡狩"旗幡，理事们进入水美宫，对王船进行再次检查整理。待到吉时，随着总指挥的一声号令，众多村民用双手慢慢托起重达几千公斤的木质王船，小心翼翼移动脚步，迈出门槛，稳稳地将王船放置在广场中央的四方形船架上，接着将船头调整为朝南方向。有六位老人为随游境王船前行的船夫，他们登上王船，先后竖起前后桅杆和主桅杆，又挂上三面大船帆，三个铁锚落在船前船后，锚尖浸入海水砵内，象征船停下锚。其他村民在船身四周把长杉木绑在船架上，扎成可供众人抬扛的巨大木架。理事们在船前空地上摆下三张供桌，围上"代天巡狩"的桌帘，摆上供品，其中最吸引眼球的是大肥猪和大公羊。妇女们则对着王船烧香跪拜，祈求王爷保佑风调雨顺、合境平安。

夜深了，夜累了，烟花鞭炮都倦了，人们逐渐散去，只剩下"彩莲"守卫现场，守卫那"代天巡狩"的王船和王船承载着的祈愿。

不待天亮，人们就早早醒来，因为接下去是盛大的王船游境活动。清晨，村中心的戏台上挤满五至八岁的孩子和他们的家长，人们忙着为孩子化妆，这些孩子将扮作帝王将相、才子佳人，将坐在蜈蚣阁上随着香阵队伍游行到中午时分；而此时在水美宫广场上已是人头攒动，妇女老人提着香篮拥上前去，先是上供，接着烧香祭拜，王船周围则有十多位"彩莲"护卫着。

王船游境分为两支队伍，一支为进香的香阵队伍，另一支就是王船巡游队伍。因香阵队伍巡游路线长，而两支队伍需同时到达会合的广场，所以香阵队伍得先出发。队伍前面有四位老年妇女用红色带子绑着龙眼树叶的扫把轻扫路面浮尘，接着是两面开路大锣，四位村民抬着"钟山村"和"钟山送王船"的牌匾，一群中小学生举着庙会旗帜，三位老人各牵一匹身披红布的高头大马。阵容强大的蜈蚣阁队伍最是动人，一百二十四位大汉肩扛着长龙一般的三十节阁棚，百米长的蜈蚣阁蜿蜒前行，两端的龙头和龙尾随着节奏上下左右舞动。坐在阁棚上的六十个孩子一个个大睁着好奇的眼睛，他们大概并不知道此刻自己所担当的是哪出戏曲里的什么角色，而持香的家长则紧跟在队伍后面。

参与香阵游行的乐队有三十五支，分别从晋江、石狮、龙海、同安等地请来，另外还有十五支西乐队，以及锣鼓队、洋鼓队、舞狮舞龙队、歌仔唱、高跷队等等。香阵队伍绵延数里，一路上不断有人加入，围观群众人山人海。

此时，王船巡游队伍还在做准备。六位担任船夫的老渔民忙着往船上装载航行需要的用品，并搬上大量纸钱。吉时一到，鞭炮声骤然响起，王船巡游队伍开始移动，前面依然是轻扫浮尘的老年妇女，随后是锣鼓队、腰鼓队和拍胸舞、车鼓弄的表演，随行的五位道士则吹着牛角号。庙会理事走在王船前面，三十二位"彩莲"手持船桨巡行在王船两侧，"彩莲头"双手挥动"代天巡狩"旗幡为王船开道，王船队伍根据旗幡指引或行或停。这支队伍的亮点，无疑就是那艘耗时三月、精心打造的王船了。

王船长十二米，连主帆共高约七米，船身全部采用上等木料，由造船老师傅按照实际比例一丝不苟制作，出海航行的设施应有尽有。据说，将这艘木船放入海中完全可以正常航行，以前送王船并不焚烧王船，而是将王船送至大海任其随意漂流，以便让王爷在船上一路代天行道。将要游境的王船船头装饰有硕大的纸扎虎头，其额头上的"王"字、龇牙咧嘴的大嘴巴以及炯炯有神的绿眼睛，透露出王爷的威严。三面船帆高高挂起，两侧船舷插着十几面彩色小旗，船身上绘着十二生肖的画像。比王船更壮观的，是簇拥着王船的人群，扛抬的木架从船身前后左右伸出一根根长杉木，每根杉木最少有十五个汉子用肩膀扛着，还有许多人钻到船底下用手托着船身，抬的扛的托的，王船航行在几千人汇成的波浪之上，这是人的力量之海，也是人的祈望之海。

王船队伍时而缓步前行，好像游弋在风平浪静的浩瀚碧波里；时而急速奔跑，如同船在大河里顺流直冲三千尺；时而停在原地，凭着众好汉的拱动船身翻腾起伏，象征着遭遇大风大浪而最后总能逢凶化吉。汉子们挤在船身下虽然空间狭小，但大家却是配合默契。钟山村习俗，凡是男子汉此时都应该去抬王船，这样才能得到王爷的降福，所以，在王船行进的过程中，众多男子都跟着抬王船的队伍一起跑动，包括来看热闹的外乡人，只要有人抬累了退出来，马上便有人补进去。主帆顶端离地面高达八米多，道路上方的线缆成了前行的障碍，故王船巡境除了一路有村民举着长竹竿挑起线缆外，船上的四位船夫也在不断收帆下桅、上桅升帆，动作熟练自如；而另两位船夫则不停地将装满船上二十多个大麻袋的纸钱大把地撒向人群，象征王爷将吉祥和恩泽不断撒向人间。

王船巡境全程四公里，途中设五个歇脚停靠点，即为锚位。每当王船停靠锚位，"彩莲头"的高旗幡就靠近船头，指挥船慢慢地停放在路中间，水手将铁锚放下，进入陶砗的海水中。老人们在船前空地摆上供桌香炉，理事们列队举香叩拜，五位道士摇着铜铃吹着牛角绕供桌做醮，同时，穿插有歌舞表演。王船游境的终点是村中心福仁宫旁。香阵队伍和王船巡游队伍在此汇合，王船须调头后再下锚停泊。穿戏服的孩子纷纷从蜈蚣阁的阁棚中爬出来，而附近的戏台上，参加巡游的那些表演队伍又依次粉墨登场了。

午后，要抬王船安位，王船就位于村庄南端的空地上。船头正对南方，稳稳落地后，数百个汉子从船身下钻出来。理事们挽起袖子扎起马褂，将摆放在现场的一捆捆柴禾片子搬到船身底下，塞满后又在周围堆上大批纸钱、米袋、盐袋、筷子大小的柴禾，还有多种水果，堆得王船就像停泊在小山包上似的。这些物品是家家户户为王船出行准备的。只有荷包大小的米袋象征一担米，两捆筷子粗细的小木棍代表一挑柴禾，这些数量充足的粮草可以让王爷在"代天巡狩"时无后顾之忧。船上还有锅碗瓢勺、纸轿纸人，甚至活鸡活羊。为送王船忙碌了几个月，到此刻，可谓万事俱备只欠东风。

这东风是一粒火种，是一片火光，是一堆灰烬，所谓"王船化吉"是也。传说，王爷每三年一度乘坐王船出行天下，代表上天惩恶扬善，完成使命后就会骑着白马带领众将士回到钟山水美宫。该送王爷正式出行了，现场人山人海。理事们将王爷金身送到船上，并将各人的替身人偶留在王爷身边，随后大家迅速回家换下长衫，并按照习俗，在回家途中口含一枚鸡蛋，避免无意中与人说话。

王船化吉仪式由德高望重的老人来主持。等到吉时，来自老人手中打火机的火种，传到洒有柴油的柴堆上，几位老人分别在各处点燃，刹那间，疾风鼓荡着大火轰然而起，整艘王船顿时被大火吞没，船头、船尾、船舱、旌旗、船帆、桅杆，全都烧了起来。火光异常耀眼，热浪扑面而来，而人们非但无所畏惧、无所退缩，反而为火而热血沸腾，为火而欢呼雀跃，为火而心灵震撼。在那群情激昂的现场，独有造船的老师傅红着眼睛，神情木然，夹着香烟的手微微颤抖，他喃喃道："这样烧掉是不是很可惜？"毕竟，那是他的心血之作。

火势越来越旺，船身渐渐被烧穿，木料已化为红炭，不断坍塌；而船正中那根二十公分粗的主桅杆被火舌缠绕，根部越烧越细，却久久屹立，不肯轻易倒下。成千上万双眼睛紧盯着这根桅杆，现场的所有摄像镜头也都聚焦于它。人们在心里猜测桅杆倒下的方向，更在期盼着它选择的方向。因为，那是更加吉祥的朝向。钟山村分为东南、东北、西南、西北四块居住片区，传说，王船化吉时，主桅杆朝向哪边倒，则意味着王爷对那边片区的特别眷顾，那里的人们将更为吉祥顺达。经过近一小时的燃烧，直到王船化为灰烬时，主桅杆才渐渐向西北方倾斜，最终倒下。人们又一次欢呼雀跃。

听说泉州主祀萧太傅萧王爷的富美宫，其送王船习俗的"送"，并非"纸船明烛照天烧"，而是让那些已被命名为"远顺""威灵""康远"等如此这般名称的木制王船，载上诸王爷在旅途上必需的柴米油盐、糖酒烟茶诸物，真的漂洋过海。那个萧王爷本名萧望之，是西汉时代的大学问家，有"一代儒宗"之誉，因官拜太子太傅之职，故称萧太傅。他既是功标麒麟阁的功臣，又是以羊车运送老母的孝子，理所当然地被人们视作可抵御灾祸、保境安民的灵神。富美宫兴盛时期曾有专门的造王船作坊，其送王船数年一科，届时由萧太傅神示，哪几位王爷出巡，王船什么时候启航。乾隆《泉州府志》卷二十《风俗》载："五月……至期以纸为大舟，送五方瘟神，凡百物皆备，阵鼓仪仗百戏，送水次焚之。近竟有以木舟具真器，用以漂于海。"有的王船竟漂到了台湾，被当地居民视为天意，将船上的神灵请回家中，或殷勤建庙祭祀。古往今来，富美宫送走多少装饰华丽的王船，又有多少王爷分灵于别方？

更多的王船是被火送走的！火是浩浩洋流，猎猎长风；火能驱邪，能化吉；火是人们祈祷的另一种语言，唱诵的另一种腔调……

唱不尽的劝诚

正月里，寨坑祭大神的日子，被火贯穿着，被火映红了，被火煨暖了；从初六开始，十个厅房轮流祭大神唱船，到了元宵之夜，更是火之夜，火光照亮了祭天地神的仪式，火把追随着游山神的条条龙灯，接下去，又该唱元宵了，唱赞着的人们彻夜簇拥着火。

最为震撼的是十六日的祭神、送神。是龙舟大神前川流不息的祭拜和广场上的龙狮之舞，是禾田里震耳欲聋的爆炸和烈焰熊熊的燃烧，是水口处为送神冲天而起的火光和人山人海的围观，是正午阳光下的千人宴和添丁酒……

虽然在十五、十六两天身临其境，却是置身于人海中，像任何一位围观者，能够亲睹的只是一些片段、一些局部，哪怕有许多不解需要找到解释，有许多问题需要找到答案。

寨坑是一座有三千人口，以彭姓、廖姓为主的村庄；在村中盲目地搜寻着历史，忽见土砖墙上的"文革"标语甚是有趣。县革委会号召："胸怀大目标，晚稻超早稻，实现千斤县，做出新贡献。"公社革委会回应道："胸怀大目标，晚稻超早稻，亩产超千斤，队队卖余粮，做出新贡献，队队立新功。"而寨坑生产队的战斗口号则是："胸怀大目标，晚稻超早稻，一心为集体，做出新贡献。"大目标保持高度一致，可公社不提"千斤社"，队里连"千斤"也偷换掉了，石灰水的字迹里似藏有几分狡黠的笑意。

而寨坑送大神唱本里的文字却是道貌岸然的。在传承和传布的过程中，各地送神唱本虽保持"大同"，然其"小异"也能展现各自迥然有异的风貌。比如，于都银坑在送神之际，舞之蹈之，并用唱诵的形式概述朝代更迭、历数帝王圣贤，那样的唱本仿佛文史知识普及读本，那样的形式似乎包藏着乡村寓教于乐的用心。其实，所有唱本都有教化的内容，只是程度不同而已。如果说，银坑的唱本像一位慈眉善目、通晓古今的先生，那么，寨坑唱本则似一位正颜厉色、喋喋不休的家长了。

寨坑唱本叫《元宵龙船歌》。送船在此称"祭大神"，传说距今有一千多年历史。据清道光三年（1823年）《南康县志》记载：上元前数日各城市悬灯为乐，灯或剪纸或竹丝为之，元夕为盛，是日同里巷人祀土神为社，轩绘纸为船，曰禳灾，杀牲聚饮，尽其欢。清同治十一年（1872年）《南康县志》又载：上元前数日悬灯为乐或用竹丝织为龙，分五节曰"龙灯"，张以为戏，又劈竹为船，糊以五彩，内设仪仗甚整，男女望辄罗拜，尊之曰"大神"，至上元后一日晌午，一人提剑，数人鸣金随之，跟跄叱咤，如有所追逐者，沿门收船，鼓吹送野焚之，曰"禳灾"。

寨坑祭大神于正月初一举行起神仪式，直至初五为扎制大神的时间，初六至十五为正式会期。在此期间，祭大神是按房派在分祠里进行的，十个厅房，每厅房一天，各厅房轮流将龙船和大神画接到各自分祠，通宵达旦地唱船歌。迎接龙船和大神画时要举行请神、安神仪式，巡游时，家家户户门边悬挂桃枝或柳枝、门口设香案、置供品、燃香烛，并燃放鞭炮、虔诚祭拜。傍晚掌灯时分，值厅的男丁老幼手捧船歌唱本，端坐在桌前唱诵，直到午夜十二点。唱诵告毕，当日轮值的厅主请唱诵者饮用果酒。

船歌的抄本平时保存在家中，只有春节祭祀期间才拿出来传唱。与祭大神的会期相吻，唱本分为多个部分，每夜唱什么都有规定。其顺序是：初一夜唱《造船歌（木根源）》，初七夜唱《参拜》，初九夜是《赛闹》《庆贺》，初十夜是《劝文》《叹古人》，十一夜《伦理孝道》《保当》，十二夜《慕遗微》《端本行》，十三夜《前证》《俗谈》，十四夜《叙由》《情景》，十五夜《逐节吟》，最后是《浪淘沙》。每夜唱诵的内容并不相同，但最后总是要唱到洛阳桥去："今夜众信齐相会，一篙划到洛阳桥；洛阳桥上花似锦，洛阳桥下好划船。"

我之所以把寨坑唱本比作正颜厉色、喋喋不休的家长，是因为它与其他地方唱本的大不同处在于，内中灌注了大量的道德教化内容，它的《劝文》劝诫族人应"孝父母""敬上长""睦乡里""训子孙"，须"安生理""莫为非""要读书""要耕田"，还得"要修善""要和气""莫争端""莫亏心""莫横强""莫妒忌""莫矜夸"，这才算完："今时劝文唱不尽，且将龙船划一场。"不厌其烦的奉劝，可谓千叮咛万嘱咐。

坦率直白的奉劝之后，接着，便有现身说法的《叹古人》，列举的那些古人多为忠孝节义之士（女），其中有"刻字孝名扬"的丁兰，有"卖身葬爷娘"的董永，有"割股奉娘亲"的高彦真之妻，如此等等。许多动人事迹一一数来，唱本接着继续奉劝开去，此番奉劝主题词是孝悌二字，从第一唱到第十，唱过十段，于是，"孝悌歌已唱完了，由来会集划龙船"。

正月十一夜晚的唱本题目就叫《伦理孝道》："人禀天地之正气，乃为万物之精灵；叨幸生在中华地，伦理孝道要分明。父是天兮母是地，为母最难父不易；父要仁义母慈祥，教子读书知礼义。"在这里，唱赞的主要是贤美的孟轲之母和逊让的诸对兄弟；《俗谈》开篇便开宗明义，虽然此时"花鼓乱打锣乱敲"，却"非是戏玩闹喧嚣"，而是要"浅说十劝教尔曹"，劝着劝着，十劝之后，意犹未尽，忍不住又来了"十戒"——

一劝耕田勤播种，仓楼盈满得不枵；

二劝读书莫闲过，金榜高挂姓名昭；

三劝买卖公平好，钱财万贯正缠腰；

四劝工匠精造好，百般器皿远近招；

五劝立心须正直，善事存留任君调；

六劝制行恭敬内，端坐徐行吕谊超；

七劝处世惟循理，平安无事不动摇；

八劝敦伦为大本，君臣父子及朋僚；

九劝出外崇诚实，忍耐记心向人饶；

十劝治安和须道，勤俭之中有琼瑶。

十条劝词唱已了，又将十戒教尔曹：

一戒耕田荒败业，年年无丘好禾苗；

二戒读书专外务，圣言朽木不可雕；

三戒买卖生意子，糊涂混账争丝毫；

四戒工匠逢造作，精微不计乱抄抄；

五戒立志无忌惮，一世徒然逞英豪；

六戒制行邪辟路，好吃洋烟赌与嫖；

七戒处世探富贵，明月却向水底捞；

八戒敦伦不务本，凌上欺下无老髦；

九戒出外游浪荡，搅弄世界最逍遥；

十戒治家费用耗，穷困四季不应遭……

十条戒词唱完了，还有"要语教尔曹"呢。后来苦口婆心说道的是为人之道。元宵之夜的《逐节吟》吟咏的还是孝道，开篇便唱"打起铜锣擂起鼓，歌起劝孝闹龙船"，劝孝竟成了为送神而唱船的重要内容，其中多有动人之处，如"父育我兮我育子，情如滴溜落阶前""门前流水依然在，日向西山不再还""何必灵山烧甚香，只须堂上敬爷娘""多捡药物肥儿丸，不买老亲还少丹"等等。尤其令我惊奇的是，唱本中的劝诫居然还不惜篇幅指向乡村一度频频发生的溺女现象："日出东兮月出西，造化匹配夫与妻；生男生女原天配，子孝父慈家道齐。女女男男骨肉亲，投生亦自有原因；世俗多把女来溺，长使阴魂怨女身。"故尔，便有"俚词解劝溺女人"，只道是"世间至重唯生命，天下最惨是杀生"；"为善定然招福报，举头三尺有神明"。

除了整夜唱诵的大段教训外，其余部分中也时有警醒族人的诗句。如初八夜的《赛闹》结尾处仍不厌其烦地叮嘱，"闹船歌词今唱完，且劝人心把善修"；"人有双亲当事食，小心尊重度春秋"；"一世莫做亏心事，命里无时莫妄尤"；"佳人美女莫贪恋，正大光明出人头"；"知音早识真君子，礼义诗书学孔丘"；"常把一心行正道，儿孙昌盛永传流"，如此等等。

寨坑《元宵龙船歌》的尾声，有"好"字歌，既饱含人生哲理，也是养生之道——

第一着兮忍些好，能多忍耐少烦恼；

放松肚皮紧闭口，不怕撞着无理鸟。

第二着兮宽些好，乃是个大容得小；

一条大路尽人行，荆棘场中要跌倒。

第三着兮静些好，是非场中多闹吵；

若然无事早关门，闲闲散散乐陶陶。

第四着兮淡些好，实淡滋味无价宝；

淡淡交情耐长久，富贵荣华难守保。

第五着分省些好，费用渐多来路少；

省些福分与子孙，免得自身都使了。

第六着分平些好，做得蹊跷成懊恼；

老佛指出平等心，免得堕落畜牲道。

第七着分让些好，路经窄时回避早；

凭人向上我抽身，傀儡场中先看饱。

第八着分痴些好，若会使乖偏不巧；

痴人从来有痴福，伶俐奸欺穷到老。

第九着分笑些好，常锁愁眉容易老；

朝朝镇口笑嘻嘻，夜夜睡到日出卯。

第十着分穷些好，免得经营没处讨；

生平无字入公门，时逢有兴眠芳草……

这段"好"字歌中，涉及养生的一些道理，似浸润了现代观念，比如对"淡"、对"静"、对"笑"的认识。凭此，我猜想，这唱本也许与时俱进地被修改过，掺杂了符合当下人们生活企望的新鲜内容。这样做并不奇怪，事实上，民俗是稳定的也是发展的，只有反映了老百姓精神的现实需求，信仰才能获得虔诚而持久的祀奉，民俗事相才能获得持续不断、发展蔓延的力量。送船的唱本，恰恰也正是在各地有了不同的演变和更新，才有了不同的风貌；而各各有异的唱本，又为我们认识和研究送船提供了更能纵横想象的空间。

尽管寨坑唱本以劝诫的口吻注入大量的教化内容，使得唱船敬神的祠堂仿佛成了训导后人、嘱咐族人的课堂，然而，我注意到，这个唱本其实也是对"木根源"叙述最充分的唱本。所谓木根源，就是送船的缘由，就是屈原的故事，"龙舟盛会何所有，盖由屈原相公起"，它至少在两处地方详细追述了龙舟盛会的来龙去脉。有意思的是，《叙由》竟然为屈原相公设想了一种志得意满的美妙情景——

> 怀王若听当时谏，不信谗言逐佞臣；
>
> 屈原相公心志爽，因行大可展经纶。
>
> 朝廷之际常奔走，上致君分下泽民；
>
> 风动四方于丕变，上书康乐更和亲。
>
> 尧天舜日何难复，云灿星辉兆预陈；
>
> 先立大纲后陈纪，旋能发政继施仁……

然而，现实却是严酷的，"依然搦管修书奏，屡谏不从志欠伸"，于是，"一旦葬于鱼腹内，后人罔不协沉沦"，便有了置造龙舟的凭吊，有了竞渡端阳的纪念，有了元宵期间的"装成圣像祝大神"，"高张图画验诚真"。

不少古村落十分注重教化，几近极端。我不由地联想到燕坊民居，大门两侧的内墙上竟也题有教训内容的对联，给人耳提面命的感觉。仿佛，那是闭户时的探问，出门前的叮咛，是枕边的关切，饭桌上的牵挂；而寨坑的劝诚，在祭大神那神圣而神秘的氛围中，以唱诵的形式，那么坦荡地灌注于正月里漫长的夜晚，灌注于众多信仰着的心灵……

万家烟火一家风

青原区，因青原山而得名，为赣江水所滋润。青原山中的净居寺，于唐开元二年（714年）由行思禅师入主，其广聚僧徒，弘扬顿悟禅法，自成青原派系，世称行思为佛教禅宗七祖；赣江上的白鹭洲，有吉州太守江万里创办的书院，宋宝祐四年（1256年）书院三十九人同登进士金榜，文天祥高中状元，朝野为此震动。从白鹭洲横贯青原区到曾被毛泽东主席高度评价为"李文林式"根据地的东固镇，依山傍水的狭长地带上，一条八十多公里的国道两侧，仿佛展示中国千年的壮阔画廊。

群山连绵，是它的悠远来龙；江流奔涌，是它的浩浩去脉。一棵棵千年古樟，统率着属于它们各自的一群群古樟；一座座千年古村，牵傍着毗邻它们各自的一座座古村。一片片的古民居相互依偎，一幢幢的古祠堂彼此顾盼。朴实的青砖灰瓦与富丽的坊式门楼融为一体，精美的雕梁画栋与林立的楹联匾额交相辉映。桃红李白的村庄水口处，也许还残留着龙抬头的二月二日喊船送船的线香；紫燕衔泥的祠堂门厅里，总是有抬阁和龙灯歇息着，它们在举族狂欢的下元宵节那大累了、倦了。

青原，是文天祥、胡铨以及历代四十五位进士的故里，也是共和国二十位开国将军的家乡。以六座中国传统村落为代表的青原古村群落，密密匝匝地坐落在哞哞牛吼、翩翩鹭飞的山野间，其活态突出表现为：老者的唇齿间常常闪烁着动人的开基传说，村人的心目中时时感念着祖先的功德业绩，节日的鞭炮为百姓朴实的生活愿望而炸响，敬祖的香火为少年奋发的人生理想而点燃。

每每踏上有"文章节义之邦"之誉的庐陵大地，我总是情不自禁地要去寻访青原的万家烟火。这一次，打动我的，不仅仅是建筑和民俗，更是充溢其间的文化精神，是能够概括它的三个大字——

魁

这个字通常书写在宗祠门前的照壁上，是一个行楷的大字，浓重的墨色，粗放的笔画，于稚拙和庄重之间产生催人警醒的力量。

这个字通常熔铸于门楼顶端的塑像里。那"金鸡独立"且一手持斗、一手提笔的魁星，平易得像个求学的孩童，仿佛鱼龙变化就在点斗的瞬间。

进村便遇魁星，入祠又见"魁"字，青原的崇尚竟表达得如此坦荡和迫切！好些村庄都很认真地告诉我，为什么宗祠照壁上要写这个字呢，因为文家村的文天祥高中状元是有传说的，他是文曲星下凡，人们都想托他的福，让子孙后代天天看到"魁"字，为之激励；而魁星则象征着进士及第、科甲联芳、本村本族文风昌盛。

文风昌盛，是族谱村史中最为得意的神色，也是族规家训里倍显庄重的表情。今天，哪怕行走在富水河畔油菜花香弥漫的村巷里，一旦清风吹过，便有书香扑鼻。书香来自古村落着力营造的儒雅风流的文化氛围，来自沁润人心的崇文重教的深厚传统。请看，富田匡家以世传家风教化族人："世传学风勿替诗书礼乐恒谐博雅振家声，祖遗德泽长存衣冠文物燕翼贻谋垂竹帛。"
横坑钱家则以祖先功德激励后人："文可经邦长仰平江节度使 武能戡乱永钦护
国大将军。"山水象形，可催人发奋，富田文家道："紫瑶列彩屏笔峰耸翠层层
秀，富河环玉带南水翻波叠叠文。"陂下胡家云："端直敦心积厚流光诗书传
世业德行仁寿竞存求适山水毓人文。"宗族分脉，然传统永续，奁田李家曰：
"孙谋诒百代诗书礼乐启迪后人，祖德耀千秋孝友仁慈光睦前绪。"江城张家
称："派别分三方同一肝胆，传家惟两字归本读耕。"以梁姓为主的渼陂，有一
副著名的对联气概非凡："万里风云三尺剑，一庭花草半床书。"屋主人身在书
斋，倾心于读书之儒雅，进而叱咤风云，退而修身养性，寥寥数字，把普遍
的修身齐家治国平天下的人格理想和境界表达得淋漓尽致。

对诗书仕宦的追求、对功名文章的向往，入木三分地镌刻或润物无声地
融化在寻常人家的砖木之中，成为建筑的血肉，岁月的记忆。渼陂村的对联，
总是把耕读为本的思想表达得通俗易懂，或者语言直白，明白晓畅，如"歌
高门第须为善，要好儿孙必读书"，"人具四端仁义礼智，名垂千载道德文章"
等。或者朴实生动，耐人寻味，如雕花的槅扇上有联曰："学乃身之宝，儒为
席上珍。"以珍馐佳肴喻礼乐诗书，以雅类比俗物俗事而臻于大雅。还有的长
于用典，含蓄却也真切，"长江大海昌黎伯，明月清风赤壁仙"，其对文学大
家的尊崇溢于言表。

为追求人文蔚起，村庄自然要拿出培养子弟的实际举措，比如置学田、
办书院和义学、成立助学的会社等，不少古村落竟是书院林立。渼陂敬德书
院房门上描金画有诗云："角上挂书常不离，专心好学把牛骑；时人只识忙中
读，唯有杨公见乃奇。"如此诗意的画面，也许是往昔朴实的生活情景。在富
田一带，至今人们仍津津乐道明代状元曾彦的故事，贩卖猪崽的青年曾彦，
曾用裹脚布为陂下写下堂匾"竹隐堂"，也曾穿着草鞋为张家"一本堂"堂匾
补上丢失了的"一"字，且一模一样。这样的传说，在乡野上架构了一座精

神云梯。

匡家村有始建于明万历年间的万松书院，其"晋师破蒙礼仪"自明代一直传承到"文革"前，近年被发掘整理出来。仪式其实也是教化的重要内容——入学儿童穿戴一新，胸前挂红纸缠裹的小弓箭，带一面小镜子、一兜四季葱，寓意从此心明眼亮、四时聪慧、学习成绩像箭一样上进；到了书院，学童先行晋师礼，再参拜孔子，再三叩拜后，先生用毛笔蘸朱砂为其点额头，是为"开天眼"；接着，擂鼓三通以明志，开笔破蒙并先生释义，读书破蒙又先生释义，最后由先生引导学童去文丞相祠参拜状元公。

据说，在毛家村，凡入学启蒙的子弟不仅要对孔圣像行跪拜大礼，还有一套拜孔的舞蹈。此地传说，一举人来莲庵设馆授课，后来考中进士离开，就连供奉于堂上的康王爷菩萨也仰慕不已，竟屈驾离座，月夜为这文曲星开门，不料，失足摔折臂。康王爷菩萨莫非是想诚心就此一拜吧？

毛家村总祠称冬官第，是传统祠堂向现代建筑转变的典型，建造于1936年，不仅使用水泥，而且还以水墨石磨面柱子代替木柱，以瓷版画取代木雕刻装饰，以彩塑技艺来装潢墙面，可见，毛家人较早受到西方思想文化的影响。自祠堂建好后，每年春节都要在石柱上贴对联"司空司马第，太守太保家"，标榜的正是毛氏的显赫门第和攻读家风。清光绪年间，毛家仁炬公创建纱布店，积产数万金后，在村中兴建裕元巷。在其"尔等能奋志前程以诗书训子孙，令世世不乏读书种"，"士人十年读书，十年养气，必先化气质为主"的思想训导下，毛家村以教养学，文风鼎盛，精英荟萃，现有大学学历以上者近二百人，约占总人口比例的五分之二。近代以来，佳话频传，如"学界泰斗、一代宗师""刚烈报人""一家三教授""兄弟两高工""父女两高编""兄妹渡东瀛""姐弟留北美""夫博士、妻硕士"等等。其中的裕元巷文风尤甚，教授成群，高工成族，高学历者不胜枚举。新圩毛家成为令人歆羡的科教兴国精英群体。

冬官第又名文接堂，寓意传承文明、文化接力。祠堂内"莼经世泽""出囊脱颖""捧檄承欢"等牌匾，"迎尚书以就养心能兼孝，因刺史而兆基官即为家""教子孙两行正路唯读唯耕，继宗祖一脉真传克勤克俭"等楹联，道破了人才辈出的秘密。

人们崇宗敬祖，将自己的生活置于祖灵的众目睽睽之下。不辱先祖，成为生活的起码原则；光宗耀祖，则是人生的最高境界。我在横坑钱氏宗祠孝敬堂里竟看见，祖龛两侧贴有用红纸写的几张喜报，题《登堂大吉》，内文是大学新生录取通知书的内容，如："××同学：经我校和相应省级招生委员会批准，你被河海大学录取，进入能源与电气学院新能源科学与工程专业学习。请持此通知书于2016年9月1日到学校报到……"如此这般。要知道，这些有志少年的名字，竟然和宣惠王、忠逊王、忠懿王、钱江将军等先祖画像并列在一起，这该是怎样的荣耀，怎样的激赏！而且，村中父老还要在宗祠里摆酒，邀祖灵共宴饮同欢庆呢。

我一路问去，此俗在青原古村群落大同小异。对了。传统村落，岂能仅存村落而丢弃传统？

义

古村落差不多都有义田、义学、义仓；那些义仓差不多都有感人的故事。青原也不例外。然而，青原更是忠孝节义的精神富矿，一个大大的义字舒展在青山绿水之间。

南宋爱国名臣胡铨就是这个字的作者之一。国家危难之际，时任枢密院编修官的他，冒渎天威而以身取义，写下著名的《戊午上高宗封事》，声明"义不与桧等共戴天"，请斩秦桧等三人。因为这份奏章，胡铨被流放二十三年，而他始终坚持抗金、反对议和，最后力求去职，归返故里，死后葬于

"青原山南麓"。他用铮铮铁骨和颠沛流离的命运实践了自己的诺言："久将忠义私心许，要使奸雄怯胆寒。"胡铨谥忠简，成为庐陵"五忠一节"之一。

传说，文天祥十多岁时去应县考，走进庐陵学宫，看到画有欧阳修、杨邦义、周必大、胡铨四人形象的四忠图时，当即慨然放言：如果我死后没有像他们一样受世人祭祀的话，我就不算大丈夫！

大约一百年后，文天祥果然用生命、用泣血的《正气歌》续写着这个义字。我屡次到文家村，再三聆听关于他的悲壮故事。文天祥率义军鏖战于粤东，因寡不敌众而被俘。元军劝降，他出示《过零丁洋》明志："……人生自古谁无死，留取丹心照汗青。"在被押解北上的途中，经梅岭时他开始绝食，只想魂归故里，元军便灌粥灌水。文天祥叹道："自被俘后，服脑子（冰片）二两，不死；绝食八天亦不死。"抵大都，三年水狱，文天祥始终大义凛然，视死如归。就义后，其好友张千载将其首级及平日脱落的齿发藏于木盒中，千里负枢，历时一年多回到富田，交其家人安葬。从此，忠魂长眠在卧虎山的怀抱里。

文天祥陵园前牌坊上的楹联说得好："志可凌云文能载道，生当报国死不低头。"这既是对文天祥一生的崇高评价，也反映了人们对忠勇仁义的精神价值的普遍追求。

在文家村，自从文天祥就义后，每年他的诞辰日和就义日，都要举行由全体男丁参加的祭祀活动。请注意，这里的男丁是泛指，包括所有男孩。直到二十世纪七十年代，文家村才将两个祭祀活动日改为正月初一祭祖。此后，每年的大年初一上午，族中长老将珍藏的文天祥画像以及张千载、邓中甫画像取出，小心翼翼地张挂在文氏宗祠静学堂的上方，全村男性齐聚于此燃烛上香，关上祠堂大门后，再行祭拜之礼。仪式一结束，立即将画像收起。有一对红石狮子护卫的祠堂，大门紧闭，不妨想象其内中，虽有点儿神秘，却应是十分神圣。是的，传承七百多年的仪式，其实是锲而不舍地在向一代代后人传递着那份神圣情感。

义有不同的表达方式。文家合族祭拜的邓中甫，是文天祥的学友和难友，因病侥幸留在解送途中并做了道士，他不负文天祥的嘱托，着道冠道袍，不辞云游天下、跋山涉水的艰辛，将其全部诗稿带回家乡。后来，为文天祥撰写墓志铭、传记、像赞、挽诗，为纪念追随文天祥的抗元志士作《文丞相督府忠义传》；而张千载则是文天祥的同乡和同窗，乡试后，他未和文家兄弟一道赴临安会试。文天祥为官，屡次请他出山，均被婉拒。文天祥落难，他却倾力相助。文天祥被俘后途经吉州，张千载组织江南十义士沿赣江伺机营救，营救未果，他随行至大都，三年间每日为文天祥送饮食，直至其就义。明代李贽在《续焚书》中赞叹道："张氏何人，置囊舁榇。生死交情，千载一鹗！"所以，文家世世代代感念他俩的道义和恩德。

感念仿佛播种，精神的种子总是悄然无声地播撒到后人的心田里，它还可以随风飞往四面八方，就像马尾松的飞子。沿着文家祭祖的线索追寻下去，我得知：邓中甫卒于元大德初年（约1300年），葬在横坑村的麻坑"吊钟形"，从那时起直至如今，经历多少辈了，每年清明，横坑人钱期鉴家都忘不了为邓墓烧钱挂纸。这一平凡的细节，因为贯穿了无数个清明节、照亮了无数场清明雨，而成为令人唏嘘不已的义举。它绝不是仅以乡情风俗就能解释的，其中一定灌注了充溢在青原山水之间的精神崇尚和道义担当；而在万安县的横塘村，张千载的后人每年正月初一去固山古寺祭祖，同时要祭拜文天祥。这座古寺始建于宋，其实也是横塘张氏宗祠，供奉张氏历代祖先牌位和观音像，侧室祀有文天祥雕像。文家与张家，世交笃厚，更重要的是，诚如横塘村介绍文字所言："纪念这位'正气浩然'的大英雄，也是昭启后人效法先贤，崇仁义，厚风俗，慎交游，睦邻里。"端坐在古寺里的文天祥，早已成为一尊灵神，即便平时，也是香火不断。张氏后人还常常相邀，一道前往坐落在吉安县的文天祥纪念馆去瞻仰呢。

　　文天祥曾为渼陂撰写《梁氏合修大宗谱序》，为江背刘氏作《古春说》赞颂其十三世祖古春公的品德，为厅上村学友之百岁母拜寿并赋诗……这是青原乃至整个庐陵大地对"南宋状元宰相，西江忠臣烈子"的亲切记忆。我强烈地感受到，凡存有文天祥手迹、履痕的村庄，无不以此为荣，他的名字在建筑中、在族谱里熠熠生辉，甚至，为充满炫耀、教化意味的建筑装饰思想，平添了一种风骨，哪怕文天祥所题的只是一块牌匾。

　　青原古村群落其实就是巨大的忠孝节义博物馆。一座座村庄，就是它的炫目展厅；一幢幢祠堂和民居，就是它的丰富馆藏；万众的口碑，代代传颂着众多英雄良才的事迹。在第二次国内革命战争时期，青原的东固地区成为中国共产党创建的最早的革命根据地之一，同时也是最早实行"工农武装割据"的红色区域之一。我想，这与青原地方有着经年历久、宝贵丰沛的精神滋养是分不开的，所以，当年有太多的热血男儿肩负大义而义无反顾。一个才二百来户人家的龛田村居然能组建一个红军营，同样，横坑村的子弟也是成建制地去当红军。土地革命前，横坑是千烟之村，然而，到1953年人口普查时，全村仅剩老弱妇孺八十人，由此可见，青原人民为革命付出巨大牺牲之一斑，墨写的大大的义字染着浓烈的血色。

　　千年古村，因增添了近百年来的红色历史，而显得更为厚重，更加斑斓。

礼

　　横坑孝敬堂享堂两侧的木柱上，分别挂着看上去很有年头的字牌，刻在上面的文字来自族规，一块是"存诚"，另一块是"起敬"，此乃平日对族人的要求，它们是慈眉善目的；而一旦在宗祠里举行活动，字牌就得翻转过来，背面的四个大字却是神情庄严，它们是"正伦"和"秉礼"。这个"礼"字，是仪节之规。

永乐龚氏宗祠三畏堂，其堂号"三畏"出自《论语》："君子有三畏：畏天命、畏大人、畏圣人之言。"凡善怕者，必身有所正，言有所规，行有所止。怀有敬畏之心，既是人生态度，也是行为准则；陂下胡氏的启正堂，始建于明末，以纪念曾任监察御史的"察院公"，他在任上严饬法纪、功绩卓著，年老辞官回乡后热心公益，修族谱、修宗祠、筑长堤、置义学，尤为重视教育后人，特意为祠堂题写对联："言易招尤对朋友少说几句，书能益智劝儿孙多读数行。"江背刘氏总祠复古堂，其"复古"之意在于颂祖德、循祖训，勉励族人遵守古制，奉公守法，读书好礼。这个"礼"字，是为人之道。

值夏胡氏于五代末年开基，自胡铨始，胡氏子孙多以"忠义"自勉，人丁日盛，成为庐陵望族。一向注重言传身教的胡铨，在去世前不久，用古律写下家训："悲哉为儒者，力学不知疲。吾宗二百年，相承惟礼诗。资殿尊职隆，授官非由私。立身忠孝门，传家清白规。但愿后世贤，努力勤撑持。把盏吸明月，披襟招凉飔。"这个"礼"，是传家之宝。

青原古村群落所强调的礼，乃各个宗族认定并世代相传的道德规范和行为准则，它们的呈现形态主要是家训族规，虽表述语言有异，然而，万家烟火一家风，其精神内核如出一辙。在林立的宗祠里，家训族规总是那么醒目，那么精警动人。匡家村有简洁明了的家训十二则，云："肃祀奠，修宗庙，敦人伦，谨婚嫁，重丧礼、务本业，训勤俭，睦族邻，育人才，完国赋，崇礼让，固风龙。"而横坑村有全面、周祥的《钱氏家训》。这是五代十国时期吴越国王钱镠奉行一生的处世经验，被其孙辈整理出来而代代相传，内容分为个人篇、家庭篇、社会篇和国家篇，它谆谆告诫后人，"心术不可得罪于天地，言行皆当无愧于圣贤"，"勤俭为本，自必丰亨；忠厚传家，乃能长久"，"私见尽要铲除，公益概行提倡。不见利而起谋，不见才而生嫉"，"聪明睿智，守之以愚；功被天下，守之以让。勇力振世，守之以法；富有四海，守之以谦"。

　　家训族规挂在宗祠里、写在族谱里，更多的时候，能作为装饰与建筑融为一体，乃至成为建筑的精魂。比如，楹联和匾额是凝聚宗族的道德观念、知识经验、心智心声等等，以彰扬、夸耀、规劝、引导的口吻，而做出的价值判断。所以，其表达的思想常常可以从宗谱、祠规中找到注释，从民风、乡俗中找到实例，从集体的性格心理中找到血脉里的因袭。

　　通常，村庄都有它特别强调的建筑构件或装饰物，但在渼陂却是个例外。它的木雕、石刻、楹联、匾额琳琅满目，令人应接不暇，连檐头都镶满了花边似的彩绘、墨绘、诗词，里里外外的墙上随处可见语重心长的家训。这是一座被刻刀雕饰的村庄，一座为墨彩浸润的村庄，一座由文字镇守的村庄。

　　我多次造访渼陂，印象最深的，倒不是它的长街和祠堂，而是铺张的文字，它们刻于木、书于墙，填充视野，灌注心田，几乎达到振聋发聩的地步。除了对诗书功名的痴情吟咏，大量文字充满传统道德的教训意味，富有为人处世的哲理，涉及修身之境界、持家之根本、处事之品行、交往之气量等等。如，宗祠的楹联"世事让三分天空地阔，心田存一点子种孙耕"。有一座照壁干脆大笔直书四字警世箴言"多留余地"，真是一语双关，触目惊心；民居对联"作天地间不可少之人，为伦类中所当行之事"，语言虽朴实无华，却是铿锵有力，洋溢着一股大丈夫气；书于墙上的家训更是牵肠挂肚，顾忌颇多，因此，它的表达更加循循善诱，更加澄明透澈，如："观贫贱人当观其度量，如宽宏坦荡者则其福必臻而其家必裕；观富贵人当观其气概，如温厚和平者则其荣必久而后必昌。"其言也善，其意也切。拳拳此心，明月可鉴。不知道为何，它对为人处世之道竟然如此耿耿于怀！

　　金无足赤，人无完人。既然如此，又有家训教人如何完善自我，且说得实实在在，操作性很强："勇不足则多劳，明不足则多察，理不足则多辩，情不足则多仪，才不足则多谋，识不足则多事，威不足则多怒，信不足则多言。"这套理论真是费尽了心机。可见，此地梁氏注重教化，几近极端。于是乎，入堂便见正襟危坐的文字，出门皆是道貌岸然的格言。

在这个始建于南宋初年，耕读并重、农商并立、文武并举、义利并蓄的村庄里，如此谆谆教诲，是"文献名宗""衣冠望族"的秉性所在，还是以儒行商、以商助儒的封建儒商文化的经世方略？是人们阅尽世态炎凉、人情冷暖的经验总结，还是人们置身于通商码头、面对前路漫漫的千叮咛万嘱咐？语重心长的，也是踌躇满志的。

"求名求利，但求无愧社稷；志大志远，立志有功黎民。"如今，青壮年大多外出打工去了，古老的村庄靠老幼妇孺养着，养着它的族谱和香火，养着它的家训族规和贴满厅堂的中小学生奖状。从蛛丝积尘中，忽然读得这副楹联，我不禁眼里发潮……真的！

千年古樟荫护着千年古村，万家烟火映照着万众口碑。风光秀美的青原古村群落，既富有诗情，且满怀哲思。那光耀千古的英名，赋予其无与伦比的文化纪念意义；那袅袅飘升的青烟，象征着绵延不断的接续和传承。

我看得分明——青烟起处，是胡铨墓园、文天祥陵园，是敬祖祈福的现场，是信仰着的心灵深处……

让我们来想象一对老虎

不觉间，留意起发现古村的消息来。那些古老的村落、古老的民居也好像忽然褪去岁月的遮蔽，纷纷矗立在我们眷顾的视野里。

前人刻意留下的宗谱极可能因衰老而记忆模糊；或许，唯有一两棵古樟尚记得村子的高寿。

通常，在那些古村里，即便白发苍苍的老人，对他们栖身所在的房屋的历史也是知之甚少，问起来，总是混沌得很。就好像面对村边那堆满了松柴的古戏台，今天我们已经无法穷尽旧时乡间的一幕幕精彩了。

在古村里，老去的概念很具象，就是村巷里的深深车辙，就是窗檐上无所顾忌茁长着的草木，就是深宅里被一方天色抹亮的茫然表情；然而，我走进古村，绝不是追寻老去的生活、老去的岁月和一些光耀史册的老去的姓名。恰恰相反，我以为，古村里一定有活过千百年的生命。

比如一对老虎。一对分别刻在前厅两侧厢房槅扇上的老虎。一对被屋主连同槅扇一道贱卖的老虎。

一共卖得一千元的婆婆道明了出卖的理由：那两只老虎会叫，每天半夜里吼得吓死人。后来，凿掉了它们的牙齿，在虎口里嵌上木板。邪吧，它们还是吼个不停。前不久，有人到乡下来收古董，就卸掉槅扇卖给他了。

如此，只好让我们来想象那对老虎了。想象那镇屋避邪的虎虎生威，那四目相对的虎视眈眈，那峰回谷应的凛然长啸，想象它们咆哮的音域、旋律及和声，被吼声震落的蛛之蜕、木之屑、岁月之尘。

一对木刻的老虎，复活在屋主人的故事里。大可不必怀疑它的真实性，因为艺术的确使那些古老的建筑有了精血，有了神采，有了生命，乃至有了狐媚妖惑一般的魂灵。

正是在这座村庄的另一栋老房子里，我听得一阵阵马嘶。虽然遥远，却是真切，顿时令我亢奋起来。那是透雕槅扇门中间条形板上一组马的浮雕。它们或安然觅食，或惬意自慰，或温情凝视，或回首嘶鸣，强健的马蹄透出曾经的春风得意，壮硕的马尾摇曳着富足的自满。由它们的丰腴，由彼此之间自由而依存的关系，我不禁联想起欣赏德国表现主义画家弗朗茨·马尔克的油彩《黄色的马》所领略的意味。这真是一种奇妙的精神契合，它超越了时代，超越了国界，发生在农家挂满什物的裙板墙上。

在有燕子筑巢的梁上，在有炊烟拂过的飞檐翘角，在阅尽家族兴衰荣辱的门楼，在依偎着农具的照壁、柱础上，几乎到处可见精美的艺术作品；木雕、石雕、砖雕、绘画、书法……民间工匠的创作激情甚至不肯放过任何木构件，比如斗拱、雀替、斜撑。一栋老房子，就是一座传统文化的博物馆。

一代代人，就生活起居在民间艺术中。

满目是花卉禽鸟、祥龙瑞兽、人物故事、神话和戏曲场景，满目是民间的祈愿。朴实的祈愿，竟然表达得这么郑重、这么华丽、这么精致！

这不就是古村的灵魂、生活和艺术的灵魂么？

于是，我便理解了为什么在遥远的时代、在广阔的民间，会有那么多能工巧匠。众多无名氏的作品也许未必能被我们奉为经典，但面对由它们表现出来的艺术精神，也足以使当今某些冠冕堂皇却热衷于追名逐利的艺术家汗颜。

有一对虎被贱卖了。那群马还能那么安闲自在吗？难怪，越来越多的有识之士在大声疾呼：抢救民族民间文化遗产；而保护、传承民间文化，正是一个迫在眉睫的世界性命题。

循着隐约可辨的虎啸，我追寻着历史，却禁不住好奇和欢喜，走进了民间的现实，走进了艺术的民间。那都是平民百姓，他们却以新奇绝特的技艺，创造出了瑰丽多彩的艺术世界。他们的初衷朴实无华，也许只是悦己怡人的精神寄托，然而他们的理想价值、审美趣味以及表现形式，却和传统民族民间艺术血脉相连。

在他们手中，自有虎之啸、鹤之鸣、蝶之舞、人生之梦，我惘然若失的心因此而欣慰。

美丽也是辟邪物

婺源去得多了，但走进游山村却是偶然。它在返途的路边，头天看过长径傩，大年初三的暖阳又诱惑着我岔向了一条乡间公路。我要去寻访一个美丽的传说，寻访传说中的凤凰。

是的，游山村的来历是有故事的；而这个故事，非常生动地诠释了人在与自然对话时的能动性。

这块风水宝地的被发现，得益于该村董氏开基祖的慧眼。唐天宝年间，他漫游到此，对这里的山水一见钟情，便用自己的名字把山岭命名为浚源山，把村庄叫做浚源村。传说某一天，有大鸟飞临浚源山上，此鸟硕大无朋，绿羽长尾，红冠高耸，声如洪钟。随之而来的是一位老者，称："此鸟莫非凤凰耶，凤凰不落无名之地，此大吉大利之兆也。"

鸟瞰这山里水乡、梦里山乡，有一条清澈的小溪呈太极图阴阳形穿村而过，村人恍然大悟，遂改山名为凤游山，改村名为游山村。

听说，如今的游山村是婺源县最大的村庄，有人口逾三千。打瞻云亭一进村，我就感到了房屋的稠密和拥挤。铺着石板的村巷纵横交错，家家门前几乎都没有比较宽敞的空间，那些巷子却多有我在"歪门斜道的村庄"吉安钓源所见到的那种一头大一头小的"棺材路"。我经过一条最窄的巷子，刚好能容一个身板，若是胖子，那就得委屈着侧身而过了。

叫人怦然心动的，还是那条弯曲着贯村而去的小溪。小溪悠闲地躺在村庄的怀抱里过年，想必它是阅尽了辞旧迎新的盛大景象，溪边到处堆着红彤彤的炮竹屑，溪水中贴着红彤彤的春联，当然，溪水中还码着一堆堆色彩鲜艳的塑料用品。两岸林立的店铺都早早地朝向小溪敞开店门，临水的一座座街亭成了商品橱窗，它们简直就是为了向溪水展示各自的琳琅满目。仿佛，小溪才是它们的主顾，才是它们的财源。

弯弯的溪流之上，架有多座石桥或木桥，过往十分便利。从一头望去，这一线溪流几乎就是一条宽阔的大街。游山村如此浓重的商业气氛，让我惊奇。其实，在历史上它也是靠经商发达起来的。领着我穿村入户的村长就不住地慨叹，游山过去没有出过县官以上的官宦，所以村中没有什么名人留下的胜迹。他的意思是说，此地之所以难以发展旅游，原因就在于此。

然而，游山村却给我以独特的韵味。小溪两边的店铺和街亭，仿佛是游山村历史的《清明上河图》，在变化的生活中，依然透露出传统生活的神韵；村庄的择址依山傍水，山环水复，以太极图阴阳形的溪流为中心，民居建筑顺水延伸，两边扩展，整体布局渗透了风水理念。扼守村庄水口的，有函谷关，还有一座跨溪而建的单孔石拱桥，称题柱桥，桥上是高耸的凉亭，亭内方柱上有联云："村大龙尤大隐隐稠密人烟，桥高亭更高重重关闭财气。"便是夸耀此方风水宝地的好处。看来在高桥之上又建高亭，是颇有讲究的，为的是更严密地把握水口，聚财藏富，以防不虞。

凉亭内另一联云："登高桥远眺儒林赞扬古迹，站函谷遐思文笔羡慕前徵。"赞扬也好，羡慕也罢，从骨子里来说，依靠经营茶叶发家的游山人终究还是无法抵御金钱的诱惑，他们可能更热衷于在会宾楼里煮酒品茗，尝茶论价。在这里，若是深入村巷，很难看到江西古村中常见的那些炫耀的牌匾、堂皇的门面，倒是可以遇见门面很不起眼的老字号。比如，我经过的"永兴号"，房屋低矮，店面为可拆卸的门板，店铺坐落在村巷的丁字路口，店门却稍有偏斜，以避冲煞。有的民居门面虽简朴，内部木构件的装潢却也颇为考究。不知这是否与商家不肯轻易露富的心理有关。

简朴、内敛的建筑装饰风格尤其体现在宗祠建筑中。游山董氏除了有十余座房祠外，还有一座保存完好的总祠。祠堂大门只在石枋上雕以万字不回头及花卉纹饰，朴实而敦厚；里面的梁枋更是简单地以云纹浅雕略作勾勒，最华丽的地方应是梁枋与斗拱之间的挑板了，那里透雕着凤凰和花朵。

在这两侧堆放着禾桶、头顶上横架着水车，充满凡俗气氛的宗祠里，凤凰仿佛是横空出世，显得那么高贵圣洁！

村长告诉我，凤凰的形象在游山的老房子里随处可见。的确，我在古民居厅堂的木雕、门罩的石雕或彩绘中也看到了。无疑，游山人对凤凰情有独钟，和那个传说有关。那个传说不只是给人们以吉祥的祝福，也在他们的血脉里投下了可以流传百世的心灵影像。

然而，传说并非都是浪漫而虚幻的诗篇，传说也可能成为非常实在、非常具体的另类说法。村长站在享堂台阶边，指着天井沟中的一处积水，讲了另一个故事。他说这一汪积水常年不干。这里无疑就是董氏发脉的源泉所在了。董氏的开基祖本来独门独户居住在浚源山东麓，他家养的老母鸡在离家出走一个月后，忽然回家了，而且它竟带回了二十多只鸡雏，那就是浩浩荡荡的一群。主人自然喜出望外，这是家族发达的旺象呀。于是，主人在那只老母鸡的引领下，披荆斩棘翻越山岭，找到了母鸡一个月来孵化小鸡的地方，并毅然举家迁至此地。这里有一口四季不干涸的山泉，董氏宗祠把山泉圈入其中，正是把它视为神圣了。

母鸡和神鸟，它们之间有着怎样的情感联系？那母鸡该不是凤凰变化而成的吧，为了给人以更为明确的神示？

我愿意相信我的主观臆断。因为，我感受到了游山人的浪漫情怀。比如，在这么拥挤的村庄里，居然有一座十分开阔的乡村广场。那是坐落在溪边的戏坪，戏台上赫然写着"游山会场"。刷在戏台对面民居墙上的《民约》称："凡大、中城市皆有一广场，而我游山方圆几十里之大村，应有一块较大而整洁的场地，供全体村民开大会、休闲、娱乐、看大戏、游龙灯之用。"为此，作出了不准在戏坪坦上乱搭乱堆等诸般规定。

尽管此地的卫生状况仍然叫人摇头，但一个村庄的坪地，竟敢向大中城市看齐，气魄不可谓不大矣。想必，若要唱大戏，这儿当是人山人海。

游山村的板龙灯是很出名的。每年元宵之夜，村中都要举行游龙灯活动。长长的板龙灯游走在弯弯的溪河两岸，仿佛巨龙腾云，又似蛟龙探海，水里地上，都是灯火世界。那番情景，想来便令人兴奋不已。我遇见一位来乡村采风的青年，端着相机正在捕捉溪边的风景，他会在这儿流连忘返直到元宵之夜吗？

游山之行让我惊奇的还有一个细节，若不是朋友介绍，我几乎和它擦身而过。那是插在民居大门两边的一种植物的枝叶，似竹非竹，叶形像竹叶一般，叶色却是斑斓多彩，由绿渐变为黄色、红色，当地人管它叫金竹。其作用无非是用来辟邪，可是，我走遍江西乡村，除端午时节人们会插菖蒲、艾叶等植物辟邪外，其他时候常见到插在门窗上用以辟邪的，一般都是松枝柏叶。问道为什么用金竹辟邪，答曰：金竹有七彩呀！

原来，美丽也是辟邪物！在民间的观念意识中，色彩的确具有辟邪禳解的作用，但人们一般取红、黄色。如建房扎在梁木上的红绸、病人用以缠头的红布条、孩子穿的红肚兜，以及朱砂、朱印、朱笔等；黄色在旧时为帝王专用色，含有尊贵的意义，也具有禳解能力，如巫师、方士用的咒符、服饰等。

而游山看取的是金竹的七彩。听说，在这里，人们不仅让它镇守着宅门，索性还把它请进了厅堂。有的人家是把金竹插在大门两侧固定装置着的一对竹筒里，显然，竹筒是为了方便经常之需。也许，它的色彩令人赏心悦目，它的名字叫人耳顺心顺，所以，它才被人们寄寓了情感和思想，成为安康的保证、吉祥的象征？

既然在这里金竹能够以它的七彩成为辟邪物，那么，我有理由推而广之，认定那高贵且美丽的凤凰，在人们心目中也同样具有辟邪的作用。

不是吗？在这里，凤凰经常和被道家称作"无敌"的蝴蝶，共同镇守在民居的入口。游山民居的门罩非常简洁、朴素，大多饰以粗糙的彩绘，我在几座门上都看到了蝴蝶的纹饰，当蝴蝶和凤凰成双成对地翩翩飞舞在人们的心灵中，其辟邪纳吉的意义也就显露无遗了。

不管怎样，凤凰是游山人的精神图腾，那条溪河是游山村的灵魂。倘若攀上浚源山登高鸟瞰，穿村而去的小溪会不会就是那只硕大无朋的神鸟呢？累世聚居的人们其实就是繁衍生息在一个美丽吉祥的传说中呢？

浮掠三僚风水

　　得知赣南有个客家堪舆文化圣地，是近几年的事。于是，一直想去看看，但查兴国县地图，并不见三僚村，问过几位朋友路该怎么走，答案也是找不到北的。

　　三僚的出名，与被称作"救贫仙人"的古代堪舆大师杨筠松有关。传说他在宫廷中掌管琼林御库，因为黄巢起义军破城，便携御库秘籍逃出京城长安，随大批南迁的客家人，一路跋山涉水，寻龙捉脉，辗转来到赣南。三僚村曾氏族谱记载了杨筠松与曾氏开基祖结为师徒、云游天下的经过。这位"救贫仙人"念及徒弟曾文迪终非终老林泉之辈，便亲自为其卜宅，在他眼里，三僚这地方的山川形势几乎就是天生八卦，于是相中了这前有罗经吸石、后有包袱随身的风水宝地。他的另一位弟子廖瑀为追随"救贫仙人"，也在三僚住了下来，于是，三僚村便有了曾氏、廖氏两个自然村落。曾、廖二姓的祖祠都叫杨公祠，都供奉着祖师杨救贫。

　　近年，有不少海外《易经》考察团专程来三僚，寻找当年杨救贫在地钤记中提到的"天马水""出土蜈蚣""罗经石""甲木水"，真如朝圣一般。

有一次，在上海，我忍不住把关于三僚的道听途说贩卖了出去，害得懂建筑的朋友兴致勃勃，捡五一长假结伴由上海赶往兴国考察。也不知道他们是怎么找到三僚的，可是考察的结果很让他们失望，在电话里把我抱怨了一番。

哦，我忘了告诉他们，考察三僚的山川形势和风水建筑，离不开倾听。他们毕竟不是风水先生，也没叫上个向导，所看到的景象自然平淡无奇了。

我在元宵节前走进三僚，三僚的平易也让我多少有些意外。

杨筠松曾这样赞叹这里的山水风景："僚溪虽僻，而山水尤佳。乘兴可登眠弓峻岭，健步盘遨独石巉岩。赏南林之晚翠，观东谷之朝云，览西山之晚照，听北浦之渔歌。临汾水龙潭而寄遐思，卧盘龙珠石以悟玄奥。耕南亩以滋食，吸龙泉而烹茶。"所以，当我的思想情不自禁地栖息在救贫仙人描述的那么优美的景致里时，我甚至怀疑，当初三僚地方首先撞开这位堪舆先生心扉的，恐怕该是它的多情山水。想来，对于饱读诗书、登科入仕的杨筠松们，卜居的诗意选择也在情理之中。

可是，岁月沧桑，地老天荒，文字里的山水大约是一件古董了。如今，粗略看去，环抱三僚的山峦并没有什么奇崛之处，因为林木稀疏反而显出几分苍凉；铺得很开的村庄似乎也没有整体布局上的讲究，所存的古建筑已经为数不多，散落在零乱的民居之中；一条瘦瘦的小溪与村街相交，水泥路一直伸到水里再爬上岸来，汽车很轻易就能踏水过去。如此一座其貌不扬的村庄，若不是有村干部领着，我大约也会像上海的朋友一样失望的。

有了向导，山石就有了来历，草木就有了故事，建筑就有了说法，有些故事甚至是惊心动魄的。

比如，在村东北有一道人工堆砌的山梁，接着出土蜈蚣形山余脉向三僚河畔延伸，看上去就是一座被竹林荫蔽的山坡而已，殊不知，它有个堪舆术的专用名词，叫做"砂手"，它是建筑的侧翼，所谓"左青龙右白虎"是也。

它像屏障一样，护卫着一座村庄藏风聚气的水口。三僚曾氏砂手，是明初皇帝派太监督工而建的，砂手之上，碑文依稀可辨的太监墓大约就是明证。

担任向导的村干部不无自豪地告诉我，宋元时期三僚村沈氏人丁兴旺，曾、廖二姓虽多有堪舆先生，但一旦进行风水建筑，便被人多势众的沈氏干预，明初堪舆大师曾从政发动族人在曾氏总祠下方筑砂手，屡屡被沈氏铲平。曾被永乐皇帝请去为重修长城选址的曾从政，再度奉诏入京都为天坛祈年殿选址时，不幸亡故。永乐皇帝派了两位太监护柩还乡荣葬。太监们到了三僚，想必是要顺便了却了曾大师的平生夙愿，于是，着令县衙征召民夫三天内筑起了曾氏砂手。岂料，其中的黄太监因水土不服，竟在三僚一命呜呼。三僚曾氏感念他的恩德，合族为其送葬。而把太监墓建在砂手上，无疑包含着震慑沈氏的用心。

竟也奇怪，自从建起砂手，曾氏如日中天，成为万丁之族，而沈氏则日渐衰落，人口寥寥。据说，这是因为曾氏砂手封闭了沈氏祠堂的生方所致。

听起来，不见血雨腥风，却叫人毛骨悚然。我站在砂手上，身后是孤独的太监墓，眼前是沈氏寂静的屋宇和田园，几个红衣少女沿着弯弯曲曲的田埂走进早春的竹丛里，走进阔大的芥菜叶子里。她们是沈氏的女儿吗？那鲜艳的红，灼痛了我的眼睛。好像诡秘的她们，是为了反衬这个故事的凄凉而悄然出现的，神话一般，狐仙一般，来无踪影，去无声息。

曾氏虎形墓里也埋葬着一个令人震撼的故事。

墓主是曾氏十八世祖曾玉屏，北宋人。向导告诉我，虎形墓和山坡下的狗形祠有关。狗形祠属于曾氏三房，按狗形设计，大门张开，两只窗户像狗的鼻孔，祠堂左侧的侧门是能进气的狗耳，堂中间没有香案，祖宗牌位钉在墙上，而在左角另设祖宗牌位和香案，以纳入由狗耳进来的生气。祠堂前面，还有个方形小坑，谓狗食盆形，据说里面渗出的水从来都是混浊的，似有油腥。看来，堪舆先生的精心着意是颇为讲究细节的。

由于狗形祠做中了真穴，三房丁财甚旺，引起同宗其他房派的嫉妒和不满。五房的曾玉屏看中狗形祠对面的山坡，为了得到这块能够制约三房的风水宝地，他竟不惜舍弃身家性命，强奸三房的一位媳妇，以领受族法。他被处死后，五房得到了那块宝地做他的墓地，并借机建起了用心良苦的虎形墓。

这座虎形墓，被建成了卧虎形，它的双爪搁在前面，似伏地歇息，墓上石雕的虎目却不知疲倦地长年醒着，而墓顶山坡上的石雕望碑，则象征猛虎额头上那威风凛凛的"王"字。然而，这只形态逼真的卧虎，只是虎视眈眈地看守着、威压着狗形祠，念及同宗血亲，而不至于如下山猛虎扑向它、刑伤于它。耿耿之中，尚存体恤；威严之中，不无柔情。

三僚人称，自从建了虎形墓，曾氏人丁兴旺。他们大概忘记了，在夸耀砂手的作用时，他们也是这么说的。曾氏仿佛已经习惯了把自己的兴盛，归功于每处风水建筑，干脆来个"山中得鹿，见者有份"，谁也不得罪。不过，由此可见，建筑中风水讲究的要义，图的就是人丁繁盛、宗族绵延。此墓有碑文曰："石椁觉春仙榻暖，佳城不夜来灯辉。"所谓"来灯辉"，正好道出墓主人舍命求龙脉以振兴本房派的心机。

当风水学说主宰着人们的生活理想，人们对待死亡的态度也发生了奇妙的变化，视死如归的碑文，字里行间竟是如此温情脉脉，生机勃勃！惊愕之余，令我玩味不已。

房派间的纷争，未必都似虎形墓那么顾念亲情、宽大为怀，也有心怀叵测、暗藏玄机的。位于村北半坑头的蛇形祠，建于明中期，为曾氏房厅，由风水大师廖炳择地定向，此处地势为下山蛇形，穴位点在蛇的七寸上，院门正是蛇口。我被向导领着，正是沿着逶迤游走的蛇背，来到蛇头似的蛇形祠，而后通过弯曲的喉管走出蛇口的。留连在蛇口里，我们是长长的蛇信子。

这座建筑围绕蛇的特性，设计得弯曲逼仄，不对称，是风水体现房份轻重的经典之作。空荡荡的房厅内有两只香炉甚是惹眼，一只坐在香案上，另一只则放在地上。曾氏分家时，把这座建筑分给了三房。向导演示着告诉我，立于香案前敬香，此时回头望门外，远处的山峦正好封住了大门，显然也就封死一支房派的出路；倘若蹲下来，情形就不同了，大门高了，远山矮了，天空海阔，前程无限。真是天无绝人之路！于是，三房干脆在地上再置一个香炉。

想不到，兴衰荣辱有时竟取决于一个角度，一种姿势，取决于看似微不足道的变通之策！

其实，堪舆术正是建筑应对环境的变通之策。于困厄中求破解，于变化中求通达。我相信，尽管它渗透了迷信思想，但是，既然它破土于重视建舍的深厚的传统习俗，那么，势必也包含了对建筑环境的重视和关心，体现出社会生产和生活的客观需要。同时，这也是人类基于生存需要而产生的避凶趋吉心理的必然反映，涉及地质地理学、生态学、景观学、建筑学、伦理学、美学等等。然而，在一些古村，人们总是对祖先卜居时的风水讲究大肆渲染，三僚也不例外，甚至可视为典型。恕我冒昧，其中的一些风水景致，很难说不是后人想入非非的牵附。比如蛇形祠的传说，就反映出后人对堪舆术钻牛角尖似的发挥。

按照我的理解，蛇形祠之所以有个蛇口似的弯曲逼仄的院门，且院门偏向一侧，应该正是考虑到远山堵住祠堂大门的因素，这个蛇口就是为趋利避害而设计的，是利用建筑形式的变化来禳解的手段，是针对客观条件的态度强硬的主观干预。我由它游戏般的布局，看出了它煞费心机的刻意。既然如此，何必再置一个香炉呢？后人狗尾续貂的演义，岂不是辱没了先师的大智慧？

听说，在三僚村，懂得堪舆术的不下五百人，而职业化的风水先生有一百五十多人，他们大多在广东、福建及东南亚一带营生。每年春节回乡，一个个都要提着公鸡到杨公祠里祭拜祖师并祖先。我就是跟着一个手提公鸡的男人，踏着门前厚厚的爆竹屑，走进新建的曾氏杨公祠的。

杨公祠分为前后两殿，大殿祀杨筠松和曾文辿，后殿供奉本坊福主关云长。大门两侧有联云："学究天人泽被九州士庶，功参造化名倾万国衣冠。"这是对"救贫先生"的歌功颂德；前殿的一副对联则道出了人们对堪舆术的笃信："图书有象悟通消息达天机，造化无形参透盈虚成大道。"而转入后殿，福主殿内的对联就有些肃杀意味了，却道"哪怕人心似铁这地府早设洪炉，任他世界翻新我冥司仍崇古道"。一边是神秘的天机消息，一边是森严的地府洪炉；一边是参透造化的灵应，一边是仍崇古道的僵持。一墙之隔，天壤之别。民间信仰的丰富驳杂，由此可见一斑。

曾氏杨公祠的大殿里，杨公金身居左，曾文辿居右；而在我未能看到的廖氏杨公祠中，杨公金身居中，左边为廖瑀，右边为老官，左下座是药师华佗，右下座是本坊福主，祖师、祖先和几路菩萨聚于一堂。都将自己的祖祠命名为杨公祠，都将杨公尊奉于自己的开基祖之上，受世代膜拜，任八方来朝，发生在祖祠里的这种现象似为鲜见。它不是"事师如父"的传统所能解释的，应该说，它反映了堪舆文化对三僚人生活乃至精神的极其深刻的影响。所以，杨公端坐在他们心灵的神龛上，云游在他们宗族的血脉里。

此行，我未能看到廖氏杨公祠，也未能看到廖氏的村庄及其八处风水景观，听说那里还有围屋和古牌坊。除了时间的缘故外，更主要的原因是向导一再托词，说那边还很远，说围屋里有人办酒不便参观，如此等等。接待我的是曾氏。琢磨向导的态度，怕是顾忌着宗族的利益，不甘为别人做宣传吧。

那么，我只好下次再来了，找个廖某做向导。

用村庄的记忆拼贴万年

我在万年寻找着村庄的记忆。一路上，我看见好几个头发花白的女人，在她们刷把似的辫子上，种下了盛开的栀子花。

我用那些记忆的碎片拼贴着万年。终于，有个中年妇女从容地走到我的镜头前，任我拍下她和那已经发蔫的花朵。

那个女人是苏家的媳妇。如果能够翻阅族谱，应该可以查明她是苏东坡的第多少代孙媳妇。我记得有谁说过，历史不是死去，而是活着。戴在头上的栀子花，很古典，这不就是历史么？一个普通的村妇同一个光耀千古的名字根脉相连，这不也是历史么？

历史很好奇地迎候着我们。历史是留守在苏桥村里的老人、妇女，还有一群孩子，其中有两个比苏小妹漂亮得多的少女。

他们是苏东坡的后裔，苏东坡是他们的前辈。据说，此地苏氏系苏轼长子苏迈一脉，宋元丰年间苏迈在相邻的德兴县任县尉，后来，其孙苏峤在经商途中从此经过，见这里山环水绕，映带分明，地脉钟灵，大有旺气，毅然择址开基于此，并在村边万年河上建了石桥。

当年的苏家桥只剩下两岸的码头。躺在河边的几块长条青石大约就是铺桥的石板。对岸的码头注定连接着苏家的来路。尽管，苏峤是因为受到一再遭贬谪的曾祖父牵连而弃仕经商的，我依然相信，那座石桥肯定也承载过诗歌的重量。

河边，一座坊式院门印证了我的判断，那新建的门楼，居然也戴着一顶官帽。它是一种洋洋自得的标榜，一种恋恋不舍的向往，还是耿耿于怀的千古遗恨？

可惜，苏桥村中的古建基本无存。江西古村的游历告诉我：一个文豪如果没有成为金戈铁马的英雄，或叱咤风云的名宦重臣，也就没有可能成为民间的神明，充其量也只是个文人而已，哪怕他的功名才学为族人、为后代所尊崇，当世俗的人们在张扬这份荣耀时，总是少了应该有的眉飞色舞，应该有的气宇轩昂。所以，在苏桥，连宗祠也早已被毁。

能够证明历史的遗存，除了人，还是石头，比如，古井的井圈，功德碑和墓碑。苏东坡的后人搬来了两块明清时期的墓碑，让我们辨认。当好奇的村人都拥过来围观时，我更愿意辨认他们专注的表情。想当年，四十八岁的苏轼送儿子赴任到湖口石钟山，在考察那钟鼓不绝的噌吰之声时，他也是这般模样、这般神色吧？

人群中，栀子花香扑鼻。

从依稀可辨的碑文中，我得知，墓主人随夫君曾经"姚源之变"，辗转回归苏桥故里复业筑室兴家。所谓"姚源之变"，我无从探究，且不知此姚源是否指的是此县的姚源村。

万年的姚源村也是一处风水宝地。村落所倚之山起伏蜿蜒，面临之水弯环围抱，形局合理，山明水秀。跨溪入村，但见一座风格独特的宗祠。从门面看，它给我的感觉是质朴的，没有富丽堂皇的门楼，没有极尽铺张的装饰，它的气派主要是通过面阔体现出来的；而前庭走马楼黑黢黢的窗口，长长的门廊里竖立着的一排板车车架，强化了它给人的凡俗印象。据说，这宽敞的门廊曾经一度成了村里的菜市场。这实在是一个意外。

然而，祠堂毕竟是神圣之地。进入其中才知道，原来这座初建于北宋嘉祐年间的姚氏宗祠，性格是内敛的，貌不惊人，内心却是高傲得很。两进的祠堂内，中间为一个大天井，两侧的厢堂为两层建筑，由天井拾级而上为保神台，再上为祖先堂。天井与厅堂均以青石铺地，保神台砌以石阑干，柱头上雕着戏曲人物。祖先堂上方有一块牌匾，令人不由地肃然起敬。上面写的是："舜帝之居"。

好家伙，姚源村姚氏居然攀上了舜帝做老祖宗！

想来，大致不错。因为，姚姓源出三支，其中之一便可追溯到舜帝那儿。相传舜帝生在姚墟，他的后裔子孙便以地为氏，称为姚氏。舜帝虽姓姚，因居住虞地，故又称虞舜。舜为首领时，开创了上古时期政通人和的局面，《史记》赞曰："天下明德，皆自虞帝始。"如此，作为他的后裔当然可以炫耀乡里了。

不知是为了清洁"舜帝之居"的门庭呢，还是为了保持姚氏高贵的血统而警戒着，在一块刻有祠规的石碑上，我看到这样一段文字："招摇异姓之人寄居族基界内者罚谷一石。"

我心里一惊。寄人篱下的苏东坡后人该不会是因此被撵走的吧？若然，舜帝之后怎不顾念苏东坡千古伟名网开一面照顾几个？

作为清廷押粮官的麻畲花屋主人，大约是熟谙世事炎凉、人情冷暖的，所以，他告老还乡，远离嚣尘，竟在故里为自己建了七幢房屋。其中一幢雕梁画栋，被称为花屋。他做了自己的皇上。

花屋本有前后三进，共一百二十根木柱。后因担心战乱时遭火毁而难以逃生，便将第三进拆除了。第一进东西两侧墙上，至今尚存绘画。东边画的是进京赶考，西边则是悠闲的田园生活。村人声称这是屋主人人生经历的写照。真是吗？是一种人生的前奏和尾声，是一个生命的上路和下马？

想来，押粮官叶落归根，怀的是昼锦的心态，而非归隐的心态，否则如何会带回一箱清朝的"顶子"，藏在花屋阁楼上呢？他大概想不到，藏到自己身后多少年，还是叫"破四旧"了。

有意思的是，倒是后人比那押粮官更超脱，竟拿老祖宗的进士牌匾做了后门的门扇。为了削足适履，还慨然锯去了一截。

相比之下，南溪先生柴中行才是真隐士。他是南宋著名理学家、文学家，为绍熙年间进士，授抚州进士推官。因当时的宰相禁道学，柴中行不附伪学之禁，被调任江州教授、广西转运司。后来，他成了太子的老师，太子成为理宗皇帝即位后，封其为右文殿修撰。而柴中行却以年老为由请辞，与两个弟弟一道归隐故里，创建了南溪书院以传经教学。

村人领着我们去寻找书院。书院在笔架山下，在龙井对面，在砚池旁边，在吟诗弄口；书院在被拆毁的1946年以前，在重建的康熙三十七年以前，在面目全非的旧址的记忆深处。

不过，周边的环境果然是理想的讲习之所。山水象形，催人发愤；林木蕴秀，地灵人杰。

书院前的砚池已经干涸，竟也奇怪，草木之下、地皮之上一层黝黑，仿佛千年的凝墨。据说几天前下雨，这里的积水就是黑的。那该是墨汁吧？人生如梦，往事若烟。可是，千年的雨水怎么就化不尽千年的遗墨呢？

所谓吟诗弄，不过是被山包夹峙的一条小路而已，比较适合玩官兵捉强盗之类的游戏。不错，介绍书院的资料正是称其为游戏弄。可是，担任向导的村人却很严肃地纠正道，此处该叫吟诗弄。此时村人的表情，我在关于柴中行生平的文字里似曾相识。因为当时禁道学，柴中行曾奋笔曰："自幼读程颐书以收科第，如以为伪，不愿考校。"后来，"广西转运司辟为干官，帅将荐之，使其客尝中行，中行正色曰：'身为大帅，而称人为恩王、恩相，心窃耻之。毋污我！'"看来，人们的表情果然也是可以探究的历史。

南溪书院所在的营里村，仅几十户人家，如今出博士后、博士和硕士各一人。村人颇以为豪，用乡音反复念叨"营里营里"。我听懂了，他是说"赢了"。唇齿之间，依稀有墨香，有花香。

我用村庄的记忆拼贴着万年。我看见一个婆婆牵着她的孙女迎面走来。那位婆婆戴着两朵比白发要黄的栀子花，她的孙女头上扎的是两朵绸布大红花。

村庄的活着或死去

一

有的村庄死了，它却活着；

有的村庄活着，它却死了。

有的村庄死了，或可以救活；

有的村庄活着，仍在劫难逃。

有的村庄死了，那就是死了，哪怕给它挂上免死牌；

有的村庄活着，那不过是为别人活着。

有太多的村庄生死莫测；

有太多的村庄半死不活……

二

村庄曾在田埂上惊奇地尖叫："哈嘞，照相的嘞！"尽管，当年我用的不过是某厂试产成功，却须经常回厂休养的傻瓜机。

村庄也曾挥舞柴刀从院子里冲出，怒指我等叱喝："照什么照！照了又不拿钱，敢再照……哼！"它要保卫的是一栋古旧的庐陵民居。

村庄宗祠林立。然而，许多宗祠成了堆放杂物的仓库，许多宗祠成了谁家的作坊，许多永远找不到钥匙，许多永远失去了门锁，有的不过是鸟雀的驿站、蝙蝠的天堂，更有甚者，竟成了污水横流的牛栏猪圈。宗祠是宗族的门面，而民间古建筑中损毁朽坏最严重的，往往正是属于众人的祠堂。

村庄香火鼎盛。然而，那香火长年靠老幼妇孺养着，参加祭祖、敬神仪式的男丁，尽是白头老翁。逛庙会看戏的，除了老者就是孩子。青光白日演还愿戏时，陪伴神灵看戏的唯有孩子。村庄成为"空心村"，不仅仅透露出人气指数骤减的现实，更意味着心气的消散。

村庄曾经是车马辚辚，宾客盈门。虽独处一隅，因为坐落在古驿道上，当年的繁华定格为富丽堂皇的百座祠宇。老人的唇齿之间，有云步天衢，有商铺客栈，有烟花柳巷……

村庄如今是门庭冷落，人迹罕至。然而，古隘口旁仍置有茶水摊，行善的老婆婆日日送水，每趟往返好几里山路。盛情而寂寞的茶水，象征民风淳朴依旧，这何尝又不是在祭奠逝去的岁月呢？

村庄为我唱了一首山歌："新打禾镰丁冬滴答／总磨总白总放亮／这么大的姑娘怎么这么不联郎／联郎莫联奉新担脚贩／联郎要联宁州老表会写会算会讲会哇榜眼探花状元郎／一夜风流到天光。"在世代流传的山歌里，那些迁居幕阜山区的"棚民"竟也是这般风流倜傥，好像人人皆是出口成章、妙笔生花的才俊。

村庄同时也为我在红漆刷的板壁上用白粉笔抄下这么一首歌的词曲，歌名叫《我们不后悔》："穷一点我们不后悔／苦一点我们不后悔／听到口潮骂声我们不后悔／受到对付我们更不后悔／天空都是一样的蓝／树叶都是一样的绿／我们跟随主也会牵人心动／我们再说一声永远不后悔。"

村庄住在祖先留下的老房子里，"芳传东海"的门匾却被"哈利路亚"所覆盖，别处还有"荣耀归主""神爱世人""家靠上帝恩常在"等对联横批。那些红纸像攻城略地插下的旗帜，宣告许多人家已改换门庭投靠上帝。

村庄曾经坦荡、慷慨地把思想和感情诉诸文字和笔墨，匾额是炫耀门第的冠冕，楹联是感召族人的旗幡。我在祠堂里看到今人的对联。红纸已经褪色，心气却是逼人，一副咬牙切齿："尊祖敬宗神舒气顺昌顺千秋，喫宗败祖心黑嘴臭遗臭万年。"另一副则怒目相向："欺祖害亲当心孽重天留祸，存仁仗义自然心诚鬼助财。"这样粗暴的文字出现在极尽儒雅的宗祠里，令人瞠目。莫非，果然人心不古？

村庄从前以古树、古井和神蛇为素材，创作了壮美的故事。传说，每逢刮风下雨、电闪雷鸣，古树之上便有神蛇披挂上阵，扬蛇信作画戟，举蛇蜕为旌旗，擂古井当鼓号，与雷电风雨厮杀，护佑着古村和古树。古往今来，所有目击者都很确定地说，神蛇头上长着鲜红的鸡冠。老祖宗的想象，是诗的夸张和浪漫，寄寓着英雄的理想、征服苦难的梦幻，充满了精神的力量。

村庄的今人拿同一素材制造的却是"事件"。说两位"火焰"不同的村人先后看见蛇，一个老年得子，一个一命呜呼。面对祈福和避祸的矛盾选择，人们退守底线，开罪于蛇，请来道士作法，用符咒和青石板把蛇镇锁在古井之中。村庄失去了想象，于是，神蛇被邪恶化，经年历久的动人传说很轻易地被世俗化了。

村庄经常牢骚满腹，每每借客人参观之机，指着钉在古祠堂门口的"县级文物保护单位"的牌子，仇人相见一般，强硬地索要修缮资金，吼得当地干部狼狈不堪。

村庄有时麻木不仁，或许也是无可奈何，竟听任那些关于自家祖先落葬时装有金头的无稽流言鹊起，结果导致山上多座祖坟被挖得千疮百孔。

村庄还会打肿脸充胖子，声称开基祖为祈求土地爷保佑子嗣，曾在祠堂里埋下十只金老鼠。于是乎，祠堂里的地面遭了殃，坑洞累累，连麻石板也被撬开。据说，盗贼用上了金属探测仪。

村庄怕贼。它在滔滔不绝地叙说家世之余，指着整面墙的雕花槅扇说："偷雨不偷雪，偷风不偷月。而胆大的贼，竟在白天潜入人家，夜晚行盗。"为绝贼患，村庄干脆卖掉槅扇，得一千元，雀替五十元一个。

村庄嫌烦。因为经常要耐着性子陪专家学者来看收藏的《康熙字典》雕板，而专家们只管看不言开发。村庄挺恼火，还是那个字——卖，堆了半屋子的雕板只卖得区区二百元钱，不及柴禾价。

村庄还怕老虎。那是雕在前厅两侧厢房槅扇上的一对老虎。据说，老虎会叫，每天半夜里吼得吓死人，即便凿掉虎牙，在虎口里嵌上木板，它们还是吼个不停。为绝虎患，村庄只好连槅扇一道卖掉。

村庄真该提防贼人。宗祠里有六对沉重的汉白玉石鼓，竟被人分期分批盗去，无一幸免。而在此之前，宗祠就已有宝鼎、雕龙斜撑先后失窃的教训。可见，村庄常被偷盗团伙惦记着。

村庄还得警惕外人。某处影视城垂涎于精美古建，企图作拆解搬迁，频频派员扛着摄影、摄像和测绘器材前来考察，开口作价百万元。最终虽未成交，村庄却是心乱了，心散了。如今，觊觎村庄的各种团伙越来越多，越来越勤。

村庄一再用动之以情、晓之以理的致村民公开信凝聚人心，唤醒保护、开发的共识，称，"那几百年前的富有民族风格的古建筑，其满屋的雕刻尤为珍贵……尤其是先辈给我们留下的至理名言、描金家训、楹联可谓思想最高境界"。

村庄坚守"最高境界"盼了十多年，好不容易盼来开发商。延至今日，古宅如昨。幸也不幸。此时家园空空，难觅人踪，包括公开信的作者。公开信会成为开发商的文物吗？若然，请记住，公开信先后用的是红、蓝、黄三色纸张，均为刻写蜡纸并滚筒油印。

……

——活着的村庄，活得多么无力；村庄的活着，将会多么无奈。

三

村庄将死于一张张图纸。

村庄领着我跨过大树下的石拱桥，去拜读陶渊明裔孙修的族谱。小桥、细流，连接着光耀千古的人名，也连接着岌岌可危的村名。栗里，当时它大概已经被景区开发者圈在纸上。那次因保管者不在家，访族谱未果。

不久后得见族谱，村庄却荡然无存，比秋风扫落叶更凌厉，遗址上不留任何遗迹。我是在矗立于已故村庄旧址上的成片新楼里找到保管族谱的族人的。族人能算村庄的遗迹么？

村庄将死于一块块店牌。

村庄曾是智者。它用黄泥和石灰，用语录、标语、伟人像，为才子佳人、文官武将穿戴铠甲、头盔和面罩，帮助其度过十年浩劫，从而保全了民间古建筑上异彩纷呈的雕饰。

村庄成了店家。栽在前院的旗杆石，仿佛酒旗一般。驻守在大门两侧的雕花抱鼓石，仿佛门童一般。鹅卵石铺成的村巷引人深入其中，冷不防遇见井沿被磨出锋刃的古井，一路路新鲜的水迹直指各家餐馆，那些店牌遮蔽了"司马第""大夫第""翰林第"的匾额。

村庄一不小心就会被金钱淹死。

村庄在微信里发了一首诗："原来村庄聚宝盆，山环水抱好安居。自从有了修堤事，水泥板墙箍死村。虽然溪河水不进，老村水道被淤堵。大雨倾盆无处泄，尽在街巷闹回旋。村庄盛在脚盆里，水漫家门灶火灭。霹雳不言人间苦，尽情放歌雨霖淋。是谁箍起脚盆村，河长为了出政绩。"

有了钱，哪怕把聚宝盆箍成大脚盆，"水口被扼喉，公路变高堤，巷道改为肠梗阻"，于是乎，村庄痛心疾首地发问："中央有钱护古村，可我村又有几缕阳光照住？"

村庄一不小心也会被油漆淹死。

村庄有始建于明成化年间、在清康乾两朝曾三次大修扩建的宗祠，享堂上方悬挂着"盛世蜚英""进士"等牌匾。我首次造访时，感慨其修整值得称道，只作表面文章，高处、暗处尽可能保持古色古香，比如，祠堂和戏台的天花、藻井及前院走马楼的板壁等处均未肆意涂抹，使得绘画保持了原来风貌。然，再次进入，不由地大惊失色。

许多古祠堂已经或将要成为一片片废墟，依然健在的得到珍视，那是幸运。若珍视是厚厚的油漆、坚固的水泥和亮得刺眼的琉璃瓦，那幸运便是大不幸了。尽管着上新装的历史滑稽可笑，偏偏，这类情形司空见惯。

村庄将随一个傩班的消逝而死去。

村庄再也没有人会跳傩了，随着那位叫方福寿的老艺人的辞世。一个人的老去，竟是庆源傩的老去，竟是一个傩班、一部乡村傩戏史的荡然无存！我甚至无从打听关于庆源傩的蛛丝马迹，尽管临溪人家的门前都建有街亭，街亭的长凳上坐着一拨拨闲人。

我在临溪而聚的村庄里寻找傩的踪影。我以为它的建筑、它的环境以及人们的眉目和神情，大概会与傩有着某种精神上的勾连。然而，回答我的，尽是茫然的眼睛。那一片茫然让我相信，一个傩班就是一座村庄。

村庄将随一位歌者的亡故而死去。

村庄养育了一位颇具传奇色彩的乡间名角，他叫黄群林，天生一副好嗓子，假如每夜唱三小时，他能连唱十个夜晚不重复。我曾登门拜访他的歌声，不料半年之后，其仙逝于农历六月初六，带着那充满黄烟味的歌声。听说，在病重期间，他捐出七百元钱为家乡建桥，而自己却无钱治病，夺命的，竟然是区区气管炎！

六月初六，婆观节，杨泗晒袍日，百姓们则在这天晒衣物、晒宗谱、晒书画。山歌手该晒的当有歌本。然而，家人把歌本放在他身边，让他带走了……在我心里，这样的歌者就是一座村庄。

村庄有时会被村人整死。

村庄凭着一座始建于明末的祠堂戏台进入《中国戏楼》一书，那是一座典型的过路台，且保存完好。置于下厅的戏台与中厅、上厅，以天井分隔，布局在祠堂的四围高墙里，浑然一体。戏台装饰以彩绘最突出，取材多戏剧人物故事，色彩偏好青绿彩、土朱单彩等。戏台后台的屏风上，仍存有清末民初许多戏社、乐堂的名称。我曾在文章里写道："就在我造访这座祠堂台之前，村人开会已毅然做出决定，要拆除它重建新的祠堂。也不知我等的力陈，能改变那个决定否。"

未能。决定掷地有声。当地干部无奈。该村的子弟、一位官员朋友也无奈。我告诉他《中国戏楼》的事情。最终，他告诉我的，还是被拆毁重建的事情。

村庄有时也会被村人气死。

村庄其貌不扬，却声名远播。它的山石有来历，草木有说法，建筑有故事。它的来历很传奇，说法很玄奥，故事很神秘。我常常去听故事，尽管，那是一个并不热情的村庄。

在屡次遭遇祠堂大门紧闭之后，随着游客中心等设施的完成，我亲睹了这样的场面——沿途村人无不对着游客、指着导游嘶声高喊：不要听他们的！全是骗人的！

村庄可能死于盛大的节日。

村庄是民俗生长的沃野。老百姓尽情享受自己创造的生活文化，这才是民俗活态存在并稳定地传承发展的内在动力。多年来，我生怕错过任何一个田野上的元宵节。

有一年，却未能成行。本来选择去看两种民俗事相，都为当地群众所喜闻乐见，都是各个村庄自有队伍，都在正月里走村串户直至闹元宵。岂料，申遗之后，一个被养了起来，能看到的是集中部分艺人所作的专门表演，演一场要价千元；另一个，则被县里组织进城来大拜年了，正月初七上班那天，各支队伍会师在县城广场上。组织者图热闹呢，还是怀揣维稳的心机？

村庄可能死于平凡的日子。

村庄颇像孤寡老人，独守着一个个凄清的日子，门前石阶上的青苔一直爬进目光里。它迅速老去，老去的速度超出想象。当我们面对老房子指出其古老所在时，就好像老人经不得心理暗示似的，转瞬之间那房子便垂垂老矣。

村庄要人养着。一旦人气流失，村庄便魂飞魄散。每当我再度造访一座村庄，哪怕距上次仅一两年，我也能发觉它新添的白发、皱纹和老年斑。不，它的衰老应当是一个骤减的过程，风蚀了去，虫蛀了去，霉腐了去，甚至抑郁而终。

……

——死去的村庄，死得多么轻易；村庄的死去，将会多么容易！

四

请原谅我的危言耸听。

危言同样采撷于田野。某一天，我动了念头，试图为重新出版的一套书更新配图，剔除原书中用傻瓜相机拍摄的古村落，并补拍部分照片。于是，开始了对村庄断断续续的重访。

十多年过去，越来越多的村庄挂上了"历史文化名村""传统村落""文物保护单位"的牌子，越来越多的干部群众有了保护意识，一些村庄的确被保护起来，有的还被利用着；然而，除了已成为旅游景区的古村落，大多数村庄反而变得越来越凄清，哪怕挂了牌。

我在习惯过下元宵（农历二月初一）的一个市，走马观花，一天中领略到几种不同的苍凉——

甲村，杂姓混居的村庄，十多年前有几位退休回乡的老人呼吁各姓团结，共同为子孙保护古村。靠着他们持之以恒的努力，果然保全了古村，并终于赢得开发商的青睐。此时，村中却是关门闭户，不闻鸡犬之声，那般寂静不免叫人心生凄凉。

乙村，因大量使用大理石材的"玉祠"、千年罗汉松和一对古井而著名，十多年后再见，村外田园改观，环村水系被破坏，周边环境与村巷里脏而乱，罗汉松置身于脏乱之中也就不起眼了，更有窃贼频频光顾祠堂，村人对现状的漠然态度令人生疑，想来便有几分悲凉。

丙村，村民几乎都搬进紧挨着老村盘的新屋中去了，老村盘上一片颇有规模的古建筑保存完好，这种格局显然有留待日后开发的意图，然而，古村了无生气，像遭到遗弃一般，给人的是荒凉之感。

丁村，在我看来保护和利用算是做得好的。可是，下元宵这天，政府为了在本地那些国字号的古村落里统筹举办旅游文化节，把丁村的民俗表演队伍调往别处。我来回路过丁村，只见节日的丁村冷冷清清，与周边村庄道路车水马龙、家家宾客盈门的情景形成强烈反差，丁村的生活秩序、节奏、氛围非但没有得到尊重，反而因为被干预而失去了它该享受的节日。

村庄或者面对着为拆迁而步步紧逼的推土机，或者面对着为开发而隆隆作业的搅拌机。我重访的古村落有不少容颜已改，甚至面目全非。有的地方为美丽乡村，向徽派建筑看齐，把传统的青砖墙体一律刷白，有的还戴帽，或者在山墙上勾勒奇怪的线条、几何图形——这是地方政府干的；有的村庄建设得像园林式的休闲场所，或者开发得像都市里某一条商业文化街——这是开发商干的；不少颇有价值的古建筑被粗暴拆毁，或任性重建、重修，还有在古建筑群中随意建造新房的，等等——这些是老百姓干的。

本来比傻瓜机先进得多的数码相机，拍出来的照片却未必比老照片更好，不少照片"死"了、假了、乱了、脏了、空了，失去了古村落的本真，失去了江南乡村应有的生气、灵气、秀气、烟火气。

五

我把多年积累、采自各地的图片堆砌成一本画册。我把那本画册想象为一座巨大的古旧材料市场。听说，有人从废旧木材市场上淘到了煌煌气派的古宅，淘出了被解构的古村。而我则希望读者凭着其中的图片，可以通过想象拼贴出这样的村庄——它是儒雅的，也是凡俗的；它是神圣的，也是神秘的；它是宁馨的，也是浪漫的；它是精美的，也是朴素的；它是古老的，也是新奇的……

——就像古人建造村庄一样。把思想写在砖墙上，把心愿刻在梁柱上，把丰富复杂的情感布局在生老病死却香火不断的空间里……

后　记

　　举头三尺有神明。三尺，正好是将人尽收眼底的距离，也是能够将人看个纤毫毕露的距离；正好是人与庙堂之上神龛的距离，也是来来往往的众神与如潮人群近在咫尺的距离。

　　千万不要真的把神龛里的造像当作泥塑或木雕，千万不要真的把为那些泥塑、木雕开光时装入的心祠当作假饰或象征——我曾巧遇据说是数百年难遇的和合寺开光仪式，见识了处士为神像装心祠的全过程，所谓心祠，不过是外缠红布条的毛巾包裹而已。惊奇之余，我写道："心祠让泥胎有了肉身，有了魂魄；心祠令神人气脉相通，心灵感应。人们之所以虔诚笃信，大约也因为心祠中本来就注入了他们自己的鼻息和心气吧？"

　　是的，心祠就是人的信仰，是信仰的物化。泥塑的神像、木雕的面具，因为附着人的信仰，顿时就有了神职和神采，有了神能和神威。哪怕没有任何材料做神灵的肉身，哪怕只是口口相传的来历千奇百怪、形象丰富驳杂的名字！

　　在孟戏之乡，为三元将军面具和戏神清源祖师神像开光也要装心祠，亦称"装心灵"。结构成心灵的肌肉、神经组织有五大类：一为五金，即金、银、铜、铁、锡铸成的"心"字状物品，一般仅用锡为代表，铸成约一平方厘米桃尖"心"字状物品一件即可；二为五药，即五味中药材，有海龙、海马、赤豆（称千里眼）、开心壳（称顺风耳）、辛夷花（称判官笔），各少许；三为五谷，即稻谷、粟籽、豆子、莲子、茶叶，各少许；四为五色，即红、绿、黄、黑、白丝线。以上四种物品用一小红布袋子装好；五为开光捐资者名单（含生辰），用绵纸书写并折叠成小方块状。这样的心灵要植入面具和神像背面预留的凹槽里，再楔以木块并施以油漆灰密封。

有太多的名字被装入了心祠！我手头记录有多份请神祷词，曾企图数数看，各处恭请的都有谁们，最多的地方请来的神圣到底有多少。然而，那些请神词在由远而近——恭请各位尊神时，总是不厌其烦地补充一句，称"一切神祇""一切有感明神""前五里、后五里、左五里、右五里、五五二十五里，天地上下，一切过往神明依次排坐"，如此等等。所谓由远而近，远至天下九州，近至本县本邑，还不能忘记那些悄然穿梭于乡野的过路客。诸神在老百姓的信仰世界里狂欢，熙熙攘攘，难以数计；而且，老百姓对他们的态度是，谁也不能得罪，谁也不能落下。于是乎，人们索性在祖先牌位写上"祀奉万神"四字以求万全。

千万不要真的把信众们迎送的神灵看作虚无或臆想，千万不要真的把那些异彩纷呈的盛大仪式看作娱乐或游戏——尽管那些庄严的仪式总是与娱神、媚神的欢愉场景相生相伴。我在书中记述了曾家村请神、送神的插路香、路烛习俗，显然，路香和路烛是为各路神灵照明的。人们无微不至地体贴着神的存在，借此以表达自己的虔诚笃信。因为坚信，村庄长满信仰的耳朵，村庄能感知傩班的步履，能感知并把握跳傩活动的速度和进度，仿佛，虔敬的心从来就和傩神息息相通。

我尤其感动于婺源长径的一盆热水。搜好之日早晨，在神旗的引导下，傩班抬着神箱去到古祠堂的旧址上，将盛有傩面具的神箱盖子揭开来、竖起来，就成了一座神龛。为擦洗傩面具，有人端来一盆冒着缕缕热气的清水，想来，那是适宜孩儿面的温度，既不烫也不凉。傩班师傅试了试水温，首先从箱中抱出的正是一尊孩童似的全身塑像，那是戏神杨六郎。师傅小心翼翼地为之擦洗，接着要擦洗的是八十大王、李斯的面具，以及其他。温情的温水，温暖了神像的眉目和灵魂。拭去积尘，他们顿时从一年的长梦中醒来，神采奕奕的，目光炯炯的，威风凛凛的。拜神仪式由此开始。

我愿意通过这样的细节来体察人神交流、人神感应。细节比司空见惯的人神共宴乐的宏大场景更能叫我怦然心动。通过细节，可以真切地领悟人对神的脉脉深情、殷殷期望和谆谆嘱托，众神因此有了人的知觉和识见，有了人的心情和意志、人的思考和梦想。

是的，神灵是有知觉的。所以，请神需要雷鸣般的鼓声和响铳，需要恭敬的祷词和线香，需要招摇的神旗和纸钱，以及别人难以想象的芬芳，比如，长径村恭请戏神、傩神时，必须点燃小小的皂炉，里面燃烧的是可以洗涤衣物的皂角荚子。也许，唯有那乡土的异香才能撩动当地保护神的乡情？

是的，神灵是有心情的。所以，祀神需要瀑布般的鞭炮和唱赞，需要体面的神轿和礼仪，需要真诚的三牲和五谷，以及各位尊神萝卜青菜般的各自所爱，比如，寒信水府庙的温公、金公菩萨似乎更喜欢"血祭"。庙会日信众蜂拥而至，只有少数人进庙敬香，大多数人是在庙门口完成祭祀仪式的——燃烛放炮，杀鸡宰鸭，宰杀前后，则要手提鸡鸭对着水府庙再三叩拜。一时间庙前的江岸上，红烛林立，禽血横流。

是的，神灵是有思想的。所以，送神需要漫长的夜晚和歌本，需要绚丽的彩灯和舞蹈，需要热烈的辞别和送行，甚至还需要送神之船。神船可以是道士精心描画并经过开光的元宵画，可以是真正的木制帆船——那种被称为"福船"的三桅帆船，可以是木雕的、纸扎的龙凤之舟，也可以是老百姓信手勾勒在白纸上的涂鸦之作。神灵的思想就承载在这些船上，那其实就是老百姓阔大无边的祈愿。

是的，民间俗神崇拜本来是充满着信仰力量的。它的力量不仅仅体现为对于族人的凝聚力，更重要的是，它所张扬的价值取向，通行于民间，对于人心有着巨大的感召力。造访各地民间崇信的神灵，追寻其来历，我真切地感受到，俗神崇拜总是大张旗鼓地彰显着民间的英雄情结，总是绘声绘色地述说着乡土的人类情怀，总是润物无声地播撒着传统的道德理想……探究为了祈福弭灾而产生的民间俗神崇拜，其实就是探究我们民族千百年的精神收藏。

然而，旧日的传说，属于旧日；今日的现实，却预言着现实以远。比"非遗"失传、民俗失真、村庄失忆等等现象更发人深省的是，乡俗被城市掳掠了去，信仰被金钱掳掠了去，人心被世风掳掠了去。

当我听到村庄把各自的保护神指认为财神时，当我看到众多的村庄皈依了上帝、它们在雕花匾额贴上"神爱世人""哈利路亚"之类的横批时，我不禁内心震撼。也许，这两种情形恰好反映了当下乡村的精神现实。一方面，依然生长在乡土上的民间信仰看上去蓬勃蔓延，可是，它却逐渐摈弃了蕴涵其间的精神价值，成为徒有其表的民俗形式。刻薄地说，遗存到今天的民间俗神崇拜只是保留了对形式的记忆而已，因此，在物欲横流的今天，被人们装点上许多媚俗的花朵，也就不奇怪了；另一方面，"哈利路亚"的轻易进驻，难道不是传统的民间信仰日渐丧失其信仰力量的结果吗？毕竟，人们信仰着，崇拜着，是祈望获得精神的慰藉，实现内心的和谐。

幸好仍有一些地方依然虔诚笃信，替我们、替后人保存着活态的民俗事相，或者说，是老百姓用信仰为自己滋养着那些民俗。不过，一旦失去了农耕文明的原野，想必流淌于民间的传统信仰之河恐怕也将日渐枯萎，最终干涸。

“举头三尺，诸神犹在！”诸神依然狂欢。却是不知为何狂欢了。感谢古耤老师和中国言实出版社提供的机会，使我能将二十年间记录的民俗事相汇编于此，我想，认识它们，有助于读者深刻认识民族的心灵世界，全面认识民族的传统文化。

认识它们，其实就是认识我们自己的前生。